KB008711

십간과 십이지 연구

【十干과 十二支 研究】

십간과 십이지 연구

발행일   2023년 1월 13일 초판 1쇄
발행처   상생출판
발행인   안경전
지은이   윤창열
주소   대전시 중구 선화서로 29번길 36(선화동)
전화   070-8644-3156
팩스   0303-0799-1735
출판등록 2005년 3월 11일(175호)

ISBN 979-11-91329-42-1

Copyright ⓒ 2023 윤창열
가격은 뒷표지에 있습니다. 저작권자를 찾지 못한 작품에 대해서는 저작권자가 확인되는
대로 절차에 따라 허가를 받고 저작권료를 지불하겠습니다.

십간과 십이지 연구

【十干과 十二支 研究】

윤 창 열

지음

상생출판

서 문

인간은 하늘을 이고 땅을 밟고서 생명을 영위하고 있다. 천지는 인간을 비롯한 만유생명의 부모이며 인간은 천지의 자식이 된다. 인간이란 무엇인가에 대한 수수께끼를 풀고자 한다면 먼저 천지변화의 신비를 알아야만 한다. 하늘과 땅과 인간에 대해서 근원적인 해석을 한 경전은 9,000년 전 환국시대 때부터 전해 내려오는 천부경이다. 천부경은 무극에 바탕을 두고 현실세계인 태극이 나왔으며 황극의 힘에 의하여 우주가 순환하고 다시 10무극에 바탕을 두고 1태극으로 통일되어 1태극의 영원한 순환성을 노래하고 있다.

천지는 음양오행으로 운동을 하면서 질서있게 변화하고 있다. 이러한 질서를 파악하기 위하여 인간들은 숫자와 干支와 8卦, 64卦를 援用하여 해답을 찾았다. 천부경의 정신을 계승하여 태호복희씨는 하도를 그리고 초대 단군께서는 낙서를 그려(지금 사람들은 모두 禹임금이 처음 낙서를 그렸다고 하나 『太白續經』에는 단군께서 낙서를 그리고 金龜에 새겨 바다에 띄웠다는 내용이 상세히 실려 있다.) 숫자를 통해 음양오행이 변화하는 모습을 드러내었다.

干支는 처음 누구에 의해 창시되었는지 알려져 있지 않지만 환웅천황께서 백두산에 天降하실 때 반고가 十干과 十二支의 神將들을 거느리고 감숙성 돈황에 있는 三危山의 拉林洞窟로 갔다(『환단고기』「삼성기」하)고 했으니 배달국시대 이전부터 干支가 있었던 것은 확실하다. 간지는, 하늘은 완전수인 10개의 마디로, 땅은 완성수인 12개의 마디의 편차를 가지고 질서 있게 변화하는 음양오행의 덕성을 남김없이 잘 표현하고 있다. 그리고 8괘와

64괘는 천지의 이치를 담고 있는 음양오행의 象을 遺漏없이 보여주고 있다. 인간은 자신의 신비와 수수께끼를 풀기 위해서는 하도 낙서, 십간 십이지 그리고 8괘와 64괘에 정통해야만 한다. 필자는 십간과 십이지도 천부경에서 유래했다고 생각하는데 상경의 '一積十鉅'에서 10간이 나오고 중경의 '運三四 成環五七'에서 12지가 유래했다고 사료된다. 십간의 10개의 명칭은 초목의 한살이에서 取象하였고 십이지의 12개의 명칭은 음기와 양기의 盛衰消長에 근거하여 기후의 변동, 초목의 변화, 인사의 당위 등을 取象하여 표현하였다.

필자는「干支와 運氣에 관한 研究」로 박사 학위를 취득하였다. 연구의 목표는 오운육기학이었는데 운기를 演繹하는 符號가 10간과 12지였기 때문에 함께 연구를 한 것이다. 이러한 것을 계기로 꾸준히 연구하여 필자는『의철학』과『의역학』이라는 책을 출판하였는데『의철학』속에 이전에 연구했던 干支에 대한 내용이 실려있다. 이번에 출판하는『십간과 십이지 연구』는 완전히 새롭게 쓴 6편의 논문을 묶은 것이다. 필자는 2015년부터 2017년까지 한국 학술진흥재단으로부터 과제를 받아 '운기에 관한 종합적 연구'라는 프로젝트를 수행하였다. 이 과정에서 4편의 논문을 완성했고 책으로 출판하기 위하여 첫 번째와 마지막 2편의 논문을 추가 작성하여 비로소 책으로 간행하게 된 것이다.

정역을 창시한 김일부는 진리의 궁극자리인 무극, 태극, 황극을 결합하여 처음으로 설명하면서 10무극, 1태극, 5황극이라는 숫자를 배합하였다. 그리고『우주변화의 원리』저자인 한동석은 간지에 숫자를 배합하면서 최초로 삼극의 순환과정을 십간과 십이지 속에서 파악하였다. 십간과 십이지는 궁극의 진리에 도달하기 위하여 반드시 알아야만 하는 부호가 되는 것이다.

논문으로 작성하다 보니 약간 중복된 내용들도 있음을 말씀드리며 양해를 구한다. 독자 제현들의 아낌없는 질정을 구하며 서문에 갈음한다.

2022년 8월 27일

대전대학교 한의과대학 연구실에서

윤 창 열 삼가 적음

목 차

서 문 5

제1장 干支의 起原과 歷史 11

　1. 들어가는 말 12

　2. 天地의 개념 14

　3. 왜 천간은 10개이고 지지는 12개인가 21

　4. 歲陽과 歲陰 35

　5. 古人紀年 46

　6. 나오는 말 49

제2장 干支의 意義 및 說文解字의 十干 53

　1. 들어가는 말 54

　2. 干支의 由來와 歷史 56

　3. 十干, 十二支의 意義 58

　4. 干과 支의 개념 62

　5. 天干 각각의 意味 66

　6. 考察 82

　7. 나오는 말 90

제3장 十干의 陰陽, 五行, 相沖, 臟腑配合 93

　1. 들어가는 말 94

　2. 陰陽配合 96

3. 方位五行配合 98

4. 夫婦五行配合 102

5. 相冲 117

6. 臟腑配合 118

7. 나오는 말 124

제4장 說文解字와 正易原義에서 설명하는 十二支 129

1. 들어가는 말 130

2. 12支 각각의 개념 132

3. 考 察 168

4. 나오는 말 177

제5장 十二地支의 陰陽 五行 六氣 臟腑의 配合 및 相冲 相合 181

1. 들어가는 말 182

2. 陰陽配合 184

3. 方位五行配合 185

4. 三陰三陽 六氣配合 188

5. 臟腑配合 194

6. 相冲 195

7. 六合 199

8. 三合 203

9. 나오는 말 208

제6장 數理를 통해 살펴본 十干과 十二支의 종합적 개념 211

1. 들어가는 말 212
2. 동양과 서양에서 바라본 수의 가치와 중요성 215
3. 天干과 數의 배합 229
6. 地支와 數의 배합 240
5. 干支의 合數 60 254
6. 나오는 말 255

제1장

干支의 起原과 歷史

1. 들어가는 말

2. 天地의 개념

3. 왜 천간은 10개이고 지지는 12개인가

4. 歲陽과 歲陰

5. 古人紀年

6. 나오는 말

1. 들어가는 말

  인간과 만물은 천지 속에서 삶을 영위하고 있다. 천지는 만유생명의 뿌리이며 진리가 所自出하는 곳이며 무궁한 창조의 덕성과 변화가 출현하는 근원이 된다. 이러한 천지의 신성한 정신을 파악하기 위하여 고인들은 10간과 12지를 만들어 하늘과 땅의 창조성과 질서를 파악하였다.

  干支가 언제 누구에 의하여 창시되었는지는 알 수 없지만 夏나라 때 寅月로 歲首를 삼았고 殷나라 때 丑月로 歲首를 삼았으며 周나라 때 子月로 歲首를 삼은 것만 보더라도 그 유래가 久遠하다는 것은 미루어 짐작할 수가 있다. 甲骨文 속에는 이미 完全한 干支의 기록이 있고 殷나라의 모든 임금들의 이름에 天干을 쓰고 있다는 것은 널리 알려진 사실이다. 殷商代의 甲骨文은 지금까지 발견된 干支와 관련된 최초의 文物이고 그 속에는 이미 완전한 간지순환의 기록까지 나타나고 있다. 그러나 더 이른 시기의 관련된 문물이 결핍되어 干支의 기원은 여전히 수수께끼로 남아있다. 甲, 乙, 丙, 丁, 戊, 己, 庚, 辛, 壬, 癸의 10干과 子, 丑, 寅, 卯, 辰, 巳, 午, 未, 申, 酉, 戌, 亥의 12支에는 하늘과 땅의 신비를 푸는 모든 비밀이 담겨져 있는 진리의 축소판이다.

  10干의 10은 하늘의 완전함을 나타내고 12支의 12는 땅에서 완성됨을 나타낸다. 천간과 지지는 만유생명이 음양작용을 함을 나타내고 더 나아가 천간 속에도 음양오행이 들어 있고 지지 속에도 음양오행이 들어있어 삼라만상이 음양과 오행으로 구성되고 변화하고 있음을 드러내고 있다. 또 천

간과 지지에는 상생과 상극의 내용까지 들어 있어 빠짐없이 진리가 담겨져 있다.

이에 著者는 먼저 천지는 어떠한 정신과 덕성을 가지고 있으며 어떠한 연계성이 있고 차별성이 있는가에 대하여 살펴보았으며 왜 하늘은 무형의 조화만을 시생하고 땅에서는 물질을 완성할 수 있는가에 대하여도 철학적으로 고찰하였다.

이어서 천간은 왜 10개로 구성되고 지지는 반드시 12개로 구성되어야만 하는가에 대하여 천지의 性情인 乾坤과 天地의 대행자인 日月의 관점에서 살펴보았으며 마지막으로 10과 12의 철학적인 관점을 고찰하였다.

다음으로 古人들이 紀年하는데 썼던 古甲子라고 부르는 歲陽 歲陰의 유래와 세양 10개, 세음 12개의 명칭의 의미를 살펴보았으며 끝으로 古人들의 紀年法에 대하여 살펴보았다.

2. 天地의 개념

　10干은 10天干이라 부르고 12支는 12地支라고 부르는데 이는 10干은 하늘의 정신을 표상한 것이고 12支는 땅의 덕성을 드러내고 있음을 나타낸 것이다. 그리하여 먼저 하늘은 무엇이고 땅은 무엇인지에 대하여 살펴보고자 한다.

　인간은 머리 위에 하늘을 이고 두 발로 땅을 밟으며 살아가고 있다. 안경전은 "하늘과 땅은 진리의 원형이자 인간 생명의 근원이다. 인간은 하늘과 땅에서 태어나 살다가 하늘과 땅으로 돌아간다. 따라서 인간은 자연의 변화를 떠나서는 존재할 수 없으며 천지의 뜻이 무엇인지 깨치고 그 섭리를 이루어가는 삶을 살아야 한다."라고 하였다.

　하늘과 땅과 인간의 관계를 가장 처음으로 제시한 문헌은 天符經이다. 천부경에서는 天一一, 地一二, 人一三이라고 하여 一始無始一의 一을 天, 地, 人이 동일하게 가지고 있어 天一, 地一, 人一이 되고 다시 天一, 地二, 人三이라고 하여 창조의 순서가 하늘, 땅, 인간으로 이루어져 있음을 밝히고 있다. 그런데 天一, 地二, 人三의 근본적인 뜻은 하늘은 陽의 시작, 陽의 근원으로 하나(一)를 하나로 삼고 땅은 陰의 시작, 陰의 근원으로 둘(··)을 하나로 삼고 인간은 천지가 합덕한 음양합의 표상으로 1 + 2 = 3이 되어 천지의 자식이며 천지와 하나되어 천지의 꿈과 이상을 실현하는 궁극의 존재라고 하였다.

　이처럼 하늘은 만물을 생하는 아버지가 되고 땅은 만물을 완성하는 어머니가 되어 천지는 만유생명과 억조창생의 부모가 된다. 천지가 만물을 가득 싣고 잠시도 쉬지 않고 生育하는 功德을『주역』「계사상전」5장에서는 "盛德大業이 지극하다"고 표현하였고 眞德秀는 이를 구체적으로 "만물을 생하는 것이 끝이 없는 것은 천지의 大業이고 쉬지 않고 운행하는 것은 천지의 盛德이다(生物無窮은 天地之大業也오 運行不息은 天地之盛德이라)"고 설명하였다. 이를 天地로 나누어 분석해 보면 盛德은 陽으로 天의 정신이고 大業은 陰으로 地의 功業이라 할 수 있다.

인간은 만물의 영장으로 천지의 진액을 뽑아서 생겨난 신령한 존재이다. 인간과 천지의 관계에 대해서『황제내경·소문』「보명전형론」에서는 "하늘을 덮고 땅이 실어 만물이 다 갖추어 짐에 사람보다 더 소중한 것이 없으니 사람은 천지의 기운으로 생겨난다(天覆地載하야 萬物悉備에 莫貴于人하니 人은 以天地之氣로 生이라)"고 하였고 또 "사람이 땅에서 살아가나 목숨은 하늘에 달려있으니 천지가 기운을 합한 것을 사람이라 한다. 사람이 능히 사시의 변화규율에 순응해야만 정상적으로 생장발육할 수 있으므로 천지는 인간의 부모가 된다(夫人生於地나 懸命於天하니 天地合氣를 命之曰人이라. 人能應四時者는 天地爲之父母라)" 하였다.

천지는 음양오행의 원리로 구성되어 있고 음양오행의 원리로 변화한다. 이를『황제내경』에서는 "대저 오운과 음양은 천지의 법칙이고 만물을 파악하는 강령이 되고 변화의 근원이고 생하고 죽이는 근본과 시작이 되고 모든 조화가 나오는 본원이 된다(夫五運陰陽者는 天地之道也오 萬物之綱紀오 變化之父母오 生殺之本始오 神明之府也라)"고 하였다.

이상의 내용을 기본으로 하여 하늘과 땅의 차이점과 연계성 相輔性을 살펴보면 다음과 같다.

첫째, 天父地母이다. 하늘과 땅은 단순한 물리적인 하늘과 땅이 아니라 인간과 만유생명의 진정한 아버지이고 어머니이다. 인간과 만물은 하늘 아버지의 기운을 받아 정신을 형성하고 땅 어머니의 기운을 받아 육신을 형성할 뿐만 아니라 천지의 보살핌 속에서 생명활동을 영위한다.

둘째, 天道地德이다. 동양에서는 생명의 근원과 변화의 길을 道라고 한다. 또 인간이 마땅히 가야 할 길을 뜻한다. 『중용』에서는 道를 "사람의 본성대로 살아가는 길(率性之謂道)"이라 했고 朱子는 "인간관계의 윤리상에 있어서 날마다 마땅히 실천해야 할 것(道는 則人倫日用之間에 所當行者 是也라)"이라고 하였다. 그리고 德에 대해 "덕은 도를 실천하여 마음에서 얻어짐이 있는 것이다(德은 則行道而有得於心者也라)"고 하였다. 이것은 인간의 도덕을 설명한 것이지만 천지도 이와 같이 하늘이 가는 길은 元亨利貞의 天道가 春夏秋冬으로 펼쳐지면 땅은 이를 계승하여 만물을 生長收藏하니 어머니의 덕성을 가지고 있는 것이다.

셋째, 『황제내경·영추』「本神篇」에서는 "하늘이 사람에게 부여한 것이 덕이고 땅이 사람에게 부여한 것이 氣이다. 덕이 우리 몸에 흘러 들어오고 기가 뭉쳐서 사람이 생겨난다(天之在我者는 德也오 地之在我者는 氣也니 德流氣薄而生者也라)"라고 하여 天德地氣라고 하였다.

德은 得의 뜻이 있는데 앞에서 道의 상대로 德을 쓴 것은 도를 실천하여 마음속에서 터득한 것이 德이고 여기서의 德은 사람이 태어날 때 하늘에서 부여받아서 얻은 이치(『대학』에서는 이를 明德이라고 하였다)이고 마음이며 氣는 기운이 뭉쳐서 이룬 형체를 의미한다.

넷째, 天圓地方이다. 하늘이 둥글고(○) 땅이 네모나다(□)는 철학적 상징은 대단히 오래되어 우리 민족은 천지에 제사를 지낼 때, 둥근 제단을 쌓고 하늘에 제사를 지내고 네모진 언덕에서 땅에 제사를 지냈다.(築圓壇而祭天하고 祭地則方丘라) 원(○)은 하늘의 정신을 상징하는데 여기에서는 하늘의 역동성, 변화성, 회전성, 순환성, 광대성, 무한성, 영원성, 충만성, 원만성 등을 살펴볼 수 있고 방(□)은 땅의 정신을 상징하는데 方正性, 有法性이 특징이다. 땅은 하늘의 역동성과 상대적으로 靜態的, 하늘의 無限性과 상대적으로 有限的이며 하늘의 기운이 충만한 것과 상대적으로 기운이 虛乏하고 하늘 기운이 剛强함과 달리 柔弱하다는 것을 살펴볼 수 있다. 일반적으로 天道는 圓而神하고 地道는 方以知라고 하니 天圓地方할 뿐만 아니라 天神地知하여 하늘은 신비하여 알기 어렵고 땅은 有法 有方하여 次序와 調理를 쉽게 파악할 수 있다.

다섯째, 天影地體라는 말도 쓸 수가 있다. 『正易』에서는 천지를 정의하기를 "땅은 하늘을 싣고 방정하니 실체가 된다. 하늘은 땅을 싸고 있고 둥그니 그림자가 된다.(地는 載天而方正하니 體니라 天은 包地而圓環하니 影이니라)"라고 하였다. 정역은 후천을 노래한 것이고 후천세상은 하늘의 이상이 땅에서 실현되고 陰이 주체가 되어 작용함으로 地를 먼저 언급하고 體가 된다고 표현한 듯하다.

여섯째, 天度地數라는 표현도 쓸 수 있다. 『황제내경·소문』「육절장상론」에서는 도수와 관련된 다음과 같은 내용이 기술되어 있다.

> 6·6의 절도(간지干支가 결합하여 60일을 이루고 이것이 6번 반복하여 360일을 이루는 것)와 9·9제회制會(9·9의 법칙이 천도天道와 회통會通하는 것)는 천도天度와 기수氣數를 확정하는 것입니다. 천도는 일월이 운행하는 노정路程을 계산하는 것이고 기수는 만물화생의 절기를 표시하는 것입니다.
> (夫六六之節과 九九制會者는 所以正天之度와 氣之數也니 天度者는 所以制日月之行也요 氣數者는 所以紀化生之用也라)

여기서 天度는 해와 달이 28宿를 기준으로 운행하는 변화 程度를 말하고 氣數는 일월의 운행에 의해 地氣의 변화가 節氣의 日數로 구체적으로 드러나는 것을 말하니 天度地數의 의미가 있다.

일곱째, 天氣地形이다. 하늘은 무형의 氣로 가득 차 있고 땅은 有形의 동물, 식물, 토양으로 구성되어 있다. 이를 『소문』「천원기대론」에서는 "하늘에서는 氣가 되고 땅에서는 형체를 이룬다(在天爲氣오 在地成形이라)"라고 하였고 소강절은 "하늘은 氣로 이루어져 형체에 의지하고 땅은 形으로 이루어져 있는데 그 속에 氣가 붙어 있어 氣는 형체를 만들고 形 속에는 氣가 붙어 있다(天依形하고 地附氣하야 氣以造形하고 形以寓氣라)"라고 하였다. 이는 『주역』 풍뢰익괘의 象傳에서 天施地生이라고 하였는데 하늘이 아버지가 되어 씨앗을 내려주고 땅이 어머니가 되어 그것을 받아 만물을 낳아준다는 의미와도 상통한다. 『주역』 건곤괘의 象傳에서 乾元은 萬物이 資始하고 坤元은 萬物이 資生한다고 하였으니 天始地生이라는 표현도 같은 의미라고 사료된다.

여덟째, 『주역』「계사전」에서 "하늘에서는 象을 이루고 땅에서는 형체를 이루니 변화가 나타난다(在天成象코 在地成形하니 變化見矣라)"고 하였으니 天象地形이 된다. 이에 대해 朱子는 "象은 日月星辰의 등속이고 形은 山川과 동물, 식물의 등속이다"라고 하였다. 象이라는 것은 形의 精華가 하늘에서 나타난 것이고 形은 象의 形質이 땅에서 모습을 드러낸 것이다. 소강절은 象과 形을 대응시켜 다음과 같이 이야기하고 있다.

하늘에 있어서 상을 이루는 것은 해(日)이고, 땅에 있어서 형체를 이루는 것은 불(火)이며, 양수(陽燧: 火鏡)가 해에서 빛을 취해서 불을 얻으니 불과 해는 본래 본체가 하나이다. 하늘에서 상을 이루는 것은 달(月)이고, 땅에서 형체를 이루는 것은 물(水)이며, 방제(方諸: 달의 정수를 받는 거울)가 달에서 취해서 물을 얻으니, 물과 달은 본래 본체가 같다. 하늘에 있어서 상을 이루는 것은 별(星)이고, 땅에서 형체를 이루는 것은 돌(石)이며, 별이 떨어져서 돌이 되니, 돌과 별은 본래 본체가 같은 것이다. 하늘에서 상을 이루는 것은 보이지 않는 별(辰)이고, 땅에서 형체를 이루는 것은 흙이며, 하늘에서 해·달·별 이외에 높고 푸른 것은 모두 보이지 않는 별(별자리의 밑바탕)이고, 땅에서 물과 불과 돌 이외에 넓고 두터운 것은 모두 흙이니, 신(辰)과 토(土)는 본래 본체가 하나이다.

아홉째, 天動地靜이다. 소강절은 "하늘은 움직이는 데서 나오고, 땅은 고요한 데서 나오는 것이니, 한 번 움직이고 한 번 고요함이 교차되면서 하늘·땅의 도가 다하는 것이다. 움직임의 시작에 양이 생기고 움직임의 끝에서 음이 생겨나니, 한 번 양하고 한 번 음함이 교차하여 하늘의 작용이 다하는 것이며, 고요함의 시작에 유(柔)가 나오고, 고요함의 끝에 강(剛)이 나오니, 한 번 강하고 한 번 유한 것이 교차하여 땅의 작용이 다하게 된다(天生於動者也요 地生於靜者也니 一動一靜이 交而天地之道 盡之矣하나니 動之始則陽生焉하고 動之極則陰生焉하니 一陰一陽이 交而天之用 盡之矣요 靜之始則柔生焉하고 靜之極則剛生焉하니 一剛一柔 交而地之用 盡之矣라)" 하였다. 이에 대하여 소백온은 다음과 같이 부연설명하고 있다.

하늘은 둥글기 때문에 움직임을 주관하고, 땅은 모나기 때문에 고요함을 주관하는 것이다. '움직임의 시작에 양이 나온다'는 것은 움직임을 근본으로 하는 것이다. 하늘이 비록 움직임을 주관하나 '움직임의 끝에 음이 생기는 것'은 때에 따라 고요해지는 것이다. '고요함의 시작에 유가 나온다'는 것은 고요함을 근본으로 하는 것이다. 땅은 고요함을 근본으로 하나 '고요함의 끝에는 강이 나온다'는 것은 때에 따라 움직이는 것이다. 그러므로 '한 번 움직임과 한 번 고요함이 교차하여 하늘·땅의 도가 다한다'고 말한 것이다.

動하면 剛하고 靜하면 柔함으로 天剛地柔라고도 말할 수 있다.

열 번째는 天生地成이다. 이는 하늘의 뜻과 이상이 땅에서 이루어진다는 뜻이다. 天地는 合德하여 목적을 이루는데 하늘은 무형이고 땅은 유형이므로 궁극의 이상은 땅에서 이루어지지만 주장은 하늘이 먼저한다. 이를 天先地後하고 天唱地隨하며 天始地終이라고도 말할 수 있다.

『우주변화의 원리』에서는 "天干은 幹에 불과한 즉 그것은 만물화생의 基幹일 뿐이고 아직 행동할 만한 조건이 성숙되지 못한 것이므로 事物化生의 명칭인 三陰三陽의 개념을 부여할 수 없다"고 하였다. 이는 土가 戊己 또는 甲己의 2개 밖에 없어 대화작용만 하고 自化作用은 할 수 없다는 뜻이다. 반면 地支는 辰戌丑未의 4개의 土가 있어 亥子丑, 寅卯辰, 巳午未, 申酉戌의 始中終과 本中末 운동을 하여 만물을 化生할 수 있으므로 대화작용뿐만 아니라 자화작용도 하여 사물화생의 명칭인 三陰三陽을 부여할 수 있다.

다시 말해 天干에서는 三陰三陽의 명칭을 부여하지 못하고 地支에만 三陰三陽의 명칭을 부여할 수 있다는 것은 하늘은 無形의 氣化作用만을 주재함으로 하늘을 상징하는 천간에는 甲己土 乙庚金 丙辛水 丁壬木 戊癸火의 오행명칭만 쓰고 땅은 有形의 形化作用을 주재함으로 子午少陰君火 丑未太陰濕土 寅申少陽相火 卯酉陽明燥金 辰戌太陽寒水 巳亥厥陰風木의 三陰三陽의 명칭을 쓸 수 있다는 것이다. 삼음삼양은 本氣가 구체적으로 드러난 標氣로써 事物化生의 명칭이다.

3. 왜 천간은 10개이고 지지는 12개인가

1) 간지의 개념 속에 있는 10과 12

19세기 말엽 十淸 李坤(1850~1899 字 景直)은 『正易原義』를 지어 干支의 개념을 다음과 같이 밝혔다.

"干은 一과 十이 결합되어 만들어진 글자니 천간이 一十, 즉 10개로 구성되어 있다는 의미가 있다. 또 犯의 뜻이 있다. 幹이라고도 쓰니 幹은 나무의 본체로 10幹은 乾(하늘)의 본체라는 의미를 가지고 있다. 支는 十과 又가 결합되어 만들어진 글자니 지지가 十二, 즉 12개로 이루어져 있다는 의미가 있다. 또 撐의 의미가 있어 위에 있는 것을 떠받치고 괸다는 뜻이 있다. 枝라고도 쓰니 枝는 나무의 작용으로 12枝는 坤(땅)의 작용이라는 의미를 가지고 있다. 대저 천지의 작용은 동쪽에서 시작하고 동쪽은 오행의 木이 자리하고 있기 때문에 幹枝 2글자는 나무에서 의미를 취하고 있다."

위에서 干에는 犯, 支에는 撐의 뜻이 있다고 한 것을 간지와 연결하여 해석해보면 犯은 범할 범 자로 범한다는 것은 위에서 널리 퍼져서 내려오거나 다른 것을 침범하거나 일이 처음 발생하는 것을 가리키니 천간의 의미가 있고 撐은 지탱할 탱 자로 지탱한다는 것은 일이 처음 발생한 것을 2차적으로 떠받치고 괸다는 의미가 있으니 지지의 의미가 있다. 또 干을 幹이라 하고 支를 枝라 하였는데 幹은 나무의 줄기로 가지와 잎사귀가 붙어 있는 곳으로 體가 되고 枝는 줄기에 붙어 옆으로 뻗어나가 用이 되며 줄기는 奇가 되고 가지는 偶가 되어 陰陽, 즉 天陽地陰의 모습이 있다. 10幹을 乾의 본체, 12枝를 坤의 작용으로 해석한 것은 탁견이라 사료된다. 그리고 幹과 枝 속에는 干과 支라는 글자가 들어 있으니 혹 干支라는 글자가 幹枝에서 유래한 것이 아닌가 하는 의문을 가져본다.

한동석이 지은 『우주변화의 원리』에 있는 干支의 내용을 쉽게 풀어서 설명해보면 다음과 같다.

"천간의 干은 幹으로 나무의 줄기이다. 이것은 만물화생의 기본이 되고 줄거리가 되기 때문에 아직 행동할 만한 조건이 성숙되지 못한 상태이다. 따라서 물질이 형성되었을 때 붙이는 삼음삼양의 개념을 부여할 수가 없다. 우주의 완전한 운동은 삼음삼양의 운동인 즉 六氣가 化生하기 전에 있어서의 5의 운동이라는 것은 아직 구체화되지 않은 상징적인 개념에 불과한 것이다. 하늘에서 작용하는 5運은 6氣에 비해 1氣가 부족하여 완전한 음양을 이루지 못한다. 완전한 음양이란 本中末과 始中終을 갖추어 서로 相合하는 三陰과 三陽이 있을 때 이루어진다. 따라서 地支의 변화인 六氣가 성립되면서 완전한 우주운동을 하게 된다.
천간이 幹인 것에 비해 支는 枝의 의미가 있는데 지엽에 불과하다는 뜻이다. 천간은 天氣가 운행하는 줄거리란 말이다. 干이란 글자는 十과 一이 합하여서 이루어진 글자이다. 이는 十土 위에 一水가 가해짐으로써 干(幹)이 된다는 뜻이다. 支는 十과 又가 결합하여 이루어진 글자이다. 又는 再의 뜻이 있다. 이는 10末土가 다시 통일작용을 시작할 때 만물의 지엽이 가장 무성하게 되는 것이니 이것이 바로 支 작용의 시초인 것이다. 이와 같이 보면 간지의 작용이란 것은 水火의 변화작용인 것이다."

한동석은 干은 水의 작용, 支는 火의 작용이라고 하였다. 위에서 十土 위에 一水가 가해진다고 하였는데 이는 10未土가 十一成道하여 一水로 통일된 상태를 의미하는데 天一生水의 의미가 되어 干이 水가 된다. 10未土가 통일 작용을 시작하는 곳은 火가 극도로 분열된 자리로써 地二生火의 의미가 되어 支가 火가 된다. 干의 水는 1이 되고 支의 火는 2가 되니 10干과 12支의 의미가 있다고 사료된다.

2) 二始, 二中, 二終 속에 있는 10과 12

『주역』「계사전」 9장에서 "1, 2, 3, 4, 5, 6, 7, 8, 9, 10의 10개의 수에서 奇數인 양수를 天數라 부르고 偶數인 음수를 地數라 하였는데 이 55수가 成變化하며 行鬼神한다"고 하였다. 張子는 "成은 鬼神의 氣를 行할 따름이고 數는 단지 氣일 뿐이니 變化와 鬼神이 또한 단지 氣일 뿐이다."라고 하였다. 천지의 氣는 음양으로 변화하는데 1에서 10까지의 수를 二始, 二中, 二終으로 설명할 수 있다. 二始는 1과 2인데 天一과 地二의 원리에 의해 사람의 머리가 하나이고 발이 2개라고 말할 수 있다. 二中은 天五와 地六인데 사람의 장부가 5장과 6부로 이루어진 것이다. 二終은 天九와 地十으로 사람에게 九竅가 있고 사람의 손가락, 발가락 등이 10개로 이루어진 것으로 설명할 수 있다. 먼저 二始에서 10과 12가 나오는 원리를 살펴보면 다음과 같다.

『皇極經世』에서 "양수는 하나가 불어나서 열이 된다.(陽數는 一衍之 爲十이라)

하늘의 처음의 숫자 1과 하늘의 마지막 숫자 9를 더하면 10이 된다. 음수는 둘이 불어나서 12가 된다.(陰數는 二衍之 爲十二라) 땅의 처음의 숫자 2와 땅의 마지막 숫자 10을 더하면 12가 된다."라고 하였다.

四象의 位數는 태양1, 소음2, 소양3, 태음4이고 四象의 用數는 태양9, 소음8, 소양7, 태음6이 된다. 四象의 위수와 용수를 합하면 모두 10이 된다. 즉 태양의 1과 9를 합하면 10이 되고 소음의 2와 8을 합하면 10이 되고 소양의 3과 7을 합하면 10이 되고 태음의 4와 6을 합하면 10이 되는 것이니 10은 완전수가 되기 때문이다.

그리고 소양의 위수 3과 태양의 용수 9를 더하면 12가 되고 태음의 위수 4와 소음의 용수 8을 더해도 12가 되는데 3은 木의 생수이고 9는 金의 성수이며 4는 金의 생수이고 8은 木의 성수가 되므로 오행의 작용을 대표하는 金木의 결합(水火는 木金의 體가 되고, 土는 四行의 본체가 된다)에서 12수의 원리가 나온다는 것도 살펴볼 수 있다.

二始인 1과 2에서 10과 12가 나오는 원리는 다음과 같이 설명할 수도 있다. 1이 최대 분열하면 10이 되니 이는 1의 작용이 10의 자리에서 정지(10 속에 있는 0으로 0은 작용의 정지를 나타낸다)해 있다는 것을 의미하므로 1의 최대 분열은 10이 된다. 또 하늘은 완전함을 통솔(天統其全)하기 때문에 양수 1은 완전수인 10까지 분열한다고도 말할 수 있다. 2는 地의 기본수이고 이것에 地의 중수 6을 곱하면 12가 된다. 또 2가 1차 분화하면 4가 되고 4가 다시 분화하면 8이 되는데 기본수인 2를 제외하고 4와 8을 더하면 12가 나오게 된다. 또 음수의 처음 3개의 숫자인 2, 4, 6을 더해도 12가 나온다.

『황극경세』에서는 이에 대해 "1은 10의 시작이고 10은 1의 끝이 되며 2는 12의 시작이고 12는 2의 끝이 된다.(一은 即十之始오 十은 即一之終이며 二는 即十二之始오 十二는 即二之終也라)"고 하였다.

천지를 상징하는 도상은 圓(○)과 方(□)이다. 동그라미는 하나의 선으로 되어 있으니 1을 나타내고 네모는 사각형이니 넷이 되나 陰은 둘을 하나로 쓰기 때문에(음효‑‑가 둘로 되어 있으나 하나의 爻이고 신발이 2쪽이나 한 켤레가 되는 것 등이다) 4÷2=2가 되어 2가 된다. 즉 ○과 □은 1과 2를 나타내는 천지의 상징도상이다. ○은 완전하여 전체를 나타내므로 10까지 발전하고 □은 사방이 本中末 운동을 하여 각각 3수를 머금고 있으므로 3×4=12가 된다. 이를 天符經에서는 '運三四'라고 하였다.

다음 二中에서 10과 12가 나오는 원리를 살펴보면 다음과 같다.

소강절은 干支의 결합은 천지의 작용을 배합한 것이라 하였고 이에 대해 黃畿는 "天數는 1, 3, 5, 7, 9이고 중앙에 5가 있으니 5를 2배 하면 10이 되고 地數는 2, 4, 6, 8, 10이고 중앙에 6이 있으니 6을 2배 하면 12가 된다."라고 하여 二中인 천수 5와 지수 6을 2배(음양작용)하여 10간과 12지가 나온다고 하였다. 또 소강절은 "천간이 10개이고 지지가 12개인데 이것은 陽數 가운데 陰이 있고 陰數 가운데 陽이 있는 것이다."라고 하였다. 이 뜻은 양수는 천간을 의미하는데 乙, 丁, 己, 辛, 癸의 陰干이 있고 음수는 지지를 의미하는데 子, 寅, 辰, 午, 申, 戌의 陽支가 있다는 것이다. 음양의 기본수는 2와 3이다. 이를 더하면 중수 5가 되는데 이는 남녀의 결혼을 상징하고 생수이므로 아직 형상화되지 않은 하늘을 의미한다. 이것이 음양운동을 하면 10이 된다. 2와 3을 곱하면 중수 6이 되는데 이는 생식, 출산을 상징(생식 출산의 근원이 되는 sex는 6을 뜻하는 six에서 유래했다는 연구 결과가 있다)하고 水의 成數가 되어 물질화된 것이고 이것이 음양운동을 하면 12가 된다.

二終인 9와 10에서 10과 12가 나오는 원리는 10은 이미 천간의 숫자가 되고 여기에 다시 음의 기본수인 2를 더해 10+2=12가 됨을 생각해 볼 수 있다.

3) 천지와 일월 속에 있는 10과 12

다음은 천지와 일월 속에서 나오는 10과 12의 의미를 살펴보고자 한다.

천지의 性情을 乾坤이라 하고 괘로 표시하면 ☰과 ☷이 된다. 乾이 10天干을 주재함을 大山 金碩鎭은 다음과 같이 설명하고 있다.

> 乾 자를 파자하면 甲을 중심으로 열 개의 천간이 끝없이 순환반복하여 운행하는 천도(乾)를 바탕으로 지도(乙)와 인도(人)가 있게 됨을 알 수 있다. 이는 곧 천지인 삼재를 거느리고 다스리는 주체가 하늘임을 가리킨다.

① 佐陽(天) : 甲. 밭(田) 가운데 종자가 뿌리를 내리는 상.
　　위에 '十'은 先十甲이고 아래 '十'은 後十甲으로
　　오전(선천)과 오후(후천)를 뜻함.

② 中仁(人) : 丙(만물이 생육 활동함)

③ 右陰(地) : 乙(싹이 터서 움터 나옴)

위의 내용을 보면 乾은 十甲(십천간)을 중심으로 운행하고 있다는 것을 알 수 있는데 正易八卦圖에서도 乾에 10수를 배합하고 있다. 坤의 六爻는 모두 12획으로 구성되어 있으므로 땅의 질서가 12로 나누어진다는 것을 어렵지 않게 짐작할 수가 있다.

天地를 현실에서 대행하는 것이 日月이니 천지는 體가 되고 일월은 用이 된다. 이를 주역에서는 "乾坤不用 坎離代之"라고 부른다. 正易에서는 "하늘과 땅이 해와 달이 아니면 빈 껍질이다(天地匪日月이면 空殼이라)" 하였고 "하늘과 땅이 합덕한 것이 해와 달이다(天地之合德이 日月이니라)" 하였으며 또 "해와 달의 공덕은 하늘과 땅이 나누어진 것이다(日月之德은 天地之分이라)"라고 하였다.

위의 내용을 보면 天10, 地12의 원리를 계승하여 日10, 月12의 이치도 추리해 볼 수 있는데 이에 대해서 살펴보면 다음과 같다.

장개빈은 "大撓가 천지의 음양을 관찰하여 10간과 12지를 세워 해와 달의 모습을 드러내었다. 10간은 해에 응하니 하늘의 오행이고 12지는 달에 응하니 땅의 오행이다.(大撓가 察天地之陰陽하야 立十干十二支하야 以著日月之象이라 十干은 以應日하니 天之五行也오 十二支는 以應月하니 地之五行也라)"라고 하여 10간은 해의 운동하는 모습(日之象)을 나타내고 12지는 달의 운동하는 모습(月之象)을 나타낸다고 하였다. 『廣雅』에서는 "갑을은 幹이 되니 幹은 해의 神이고 寅卯는 枝가 되니 枝는 달의 靈이다.(甲乙爲幹이니 幹者는 日之神也오 寅卯爲枝니 枝者는 月之靈也라)"라고 하여 干과 支를 해와 달의 精神이라고 하였다.

해(태양)를 10과 연결시켜 표현한 내용은 중국의 문헌에 여러 곳에 나타난다.

湯谷 위에 한 그루 扶桑樹가 있는데 10개의 태양이 목욕을 하는 장소이다. (『산해경』「해외동경」)

羲和는 帝俊의 아내인데 10개의 태양을 낳았다. (『산해경』「대황남경」)

堯의 시대에 이르러 10개의 태양이 함께 떠올라 벼의 모와 농작물을 말리고 초목을 태워 죽였다. 이에 요임금이 유궁후예를 보내 10개의 태양 중에서 9개를 쏘아 떨어뜨렸다. (『회남자』「본경훈」)

『후한서』에서 "대요가 처음으로 甲乙 등 10干을 만들어 날을 명명했으니 幹이라 부르고 子丑 등 12支를 만들어 달을 명명했으니 枝라고 부른다(大撓 始作甲乙하야 以名日하니 謂之幹이요 作子丑하야 以名月하니 謂之枝라)"라고 했으니 천간은 처음에 날을 표기하는데 사용하였고 지지는 처음에 달을 표기하는데 사용하였다.

『소문』「육절장상론」에도 "天有十日"이란 말이 있다. 이 뜻은 하늘에는 10天干이 있고 10간에 10일을 배합하여 날짜를 표기했으므로 "天有十日"이라 표현한 것이다. 『甲骨學商史編』에 다음과 같은 말이 실려있다.

> 민국 18년, 즉 1929년 가을에 容庚(1894~1983. 廣東東莞人. 字 希白. 號 頌齋. 고문자 학자)이 일찍이 연경대학을 위해서 60甲子가 배열된 것이 아주 완전하고 골판을 아주 평평하고 매끄럽게 잘 다스리고 반대쪽은 구멍을 뚫지 않은 甲骨版 하나를 구입했는데 이 골판은 점치는데 쓴 것이 아니라면 분명 오로지 旬曆을 나타내기 위해서 사용한 것이다.
> (民國十八年秋季 容庚曾爲燕京大學購得一枚 列六十甲子甚全 骨版劇治甚平滑 背面又未經鑽鑿 此版旣非卜用 可決爲專著旬曆之用了)

이에 대해 任應秋는 "이것은 은나라 때 날을 기록하고 10일을 기술하는데 사용했던 60일 周期甲子表가 된다는 것을 조금도 의심할 여지가 없다. 그렇다면 어떻게 그 당시에 이처럼 고도의 甲子表를 편제할 수 있었을까. 이는 그 당시의 曆法과 불가분의 관계가 있는데 殷商代에는 농업이 중시되었으므로 자연스럽게 당시의 지식과 교육은 天文曆法의 연구에 집중되어 농업상의 정확한 시간관념의 파악이 특히 발달하였다. 즉 예를 들어 어느 때 씨를 뿌려야 하고 어느 때 거두어야 하며 또는 어느 때 어떤 것을 심고 가꾸어야 하는가 등등은 모두 때에 맞추어 시행해야 했으므로 殷人들은 이것을 탐구하여 紀日, 紀旬, 紀月, 紀年하는 曆法을 창출하였다."라고 하였다.

또 다음과 같이 부연설명하고 있다. 殷商代에는 날짜를 明記할 때 十干을 사용했으므로 天干이라 稱한다.(中國人은 날을 天이라 한다) 아직 달을 표기하기 이전에는 旬을 단위로 하여 날짜를 표시했는데 甲日로부터 癸日에 이르기까지 꼭 十日이 되어 一旬이 되므로 十干은 十數와 완전히 相合한다. 出土된 殷墟卜辭로 부터 살펴보건대 紀日은 비록 干支를 함께 말했지만 분명히 十干을 위주로 하고 있다. 羅振玉의 殷墟書契前編三·一八·一卜辭에 이르기를 "己丑卜 庚雨"라 했는데 이 뜻은 己丑日에 占을 치니 庚寅日, 즉 다음날 비가 내릴 것이라는 말인데 庚字 다음에 寅字를 쓰지 않았음을 알 수 있다. 또 七·四四卜辭에 "乙卯卜, 昱丙雨", "辛亥卜籤, 昱丙雨 允雨"라 했는데 역시 丙雨와 壬雨라고만 썼지 丙辰雨, 壬子雨라고 쓰지 않았다. 이로 보아 殷人들이 紀日하는데 干에 중점을 두었지 支를 중시하지 않았음을 알 수 있다. 이러한 예는 卜辭中에 자주 나타난다.

위에서 sun(日)의 변화를 10일(day)을 단위로 표현하였듯이 moon(月)의 변화는 12달(month)로 표현하였다. 우리말에서 sun을 '日'이라 하고 또 day를 '일'이라 부르며 moon을 '달'이라 하고 또 month를 '달'이라고 부르니 둘 사이의 깊은 연관성을 살펴볼 수 있다.

殷人들은 太陰曆을 사용했으므로 그들의 紀月하는 방법은 달이 圓缺하는 것이 준칙이었다. 그리하여 매월을 30일로 나누었으나 달이 한번 찼다가 기우는데 30일이 좀 안되므로 大建과 小建을 나누어서 大建은 30日로 하고 小建은 29日로 하였다. 一年은 보통 12개월로 나누었지만 太陽曆과 일치하지 않았으므로 閏月을 두어 오차를 해소하였다. 따라서 순수한 太陰曆이 아니므로 이를 太陰太陽曆이라 부르고 있다.

12달과 12지지의 배합에 대해 『유경도익』「두강해」에서는 다음과 같이 말하고 있다.

1년 사시의 기후는 모두 12진에서 통제하니 12진은 두강斗綱이 가리키는 곳으로 절기가 이에 의해 확정된다. 정월에는 인방寅方(동북방)을 가리키고 2월에는 묘방卯方(정동방)을 가리키고 3월에는 진방辰方(동남방)을 가리키고 4월에는 사방巳方(남동방)을 가리키고 5월에는 오방午方(정남방)을 가리키고 6월에는 미방未方(남서방)을 가리키고 7월에는 신방申方(서남방)을 가리키고 8월에는 유방酉方(정서방)을 가리키고 9월에는 술방戌方(서북방)을 가리키고 10월에는 해방亥方(북서방)을 가리키고 11월에는 자방子方(정북방)을 가리키고 12월에는 축방丑方(북동방)을 가리키니 월건月建이라고 한다. 하늘의 원기元氣는 형체가 없어서 볼 수 없으나 북두칠성이 가리키는 방위를 보면 알 수가 있다.

북두칠성은 7개의 별로 되어 있으니 첫 번째 별은 괴성魁星이라 하고 5번째 별을 형성衡星이라 하고 7번째 별을 표성杓星이라고 부르니 두강斗綱이라고 한다. 가령 정월의 월건은 인寅인데 초저녁에는 표성(6번째, 7번째 별이 가리키는 방향)이 인방寅方을 가리키고 한밤중에는 형성(4번째, 5번째 별이 가리키는 방향)이 인방寅方을 가리키고 새벽에는 괴성(2번째, 첫 번째 별이 가리키는 방향)이 인방寅方을 가리키니 나머지 달도 이와 같다.

(一歲四時之候는 皆統于十二辰하니 十二辰者는 以斗綱所指之地로 卽節氣所在之處也라 正月指寅하고 二月指卯하고 三月指辰하고 四月指巳하고 五月指午하고 六月指未하고 七月指申하고 八月指酉하고 九月指戌하고 十月指亥하

고 十一月指子하고 十二月指丑하니 謂之月建이라 天之元氣는 無形可觀이나 觀斗建之辰하면 卽可知矣라 斗有七星하니 第一曰魁오 第五曰衡이오 第七曰杓니 此三星을 謂之斗綱이라 假如正月建寅은 昏則杓指寅하고 夜半衡指寅하고 平旦魁指寅하니 餘月仿此라)

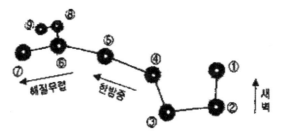

도표 1. 북두칠성의 하룻밤의 운행과 월건

한 번 더 부연설명하면 다음과 같다. 북두칠성의 첫 번째 두 번째 별의 길이의 5배 되는 곳에 북극성이 있다. 그래서 이 두 개의 별을 지극성指極星이라고 한다. 북두칠성뿐만 아니라 하늘에 있는 모든 별들은 북극성을 중심으로 매일 반시계 방향으로 선회旋回한다. 그리하여 하늘의 중심이 되는 북극성을 북신北辰 또는 태을太乙이라고 불렀다. 예를 들어 음력 6월의 월건은 미未인데 이달에는 초저녁에 북두칠성은 6번째 7번째 별의 연장선이 미방未方(남서방)을 가리키고 북극성을 중심으로 반시계 방향으로 돌아 한밤중에는 4번째 5번째 별의 연장선이 미방을 가리키고, 새벽녘에는 2번째 첫 번째 별의 연장선이 미방을 가리킨다.

달과 12가 연관된 문헌은 『산해경』 「대황서경」에서 "帝俊의 처 常羲가 12개의 달을 낳았고 여기에서 처음으로 그들의 목욕을 시켰다"라고 하였다.

이상의 내용을 종합해보면 日之數는 10이고 月之數는 12라는 것을 분명히 알 수 있다. 이어서 10이라는 숫자와 12라는 숫자가 가지고 있는 의미에 대해서 살펴보고자 한다.

4) 10과 12에 대한 의미 고찰

김일부는 10을 無極의 數라 하였고 리바이 도우링(1844~1911)이 쓴 『보병궁복음서』의 113장 6절에 "하나님은 10이시며 거룩한 JOD(히브리어로 10)이시다"란 말이 있다. 동양학에서 하느님을 無極帝라고 부르니 하늘 또는 하느님의 숫자는 10이라고 볼 수 있다.

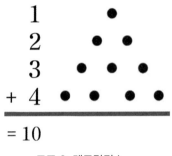

도표 2. 테트락티스

『易傳』에서도 "형체로 말하면 天이라 부르고 主宰로 말하면 帝라 부르고 功用으로 말하면 鬼神이라 부르고 妙用으로 말하면 神이라 부르고 性情으로 말하면 乾이라 부른다"라고 하였으니 하늘, 하느님, 神, 乾 등은 모두 10수를 배합할 수 있다.

10은 하도의 수로 전체를 나타내고 완전함을 나타내며 모든 것을 포용하고 調和하며 주재하는 하늘의 숫자이고 하느님의 숫자이다. 피타고라스는 "1에서 10까지의 모든 수는 제각기 특수한 의미와 역할을 갖는데, 그 중특히 10수는 '완전한 포용성'을 지니는 '만물의 주재자the keyholder of all'이다"라고 하였다.(『낙서의 유산』) 10이 갖는 완전성과 조화성은 피타고라스가 고안한 '테트락티스Tetractys'라는 그림에도 잘 나타나 있다. 테트락티스는점 열 개가 4층의 피라미드 모양으로 배열되어 완벽하고 안정된 삼각형을 이루고 있다.

하도의 생수를 보면 북(겨울)1, 남(여름)2, 동(봄)3, 서(가을)4로 되어 있고 이를 모두 더하면 10이 된다. 따라서 10이라는 수는 木火金水의 四行, 동서남북의 四方, 춘하추동의 사계절을 모두 주재하고 조화하는 완전수가 된다. 주역에서 2, 4, 6, 8, 10은 地數가 된다고 했는데 10수는 땅의 수이면서 하늘수가 되니 이는 10이 완전수가 되기 때문이다.

아라비아 숫자로 십을 10으로 쓴다. 이는 1이 9까지 분열한 다음 10의 단계에 이르면 1의 분열이 정지(10의 뒤에 있는 0, 0은 정지를 나타낸다)했다는 의미가 있고 다시 9, 8, 7, 6, 5를 거쳐 4, 3, 2, 1로 통일되어 간다는 것을 상징한다. 또 한자로는 十으로 쓰는데 이는 丨(양)과 一(음)이 共棲하여 조화를 이루고 서로 融和되어 투쟁이나 반발이 없는 中和의 상태를 이룬 무극의 경계를 의미한다.

천부경에 "運三四 成環五七"이라는 말이 있다. 3과 4를 곱하면 12가 되고 5와 7을 더하면 12가 된다. 12는 만유를 포괄하는 수가 되며 땅의 완전수가 된다. 옛사람들은 태양이 순환하는 길을 황도라 불렀고 황도를 12궁으로 나누어 별자리의 이름을 붙였다.

運三四는 1년에 4계절이 있고 하나의 계절이 3달로 이루어져 1년이 12달로 이루어진 것을 나타내고 또 인체가 四肢로 이루어져 있고 하나의 팔과 다리에 각각 3개의 관절이 있으므로 12개의 관절이 있는 것도 나타낸다. 그리고 동서남북의 4방이 있고 각각의 방위를 다시 3개의 방위로 나눌 수 있으므로 모두 12개의 방위가 나오게 된다.

동북아에서는 歲星인 木星의 공전 주기가 11.86年이 되어 대략 12년이 되므로 歲星으로 紀年하는 것을 歲次라고 불렀다. 古人들은 하늘에서 목성이 지나는 길을 12等分하고 매 등분 안에 있는 어떤 恒星으로 標志를 삼았다. 木星은 정확하게 매년마다 하나의 등분을 지나므로 12년이 지나면 1周하게 된다. 매년의 歲星이 머무르는 星次와 그 干支를 歲次 또는 龍集이라 부른다. 이에 대해서는 歲陽 歲陰에서 좀 더 자세히 살펴보고자 한다.

12라는 수는 12진법으로도 널리 이용되었는데 이에 대해 살펴보면 다음과 같다.

12라는 수는 2, 3, 4, 6으로 나누어지기 때문에 현행의 10진법에 비해 훨씬 더 편리한 기수법 체계라 할 수 있다. 이 기수법이 과거의 상거래에서 곧잘 쓰였다는 사실은 '다스'라든가 '그로스'(12다스) 같은 표현에서 확인할 수 있다. 수메르인들(그 이후에는 아시리아-바빌로니아인들)은 거리나 면적, 용적, 체적, 무게 등을 측량할 때 주로 이 기본수에 의거하여 곱셈이나 나눗셈을 했다. 그들은 하루를 같은 길이의 12개 시간대로 나누어 '단나(danna)'라고 불렀는데, 그 각각은 지금의 2시간에 해당된다. 사실 우리는 1에서 12까지 헤아리는 일을 한 손의 손가락들만으로도 충분히 해낼 수 있다. 엄지손가락으로 나머지 네 손가락 각각의 세 마디(혹은 관절)를 하나씩 차례로 짚어 나가면 된다. 각각의 손가락에는 마디(혹은 관절)가 세 개씩 있다. 엄지손가락의 관절을 셈에서 빼버리면(셈을 하는 것은 바로 이 엄지손가락이므로) 결국 12라는 수가 수체계의 바탕이 될 수 있는 것이다. 많은 민족들이 10이라는 수와 함께 제2의 셈 단위로서 12라는 수를 채택한 것은 바로 이런 방식 때문임이 분명하다.

12의 원리가 인체에서 구현된 것은 오장에 心包를 더해 6장 6부를 이루고 여기서 삼음삼양의 12경맥이 뻗어 나와 장부음양이 조화를 이루고 삼음삼양이 질서있게 자리잡고 있는 것이다. 10을 완전수라고 한다면 12는 완성수라고 말할 수 있다.

4. 歲陽과 歲陰

1) 세양과 세음의 개념

古人들의 紀年方式은 천간과 지지를 결합하여 사용했다는 것을 우리는 잘 알고 있다. 그런데 司馬光이 쓴 『資治通鑑』을 보면 책을 펼치자마자 著雍攝提格에서 시작하여 玄黓困敦에서 끝나는데 이것은 古人들이 별도로 만든 10간 10지에 대응하는 용어를 가지고 표현한 것으로 이 曆法은 木星과 관련이 있다. 옛사람들은 木星이 한 바퀴 공전하는데 대략 12년이 걸린다는 것을 알았고 이 길을 12등분하고 목성이 어느 구역에 있는가를 관찰하여 어느 해인가를 확정하였다.

목성의 공전 주기는 정확히 12년에 미치지 못하므로 약간의 오차가 있다. 이러한 오차를 상쇄시키기 위해서 古人들은 假想의 하나의 별을 생각해 냈는데 바로 太歲星이다. 이를 太陰 또는 歲陰이라고도 부르는데 木星인 歲星이 陽이 되고 太歲는 陰이 된다. 이것의 운행 軌迹은 목성과 같으나 운행의 방향은 목성과 반대이다. 그리고 太歲가 운행하여 한번 周天하는 것은 정확히 12년이 된다고 규정하였다. 太歲의 12지지를 『爾雅』에서는 "太歲在寅曰攝提格이요 在卯曰單閼이요 在辰曰執徐요 在巳曰大荒落이요 在午曰敦牂이요 在未曰協洽이요 在申曰涒灘이요 在酉曰作噩이요 在戌曰閹茂요 在亥曰大淵獻이요 在子曰困敦이요 在丑曰赤奮若이라" 하였고 지지는 陰에 속하므로 이 12개의 명칭을 歲陰이라고 불렀다. 古人들은 음양관을 중시하여 음이 있으면 반드시 양이 있어야 하기 때문에 세음에 대응하여 10개의 명칭을 만들었는데 이를 『爾雅』에서는 "太歲在甲曰 閼逢이요 在乙曰旃蒙이요 在丙曰柔兆요 在丁曰强圉요 在戊曰著雍이요 在己曰屠維요 在庚曰上章이요 在辛曰重光이요 在壬曰玄黓이요 在癸曰昭陽이라" 하였는데 이를 歲陽 또는 歲雄이라고 부른다. 邢昺은 이에 대해 太歲가 日에 있을 때 명칭이 세양이고 辰에 있을 때의 명칭이 세음이라고 하였다.

위의 내용을 가지고 『자치통감』의 著雍攝提格은 간지로 환산하면 戊寅年이 되고 玄黓困敦은 壬子年이 된다. 사마천이 지은 『史記』「曆書」에도 세양과 세음을 결합하여 紀年을 하였는데 『이아』와 조금 달리 표현된 곳이 있어 이를 표로 만들고 발음을 표기하면 다음과 같다.

十干	甲	乙	丙	丁	戊	己	庚	辛	壬	癸
爾雅釋天	閼逢 (연봉, 알봉)	旃蒙 (전몽)	柔兆 (유조)	强圉 (강어)	著雍 (착옹)	屠維 (도유)	上章 (상장)	重光 (중광)	玄黓 (현익)	昭陽 (소양)
史記曆書	焉逢 (언봉)	端蒙 (단몽)	游兆 (유조)	彊梧 (강오)	徒維 (도유)	祝犁 (축리)	商橫 (상횡)	昭陽 (소양)	橫艾 (횡애)	尙章 (상장)

도표 3. 歲陽表

十二支	子	丑	寅	卯	辰	巳
爾雅釋天	困敦 (곤돈)	赤奮若 (적분약)	攝提格 (섭제격)	單閼 (선연, 단알)	執徐 (집서)	大荒落
史記曆書	困敦 (곤돈)	赤奮若 (적분약)	攝提格 (섭제격)	單閼 (선연, 단알)	執徐 (집서)	大荒落

十二支	午	未	申	酉	戌	亥
爾雅釋天	敦牂 (돈장)	協洽 (협흡)	涒灘 (톤탄, 군탄)	作噩 (작악)	閹茂 (엄무)	大淵獻 (대연헌)
史記曆書	敦牂 (돈장)	協洽 (협흡)	涒灘 (톤탄, 군탄)	作鄂 (작악)	淹茂 (엄무)	大淵獻 (대연헌)

도표 4. 歲陰表

2) 세양의 의미

『爾雅詁林』『史記·曆書』『淮南子全譯』 등의 내용을 종합하여 세양 10개의 명칭에 대하여 의미를 살펴보면 다음과 같다.

태세가 甲에 있을 때를 閼逢이라 하였다. 李巡(동한말의 환관. 汝南 汝陽人. ?~189)은 "만물의 뾰족한 싹이 나오려고 하나 막혀서 아직 나오지 못했기 때문에 알봉이라고 한다.(萬物이 鋒芒欲出이나 擁遏未通故로 曰閼逢이라)"고 하였다. 이순은 閼을 막다/가리다, 逢을 鋒芒(칼끝처럼 뾰족한 끝)으로 해석했으나 『회남자전역』에서는 逢은 篷(뜸봉, 뜸은 띠, 부들로 엮어 볕을 가리는 물건)으로 해석하여 閼逢에 가리고 누르고 덮고 있다는 의미(含掩抑覆蓋意)가 있다고 하였다. 『사기』에서는 焉逢이라 하였다. 閼逢의 발음은 연봉과 알봉의 2가지가 있으나 연봉이 최초의 발음이었다고 사료된다. 이는 사기의 焉이 연(閼)의 轉音이라고 사료되기 때문이다. 참고로 흉노의 황후 閼氏를 '연지'라고 발음한다.

태세가 乙에 있을 때를 旃蒙이라 부른다. 高誘(동한말기의 經學家, 涿郡 涿縣人)의 『회남자』 주에서 "만물이 껍질에 둘러싸여 있다가 뚫고 나오기 때문에 전몽이라고 부른다.(萬物이 遏蒙甲而出故로 曰旃蒙也라)" 하였다. 『사기』에는 端蒙이라 되어 있는데 端과 旃은 古音이 가까우니 端과 旃은 통한다. 旃은 본래 고대의 자루가 굽은 깃발을 가리켰으니 의미가 확장되어 구부러져 있다는 뜻이 나온다. 蒙甲은 식물 종자의 껍질이다. 종자가 껍질을 뚫고 싹이 나와 꾸불꾸불 자라는 것이 바로 '遏蒙甲而出'이다.

태세가 丙에 있을 때를 柔兆라 하였다. 이순은 "만물이 모두 가지를 드리우고 잎사귀를 내기 때문에 유조라고 한다(萬物이 皆垂枝布葉故로 曰柔兆也라)"고 하였다. 『사기』에서는 游兆라고 하였다. 孫炎(동한말기의 경학가. 字叔然. 산동 樂

安人의 『이아음의』에서는 "만물이 유순하여 조리와 선명함이 있는 것이다(萬物柔婉하야 有條兆也라)" 하였다. 柔와 游는 모두 풀어져서 넉넉하고 自在하다는 뜻이 있으니 優游, 優柔와 같은 것이다. 兆는 선명한 형상을 가리킨다.

태세가 丁에 있을 때를 強圉라 하였다. 이순은 "만물이 모두 강성하나 아직 완전히 통하지 않았기 때문에 강어라고 한다(萬物이 剛盛未通故로 曰強圉라)" 하였고 손염은 "만물의 피부가 견고한 것이다(萬物皮孚 堅者也라)"라고 하였다. 이순은 圉를 감옥의 뜻으로 보아 아직 완전히 통하지 않는다고 했고 손염은 圉가 본래 牢獄(감옥)을 가리키지만 뜻을 引申하여 牢實(튼튼하다, 단단하다)이라고 본 것이다.

태세가 戊에 있을 때를 著雍이라고 하였다. 高誘는 "자리가 중앙에 있고 만물이 사방에서 번식하고 자라게 하기 때문에 착옹이라고 한다(位在中央하고 萬物이 繁養四方故로 曰著雍也라)" 하였다. 『설문』에서 "戊는 中宮이라" 하였고 『釋名』에서 "戊는 茂也라 만물이 모두 무성한 것이다(物皆茂盛也)"라고 하였다. 著은 '고정시키다'의 뜻이 있고 雍은 和諧(잘 어울리다, 조화하다)의 뜻이 있다.

태세가 己에 있을 때를 屠維라고 하였다. 高誘는 "己에 위치한다. 만물이 각각 그 물성을 완성함을 말한다. 그래서 도유라고 부른다(在己라 言萬物이 各成其性이라 故曰屠維라)"고 했다. 또 고유는 屠는 別의 뜻이 있다고 했는데 아마 屠宰(가축을 도살하다)의 뜻으로부터 유래한 것 같다. 또 維를 離라고 해석했는데 違와 통하는 것 같다. 『사기』에서 徒維라 했다. 『석명』에서는 "己는 紀也니 모두 기억해서 알 수 있는 일정한 형태가 있는 것이다(皆有定形可紀識也라)"라 하였다. 이 뜻은 6월에는 만물이 長成하여 이미 형태를 이루고 성질을 완성하여 각각 구별이 있다는 것이다.

태세가 庚에 있을 때를 上章이라고 하였다. 고유는 "음기가 상승하여 만

물이 다 살았다는 즉 생명이 종결되었다는 것이다. 그래서 상장이라고 한
다(陰氣上升하야 萬物畢生故로 曰上章也라)"하였다. 章은 顯明(명백하다, 선명하다, 현
저하다)의 뜻이다.

태세가 辛에 있을 때를 重光이라고 하였다. 고유는 "辛에 위치한다. 만물
이 성숙하여 빛이 나기 때문에 중광이라고 부른다(在辛이라 言萬物就成熟하야
其煌煌故로 曰重光이라)"라 하였다.

태세가 壬에 있을 때를 玄黓이라고 하였다. 고유는 "壬에 위치한다. 한해
가 끝나 만물을 싸고 妊養하기 때문에 현익이라 부른다(在壬이라. 言歲終包任萬
物故로 曰玄黓也라)" 하였고 郝懿行은 『爾雅義疏』에서 "현익은 만물이 끝나 어
두워진 것이다(玄黓은 言萬物終而幽黯也라)" 하였다. 玄은 어둡다는 뜻이고 黓
은 灰黑色을 가리킨다.

태세가 癸에 있을 때를 昭陽이라고 하였다. 고유는 "癸에 위치한다. 양기
가 처음 싹터서 만물이 다 소생하기 때문에 소양이라고 부른다(在癸라 言陽氣
始萌하야 萬物合生故로 曰昭陽이라)" 하였다. 萬物合生이 萬物含生으로 되어 있는
판본도 있다.

3) 세음의 의미

태세가 寅에 있을 때를 攝提格이라고 하였다. 高誘는 "格은 起니 言萬物이
承陽而起也라(격은 일어난다는 뜻이니 만물이 양기를 이어서 일어남을 말한다)"라고
하였다. 이 내용은 李巡이 『이아』注를 단 것과 똑같다. 『사기·역서』에 "游
兆攝提格征和元年"이라 하였다. 張守節은 『사기정의』에서 孔文祥의 설을 인
용하여 "세성이 寅月인 正月에 동방에서 나와 衆星의 기준이 되어 모든 별
자리를 統攝(攝提)한다. 1년의 머릿달이 되어 孟陬(음력 정월달의 이명)를 일으

키기 때문에 格이라 하니 格은 正의 뜻이다"라고 하였다.

태세가 卯에 있을 때를 單閼이라 하였다. 이순은 "單은 盡也오 閼은 止也니 陽氣가 推萬物而起에 陰氣盡止也라(單은 다한다는 뜻이고 閼은 그친다는 뜻이다. 양기가 만물을 밀어서 일으킴에 음기가 다 그치는 것이다)"라고 하였다. 이것은 음력 2월달(卯月)의 景象(모습)이다.

태세가 辰에 있을 때를 執徐라고 하였다. 이순은 "執은 蟄也요 徐는 舒也라 言蟄伏之物이 皆敷舒而出故로 曰執徐라(執은 칩복한다는 뜻이고 徐는 푼다는 뜻이다. 칩복했던 만물이 모두 몸을 펴서 나오기 때문에 집서라고 한다)" 하였다. 이것은 음력 3월달(辰月)의 景象이다.

태세가 巳에 있을 때를 大荒落이라고 하였다. 이순은 "言萬物이 皆熾茂而大出하야 霍然荒落故로 曰荒落이라(만물이 모두 치성하고 무성하게 크게 나와 갑작스럽게 많아졌기 때문에 황락이라고 부른다)"라고 하였다. 荒을 大의 뜻으로 보았고 霍은 갑자기란 뜻이고 落落은 많은 모양을 말한다.

태세가 午에 있을 때를 敦牂이라고 하였다. 손염은 "敦은 盛也오 牂은 壯也라 言萬物盛壯也라(敦은 왕성한 것이고 牂은 씩씩한 것이다. 만물이 왕성하고 씩씩한 것이다)"라고 하였다. 牂은 숫양인데 뜻을 引申하여 씩씩하다고 해석한 것이다. 이것은 음력 5월(午月)의 景象이다.

태세가 未에 있을 때를 協洽이라고 하였다. 李巡은 "言陰陽化生하고 萬物和合故로 曰協洽이라 協은 和也오 洽은 合也라(음양이 조화를 이루어 생하고 만물이 조화롭게 합하기 때문에 협흡이라 한다. 協은 조화롭게 한다는 뜻이고 洽은 합한다는 뜻이다)"라고 하였다.

태세가 申에 있을 때를 涒灘이라고 하였다. 손염은 "萬物吐秀傾垂之貌也라(만물의 이삭이 패어 기울고 드리워진 모습이다)"라고 하였다. 許匡一은 이에 대해 다음과 같이 설명하고 있다. 原注에서 "涒은 大오 灘은 修也라 言萬物이

皆修其精氣也라(涒은 크다는 뜻이고 灘은 닦는다는 뜻이다. 만물이 모두 그 정기를 닦는 것을 말한다)”라고 하였다. 『呂氏春秋·序意』에 “維秦八年 歲在涒灘”이란 말이 있고 高誘는 注에서 “涒은 大也오 灘은 循也니 萬物이 皆大循其精性也라 (涒은 크다는 뜻이고 灘은 따른다는 뜻이니 만물이 모두 크게 그 성정을 따르는 것이다)”라 하였다. 그러나 고유는 바로 이어서 또 말하기를 “涒灘은 夸人短舌不能言爲涒灘也라(군탄은 큰소리로 허풍떠는 사람이 혀가 짧아 말하지 못하는 것을 涒灘이라고 한다)”라고 하였다. 적지 않은 사람이 原注에 있는 修자는 循의 오자라고 말한다. 그러나 循精氣와 修精氣는 여전히 말뜻이 모호하다. 涒灘에 대해 앞사람과 지금 사람들 모두 정확한 해석이 없다.

태세가 酉에 있을 때를 作鄂이라고 하였다. 고유는 “零落也니 萬物皆移落이라(시들어 말라 떨어지는 것이니 만물이 모두 쇠락해지는 것이다)”라고 하였다.

태세가 戌에 있을 때를 閹(掩)茂라고 하였다. 고유는 “掩은 蔽요 茂는 冒也니 言萬物이 皆蔽冒라(엄은 가린다는 뜻이고 무는 덮는다는 뜻이니 만물이 모두 가려지고 덮혀지는 것이다)”라고 하였다. 이것은 季秋 9월(戌月)의 景象을 말한다.

태세가 亥에 있을 때를 大淵獻이라고 하였다. 고유는 “淵은 藏이오 獻은 迎也라. 言萬物이 終于亥하니 大小深藏屈伏하야 以迎陽이라(淵은 감춘다는 뜻이고 獻은 맞이한다는 뜻이다. 만물이 亥에서 끝나니 크고 작은 것들이 깊이 감춰지고 굴복했다가 양기를 맞이하는 것을 말한다)”라고 하였다. 이것은 겨울 10월에 만물이 잠시 숨고 갈무리하였다가 양기가 다시 발동하여 나오기를 기다리는 것이다.

태세가 子에 있을 때를 困敦이라고 하였다. 고유는 “困은 混이오 敦은 沌也라. 言陽氣皆混沌하야 萬物이 牙蘗也라(困은 섞여있는 모습이고 敦은 혼돈한 상태이다. 양기가 모두 혼돈상태에서 만물의 싹이 터오르는 것이다)”라고 하였다. 孫炎은 “困敦은 混沌也라 言萬物初萌하야 混沌于黃泉之下也라(困敦은 혼돈상태를 말한다. 만물이 처음 싹이 터서 황천의 아래에서 아직 분화되지 않고 혼돈되어 있는 것이다)"라고 하였다. 혼돈은 아직 형태를 이루지 않은 상태를 말한다. 이것은 겨울 11월(子月)의 景象이다.

태세가 丑에 있을 때를 赤奮若이라고 하였다. 고유는 "奮은 起也오 若은 順也라. 言陽(氣)奮物而起之하야 無不順其性也라 赤은 陽色이라(奮은 떨쳐 일어나는 것이고 若은 쫓는다는 것이다. 양기가 만물을 떨쳐서 일어나게 하여 그 성질을 쫓지 아니함이 없게 하는 것이다. 赤은 陽의 색깔이다)"라고 하였다. 이것은 겨울 12월(丑月)의 景象을 말한다.

4) 세양과 세음에 대한 고찰

위에서 하나하나 설명한 세양과 세음에 대한 내용을 다시 한번 고찰해 보고자 한다.

10간에 대응하여 10개의 명칭을 만들고 12지에 대응하여 12개의 명칭을 만들었지만 쓰인 글자들에 생소한 것이 많고 발음도 일반적인 것과 다른 것이 많다. 그리고 『이아』와 『회남자』의 주석가들이 『설문해자』에 있는 10간, 12지의 기본적인 개념을 가지고 해석을 하였지만 해석이 부드럽지 않고 억지로 내용을 꿰어서 맞춘다는 의심이 많이 든다. 그리고 歲陽은 『이아·석천』과 『사기·역서』의 내용이 현저하게 차이를 보이고 있다. 李巡, 孫炎, 高誘 등이 글자를 가지고 해석을 시작한 이후 청나라 馬國翰의 『爾雅古注』, 邵晉涵의 『爾雅正義』, 郝懿行의 『爾雅義疏』 등에 이르기까지 이러한 시도는 지속되어 왔다. 그러나 역대에 걸쳐 여기에 의문을 가지게 되었고 章炳麟은 『訄書(구서)·訂文』의 「正名雜義」에서 "세양 세음의 뜻은 해석하기 어렵다(歲陽歲陰은 義則難解라)"고 하였다.

南宋때 洪邁가 지은 容齋隨筆에서는 다음과 같이 기술하고 있다.

세양 세명의 설은 『이아』에서 시작되었고 그 뒤로 태사공(사마천)이 『사기·역서』에서 이것을 활용했으나 같지 않은 곳이 있다. 閼逢을 焉逢이라 하고 旃蒙을 端蒙이라 하고 柔兆를 游兆라 하고 强圉를 彊梧라 하고 著雍을 徒維라 하고 屠維를 祝犁라 하고 上章을 商橫이라 하고 重光을 昭陽이라 하고 玄黓을 橫艾라 하고 昭陽을 尙章이라 하였다. 이것은 해가 오래되어 전해 받아 베껴 쓰는 가운데 혹 잘못된 것이니 깊이 변론할 필요는 없다. 곽경순의 주석(郭璞의 爾雅注)에서 말하기를 "歲陽에서부터 歲陰 月名에 이르기까지는 모두 상세하게 알 수 없기 때문에 주석을 달지 않고 論하지 않는다"라고 하였다. 『자치통감』은 오로지 세양과 세명(세음)을 취하여 그 해의 머리에 기록했으나 알 수가 없다. 한퇴지(한유)의 시에 "해는 亥年 견우중(미상)에 있다" 하였고 왕개보의 『자설』에서 "强圉는 나도 또한 설명할 수가 없다"라고 하였다.

(歲陽歲名之說은 始于爾雅하고 自後로 惟太史公이 曆書用之로대 而或有不同이라 如閼逢爲焉逢하고 旃蒙爲端蒙하고 柔兆爲游兆하고 强圉作彊梧하고 著雍作徒維하고 屠維作祝犁하고 上章作商橫하고 重光作昭陽하고 玄黓作橫艾하고 昭陽作尙章이라 此乃年紀久遠하야 傳寫或訛니 不必深辯이라 郭景純注釋云 自歲陽至月名은 皆所未詳通故로 缺而不論이라 하니라 資治通鑑에 專取歲陽歲名하야 以冠年이나 不可曉解라 韓退之詩에 歲在淵獻牽牛中이라 하고 王介甫 字說에 言强圉는 自余亦無說이라)

곽박은 훈고에 대하여 깊이 연구하였으며 전인들의 연구 결과를 두루 섭렵하는 한편 그들이 소홀히 한 점을 보완함으로써 雅學의 선구자가 된 사람인데 그러한 그가 선대의 李巡, 孫炎, 高誘 등의 주석을 하나도 싣지 않은 것은 그들의 주석을 신뢰하지 않았다는 것을 알 수가 있다.

세양 세명의 해석에 관해 후세에 비록 하나하나 闡明한 자들이 있었지만 대부분 견강부회한 것들이니 『爾雅疏』에서는 다음과 같이 말하고 있다.

이순, 손염이 비록 각자 설명을 하였지만 모두 허구를 엮어 이치에 맞지 않고 의심스러운 일을 바로잡은 것이 없다.
(李巡孫炎이 雖各有其說이나 皆構虛不經하고 疑事無質이라)

梁任公(1873~1929, 광동 新會人(지금의 江門市人), 梁啓超, 號가 任公이다)은 『國文語原解』에서 또한 다음과 같이 말하고 있다.

이러한 명칭은 비록 곽박처럼 박학다식한 사람으로도 오히려 글자의 뜻이 상세하지 않아 주석에서 주를 달지 않고 논하지 않는다고 하였고 그 발음은 또한 왕왕 다른 것이 있고 『사기』와 비교해 보면 이것은 모두 발음이 비슷해서 달라진 것들이다. 그렇다면 이 22개의 명칭은 아마도 소리를 표현한 것이지 형태를 표현한 것이 아닌 것 같다.
(此等名稱은 雖以郭璞之博聞多識으로도 猶云字義未詳하야 注中缺而不論이라 하고 而其音讀은 亦往往有異同하니 以史記較之면 此皆以音近而生異同者라 然則此二十二支文은 殆爲衍聲而非衍形也라)

위의 내용은 대단히 설득력이 있는 내용이다. 곽박에서부터 梁任公까지가 1,600여 년이 되지만 이 사이에 이 22개의 명칭을 분명하게 해석한 사람이 없다. 그리고 사마천이 『사기』에서 閼逢을 焉逢이라 하고 旃蒙을 端蒙이라 하고 柔兆를 游兆라 하고 强圉를 彊梧라고 쓴 것 등은 모두 발음이 비슷하여 잘못 쓴 것들이다. 따라서 22개의 명칭은 소리를 표현한 것이 옳다고 보며 더 나아가 당시 중국과 교류가 빈번했던 흉노 또는 고조선의 언어가 흘러 들어간 것이 아닌가 하는 조심스런 추측을 해본다. 이러한 근거는 흉노의 황후 閼氏를 연지라고 발음하는데 閼逢을 연봉으로 읽고 있고 흉노의 임금 單于를 선우라고 읽는데 單閼을 선연으로 읽기 때문이다. 이 22개를 十淸 李斯文이 해석한 것이 있는데 이는 제2장, 제3장을 참고하기 바란다.

5. 古人紀年

干支를 사용하여 날짜(日)를 기록하고 달(月)을 기술하며 時를 나타내는 것은 대단히 오래된 방법이다. 은나라 때의 사람들은 天文과 年月日時를 깊이 탐구하여 紀日, 紀旬, 紀月, 紀年(여기서 紀는 기록하다, 계산하다의 뜻이다)하는 曆法을 창안하였다. 그러나 여기서 분명히 알고 지나가야할 점은 은나라 사람들이 확실히 紀年하는 방법은 알고 있었지만 干支를 활용하여 紀年하지 않았고 또 한 해를 나타내는 명칭도 통일되지 않았다는 것이다. 胡厚宣 (1911~1995, 하북성 保定市 望都人, 『甲骨文合集』편집, 甲骨學家, 史學家)은 『殷代年歲稱謂考』에서 다음과 같이 말하고 있다.

> 은대에는 반경이 도읍을 옮긴 이후에 초기에는 한해를 칭하기를 年이라 하고 歲라 하고 春이라 하고 秋라 하였고 후기에 이르러 비로소 祀라 칭하고 또 사건으로서 年을 나타내었다.
>
> (殷代는 自盤庚遷都以后로 早期에 稱年爲年 爲歲 爲春 爲秋라가 至晚期하야 始稱爲祀하고 亦以事紀年이라)

은나라 사람들은 왜 春 혹은 秋로 紀年했는가. 이것은 春에는 五穀이 始生하고 秋에는 五穀이 成熟하므로 五穀의 始生과 成熟으로 紀年하는 방편을 삼은 것이며 祀라고 한 것은 一年의 제사가 끝났음을 취한 것이다.

殷代가 지나고 周의 春秋時代에 이르러서는 王公繼位年의 次序로 紀年(帝

王紀年)하였다. 左傳에 나오는 "昭公元年", "成公三年" 등이 바로 이것이다. 銅器의 銘文에 보이는 "唯王幾年"은 또한 이 방법으로 紀年한 것이다. 요컨대 東漢以前에는 甲子로 紀年하는 방법이 없었고 干支를 종합하여 紀年(干支紀年)에 응용한 것은 漢의 光武帝 建武 이후의 일이다.

顧炎武(1613~1682, 字 寧人, 亭林先生이라 부른다, 강소 昆山人, 명말청초의 걸출한 사상가)는 『日知錄』에서 다음과 같이 기술하고 있다.

『이아소』(북송 진종때 邢昺이 『이아』에 注를 단 책)에서 "甲에서 癸까지는 10 日이니 日은 陽이 되고 寅에서 丑까지는 12辰이니 辰은 陰이 된다"라고 하였다. 이 22개의 명칭은 古人들이 날짜를 기록하는 데 썼지 해를 기록하는 데는 쓰지 않았다. 해를 기록할 때는 閼逢에서부터 昭陽까지 10개의 명칭이 있으니 歲陽이 되고 攝提格에서부터 赤奮若까지는 歲名이 된다. 후인들이 갑자년, 계해년이라고 부른 것은 오래된 일이 아니다. 한나라 이전은 애초에 간지를 빌려 사용하지 않았다.『사기·역서』에서 태초 원년의 年名을 焉逢攝提格, 月名을 畢聚, 날짜는 甲子日, 夜半 초하루 아침 동짓날이라고 하였으니 그 분별한 것이 이와 같다.
(爾雅疏曰 甲至癸 爲十日이니 日爲陽이오 寅至丑이 爲十二辰이니 辰爲陰이라 하니라 此二十二名은 古人이 用以紀日하고 不以紀歲라 歲則自有閼逢至昭陽十名하니 爲歲陽이오 攝提格至赤奮若十二名하니 爲歲名이라 后人이 謂甲子歲 癸亥歲는 非古也라 自漢以前은 初不假借라 史記·曆書에 太初元年 年名 焉[卽閼字]逢攝提格 月名畢聚 日得甲子 夜半朔旦冬至라 하니 其辨晰如此라)

漢나라 이전의 紀年은 기본적으로 『爾雅』「釋天」에서 말한 閼逢에서 昭陽까지의 10개의 歲陽과 攝提格에서 赤奮若까지의 12개의 歲陰(歲名이라고도 한다)이 사용되었다.

예를 들어 歲陽은 甲은 閼逢이고 歲名의 子는 困敦이므로 閼逢困敦年은 甲子年이 된다. 또 歲陽의 乙은 旃蒙이고 歲名의 丑은 赤奮若이므로 旃蒙赤奮若은 乙丑年이 된다. 기타의 歲陽과 歲名도 차례대로 배합하면 역시 甲子로 紀年하는 것과 같아지는데 여기서는 五六節制의 의미는 없고 다만 陰陽配合의 의의만 있을 뿐이다. 『呂氏春秋』「季冬紀 序意」에 "維秦八年 歲在涒灘"이라 되어 있는데 이는 歲名이 가장 먼저 사용된 예로 涒灘은 申年으로 여기서는 庚申年일 가능성이 크므로 마땅히 上章涒灘으로 해야 한다.

고염무는 "經學이 날로 쇠미해지고 사람들이 간편함을 추구하면서 甲子로부터 癸亥에 이르는 60甲子를 가지고 대신하게 되었다"라고 하였다.

6. 나오는 말

10간은 하늘의 정신을 나타내고 12지는 땅의 덕성을 드러내고 있는데 하늘과 땅의 특징과 차이점은 天父地母, 天道地德, 天德地氣, 天圓地方, 天影地體, 天度地數, 天氣地形, 天象地形, 天動地靜, 天生地成 등이 있다.

干과 支라는 글자는 幹枝에서 유래한 듯하며 10幹은 乾의 본체를 나타내고 12枝는 坤의 작용을 나타낸다. 또 干은 一과 十이 결합되어 만들어진 글자로 干이 10개로 구성된 것을 나타내며 支는 十과 又가 결합되어 만들어진 글자로 支가 12개로 구성된 것을 나타낸다.

천간은 천기가 운행하는 줄거리란 의미가 있다. 干은 十과 一이 합하여 이루어진 글자로 10土가 1水로 통일되어 干이 되니 天一生水의 의미가 있고 支는 十과 又가 합하여 이루어진 글자로 만물이 극도로 분열했다가 10土가 통일작용을 시작할 때 만물의 지엽이 가장 무성한 것을 나타내니 地二生火의 의미가 있다.

1과 2를 二始라 하는데 天數 1이 최대로 불어나면 10이 되고 地數 2가 최대로 불어나면 12가 된다. 5와 6을 二中이라 하는데 천수 5가 음양작용을 하면 10이 되고 지수 6이 음양작용을 하면 12가 된다. 9와 10을 二終이라 하는데 10은 1이 최대 분열한 숫자이고 여기에 음의 기본수 2를 더하면 12가 된다.

乾坤은 천지의 性情을 나타내는데 乾 속에는 上下에 十이란 글자가 있어 10이 들어있고 坤卦(☷)는 모두 12획으로 구성되므로 12가 들어있다.

천지는 體가 되고 日月이 用이 되는데 옛문헌에 해를 10으로 표현한 곳이 많고 달을 12로 표현한 곳도 있다. 천간은 처음 10일을 표기하는데 사용되었고 지지는 12달을 표기하는데 사용되었다. 따라서 10은 日之數(sun과 day)가 되고 12는 月之數(moon과 month)가 된다.

1, 2, 3, 4를 더하면 10이 되니 10은 목화금수, 동서남북, 춘하추동을 주재하는 완전수가 되고 12는 3과 4를 곱하면 12가 되니 황도 12궁, 12달, 12개 방위, 12관절, 12장부, 12경맥 등을 나타내는 완성수가 된다.

太歲가 머무는 위치에 따라 10간에 상응하여 閼逢, 旃蒙, 柔兆, 强圉, 著雍, 屠維, 上章, 重光, 玄黓, 昭陽의 10개의 명칭을 만들었는데 이를 세양이라 부르고 또 12지에 상응하여 攝提格, 單閼, 執徐, 大荒落, 敦牂, 協洽, 涒灘, 作噩, 閹茂, 大淵獻, 困敦, 赤奮若의 12개의 명칭을 만들었는데 이를 세음이라고 부른다.

동한말기부터 위의 22개의 명칭에 대해 많은 주석과 설명이 있으나 분명하게 해석한 사람이 없다. 양계초가 이에 대해 소리를 표현한 것이라고 하였는데 이는 대단히 설득력이 있는 주장이라 사료된다.

古人들은 干支를 사용하여 日과 月과 時는 기록했지만 年을 기록할 때는 은나라 때는 春, 秋, 祀 등을 썼고 주나라 때는 王公繼位年의 차서로 紀年했으며 전국시대 말기에 이르러 세양과 세음으로 紀年하였다. 그리고 후한 광무제 이후부터 간편함을 쫓아 干支로 紀年하였다.

/ 참고문헌 /

• 곽박, 이아곽주, 대북, 중화서국, 1970
• 김석진, 대산주역강해(상경), 서울, 대유학당, 2015
• 김용옥, 논어한글역주(2), 서울, 통나무, 2008
• 김주성 편저, 정역집주보해, 서울, 신역학회, 1999
• 계복, 설문해자의증, 제남, 제로서사, 2013
• 범엽찬, 후한서(2), 북경, 중화서국, 1991
• 사마천, 사기(4), 북경, 중화서국, 1991
• 소강절 원저 윤상철 편역, 황극경세(3), 서울, 대유학당, 2011
• 안경전, 이것이 개벽이다, 서울, 대원출판, 2005
• 안경전 역주, 환단고기, 대전, 상생출판, 2012
• 楊家駱主編, 日知錄集釋(下冊), 대북, 세계서국, 1972
• 원가역주, 산해경전역, 귀양, 귀주인민출판사, 1991
• 이경직, 정역원의, 서울, 동문관, 1913
• 임응추, 운기학설, 상해, 상해과학기술출판사, 1982
• 장개빈, 유경도익, 서울, 성보사, 1982
• 장개빈, 장씨유경도익, 서울, 서원당, 1977
• 조르주 이프라 지음 김병욱 옮김, 숫자의 탄생, 서울, 도서출판 부키, 2011
• 周易(貞), 대전, 학민문화사, 1990
• 周易(元), 대전, 학민문화사, 1990
• 주조연 주편, 이아고림(卷中), 무한, 호북교육출판사, 1996
• 진준위, 중국천문학사(제3책), 상해, 상해인민출판사, 1984
• 한동석, 우주변화의 원리, 서울, 대원출판사, 2001
• 허광일 역주, 회남자전역, 귀양, 귀주인민출판사, 1995
• 홍원식, 정교황제내경, 서울, 동양의학연구원, 1981
• 百度百科 [검색일자 2022. 07. 20.] http://naver.me/GyLtXY5A

제2장

干支의 意義 및
說文解字의 十干

1. 들어가는 말
2. 干支의 由來와 歷史
3. 十干, 十二支의 意義
4. 干과 支의 개념
5. 天干 각각의 意味
6. 考 察
7. 나오는 말

1. 들어가는 말

우주의 본체는 太極이고 陰陽으로 分化하고 五行으로 變化作用한다. 태극은 理이고 道이며 一로 상징되니 1태극은 分化이전의 모습이요, 陰陽은 氣이고 상대적이며 二로 나타나 陽의 모습은 丨로, 음의 모습은 一로 상징할 수 있다. 陰陽이 結合하여 十字의 모습을 이룬 것이 五行이니 十字의 동서남북과 中央이 각각 木金火水土를 상징한다.

陰陽과 五行의 作用原理를 數와 干支와 卦로 파악할 수 있으니 음양·오행의 變化하는 모습은 數와 數式에서 가장 쉽게 드러나니 河圖와 洛書의 모습이고 음양과 오행의 德은 天干과 地支에서 나타나며 음양과 오행의 象은 8卦와 64卦를 통해 파악할 수 있다.

中國에서 10干과 12支를 처음으로 설명한 서적은 司馬遷의 『史記·律書』이고 이어서 班固가 『漢書·律曆志』에서 언급하였으나 내용이 간략하다.

後漢時代 中期의 許慎은 『說文解字』를 지어 10干과 10支에 대하여 자세한 설명을 하였는데 그 의의가 자못 크다. 그리고 19세기 말엽 十淸 李斯文은 『正易原義』를 지어 干支를 해설하였으나 이것은 세상에 잘 알려져 있지 않다.

동양에서는 일찍부터 年, 月, 日, 時의 변화를 干支를 가지고 說明하였고 이로부터 四柱를 세워 사람의 運命을 推算하였으며 의학에서는 10간을 통해 五運의 변화를 파악하고 十二支를 통해 六氣의 변화를 파악하여 그 해의 기후변화를 추측하였고 이를 생리·병리·진단·치료에 응용하여 干支를 적극적으로 활용하였다.

許愼이 설명한 10干과 12支는 淸代에 이르러 說文四大家가 出現하여 각각 상세한 주석을 加하였다.

說文四大家는 江蘇 金壇의 段玉裁(1735~1815), 山東 曲阜의 桂馥(1736~1805), 山東 安邱의 王筠(1784~1854), 江蘇 吳縣의 朱駿聲(1788~1858)이다.

段玉裁는 『說文解字注』를 짓고 桂馥은 『說文解字義證』을 짓고 王筠은 『說文解字句讀』 등을 짓고 朱駿聲은 『說文通訓定聲』을 지어 『說文解字』를 注釋하고 未備點을 보완하였다.

동양학을 연구함에 있어 干支에 대한 이해는 필수적이고 특히 『說文解字』에 있는 干支의 이해는 중요한 의미가 있다. 먼저 干支의 由來와 歷史에 대한 내용을 살펴보았고 十干과 十二支의 意義에 대해 살펴보았으며 이어서 干과 支의 개념을 『說文解字』, 『正易原義』, 『宇宙變化의 原理』 등의 내용을 통해 고찰하였다. 다음으로 甲, 乙, 丙, 丁, 戊, 己, 庚, 辛, 壬, 癸에 대하여 『說文解字』 본문의 내용을 자세한 번역을 통해 대의를 살펴보았고 四大家의 出生順에 따라 段玉裁, 桂馥, 王筠, 朱駿聲의 注釋 중 본문의 이해에 도움이 되는 내용을 번역을 통해 살펴보았다. 그리고 마지막으로 고찰을 통해 10干 본문의 내용과 주석가들의 내용을 취합하여 분석 고찰하였다. 干支에 대한 연구는 이전에도 있었지만 干支의 意義와 說文四大家의 주석을 모두 살펴보는 것은 이번이 처음임으로 자못 의의가 있다고 사료된다. 주석의 내용은 분량이 많으므로 꼭 필요하다 생각되는 부분만을 선택하였고 10干 모두에 『正易原義』의 내용도 추가하였다.

2. 干支의 由來와 歷史

『通鑑』의 黃帝紀에 이르길 "命大撓作甲子(대요에게 명하여 갑자를 만들었다.)"라 하고 「外紀」에 "帝命大撓하야 探五行之情하고 占斗剛所建하야 始作甲子라(황제가 대요에게 명하여서 오행의 상황을 살피고 북두칠성의 두강이 세우는 것을 고찰하여 갑자를 만들었다.)"라 하였으며 『史略』에서도 "命大撓하야 占斗建하야 作甲子라" 하여 일반적으로 黃帝가 그의 臣下인 大撓에 命하여 大撓가 최초로 五行을 관찰하고 북두칠성의 운행을 고찰하여 天干과 地支를 만든 사람으로 알려져 있다.

그러나 『桓檀古記』의 「三聖記」下에는 다음과 같이 기술되어 있다.

(초대 배달 환웅이 7세 智爲利桓仁의 명을 받들어 백두산으로 떠날 그) 시기에 반고라는 자가 있어 기이한 술법을 좋아하여 길을 나누어 가고자 하여 청을 하니 (지위리 환인께서) 허락을 하셨다. 드디어 재물과 보배를 싸고 10干, 12支를 관장하는 벼슬을 맡은 인물들을 거느리고 陶冶工, 건축공, 種苗工, 發火工 등과 더불어 함께 (감숙성 돈황에 있는) 三危山의 拉林洞窟에 이르렀다.

(時에 有盤固者 好奇術하야 欲分道而往하야 請하니 乃許之라 遂積財寶하고 率十干十二支之神將하고 與共公有巢有苗有燧로 偕至三危山 拉林洞窟이라.)

위의 내용을 보면 黃帝와 大撓가 활동했던 지금으로부터 4700~4800년보다 1200여년 앞서서 이미 10干과 12支가 있었다는 것이다.

따라서 大撓作干支說은 믿을 수가 없다. 「三聖紀」下에서 "大撓는 嘗學干支之術이라(대요는 일찍이 간지의 술법을 배웠다.)" 하였는데 大撓는 이전부터 전해 내려오던 干支의 술법을 공부하여 후세에 전한 인물이라고 보아야 할 것이다. 그렇다면 10干과 12支를 처음 창시한 인물은 누구인가. 지금으로서는 더 이상 확인할 방법은 없지만 우리의 倍達國 이전부터 10干과 12支가 있었다는 것만은 확실한 사실이라고 말할 수 있다.

역사적으로 고찰해 볼 때 대체로 十干이 먼저 발명되고 다시 十二支가 발명되었으며 다음으로 甲子(干支相合)가 발명된 것으로 추측된다. 일찍이 西紀前 1766~1122年의 殷商代에 이미 干支, 甲子가 사용되었다. 十干은 당시에 商王朝 世係의 이름으로 사용되었는데 구체적으로 살펴보면 成湯의 이름은 天乙이고 그의 아들들은 太丁, 外丙, 中壬이었다. 그리고 孫子의 이름은 太甲, 曾孫의 이름은 沃丁, 太庚이며 이후 少甲, 雍己, 太戊, 仲丁, 外壬, 河亶甲, 祖乙, 祖辛, 沃甲, 祖丁, 南庚, 陽甲, 盤庚, 小辛, 小乙, 武丁, 祖庚, 祖甲, 廩辛, 庚丁, 武乙, 太丁, 帝乙을 거쳐 마지막 紂 帝辛에 이르기까지 모두 天干으로 命名되어 있다. 은대 왕들의 이름에 10干이 사용된 까닭은 10干은 왕들이 죽은 날들로 그 날짜를 근거로 각 왕들의 제사를 지내야 하기 때문인 것으로 알려져 있다. 이후 干支甲子는 曆法의 발전을 따라 曆法方面에 보편적으로 응용되었다.

3. 十干, 十二支의 意義

먼저 왜 천간은 10개로 되어 있고 地支는 12개로 이루어져 있는가에 대해 살펴보고자 한다. 1에서 10까지의 수는 河圖를 구성하는 수로써 만물이 분열하였다가 통일하는 원리를 설명하는 기본수이다. 이들 수는 다시 음양의 원리로 本, 中, 末로 나누어 볼 수 있는데 1과 2는 창조의 근본인 體가 되고 3에서 8까지는 변화의 中心이 되고 9와 10은 분열의 극에서 통일로 전화하는 末數가 된다.

3에서 8까지의 변화의 中心數는 다시 변화의 기본수인 3과 4, 변화의 中心의 中心數인 5와 6, 그리고 변화의 완성수인 7과 8로 다시 나누어 볼 수 있다.

우주의 변화는 天地의 變化이다. 천지의 변화에서 中心을 이루는 것은 天五 地六의 오운·육기의 운동이다. 그런데 모든 변화는 음양 운동을 한다. 따라서 天五의 오운에 태과 불급의 음양이 있으니 5×2=10이 되고 地六의 육기에 正化와 對化의 음양이 있으니 6×2=12가 되어 하늘의 모든 변화는 10으로 귀결되고 땅의 모든 변화는 12로 귀결된다. 그리고 天地의 변화는 각자 변화하면서도 일체가 되어 작용함으로 우리는 干支가 相合한 60갑자를 가지고 天地의 모든 변화를 파악할 수가 있는 것이다.

劉溫舒는 10干과 12支의 德에 대하여 다음과 같이 기술하고 있다.

天氣가 始於甲干하고 地氣가 始於子支者는 乃聖人이 究于陰陽重輕之用

也니

천기가 갑에서 시작하고 지기가 자에서 시작하는 것은 성인이 천지음
양지기의 경중의 작용을 추구한 것이니

著名以彰其德하고 立號以表其事니라

십간의 명칭을 드러내어 십간 각자가 가지고 있는 덕을 밝혔고 십이지
의 이름을 세워 십이지 각자가 주관하는 일을 표시한 것이다.

由是로 子甲相合然后에 成其紀하나니

이로 말미암아 천간과 지지가 결합한 뒤에 육십갑자가 이루어지나니

遠可步於歲而統六十年하고 近可推於日而明十二時하니

멀리까지 미루어 보면 매년의 기운을 헤아릴 수 있어 육십년을 낱낱이
알 수 있고 가까이 살펴보면 매일의 기운을 헤아려 알 수 있어 하루 십
이시의 기운도 알 수 있으니

歲運之盈虛와 氣令之早晏과 萬物生死를 將今驗古하야 咸得而知之니라

매년 오운의 태과 불급과 육기가 일찍 오느냐 늦게 오느냐와 만물의
생사영고를 지금에서 옛날을 조사하여 모두 다 알 수가 있다.

非特是也라 考其細而知人未萌之禍福하고 明其用而察病向往之死生하니
則精微之義가 可謂大矣哉로다

이것뿐만이 아니다. 간지의 이치를 자세히 고찰하면 아직 드러나지도
않은 사람들의 화복을 미리 알 수도 있고 간지의 작용에 밝으면 병의

예후에 따른 생사를 판단할 수 있으니 정미로운 뜻이 정말 크다고 말할 수 있다.

위의 내용에 대해 岡本爲竹은 『運氣論奧診解』를 지어 해설을 하였는데 단락별로 핵심만 살펴보면 다음과 같다.

- 陽數는 一, 九, 三, 七, 五인데 一과 九, 三과 七, 五와 五는 相合하여 十이 되므로 十干은 陽數에 의해 이루어지고 天氣에 屬한다. 陰數는 四, 八, 十, 二, 六인데 四와 八, 十과 二, 六과 六은 相合하여 十二가 되므로 十二支는 陰數에 의해 이루어지고 地氣에 屬한다. 輕淸한 陽氣는 天이 되고 重濁한 陰氣는 地가 된다. 陰陽重輕之用은 天地陰陽의 功能이란 뜻이다.

- "名"은 十干의 명칭을 말한다. "德"은 十干 各自가 가지고 있는 德이다. "號"는 十二支의 名號를 가리킨다. "事"는 十二支 各自가 주관하는 事理를 가리킨다. 十干은 天에 屬해 陽道가 되고 十二支는 地에 屬해 陰道가 되므로 干에 대해서는 德이라 稱하고 支에 대해서는 事라고 稱한 것이다.

- 十干은 天에 屬하고 十二支는 地에 屬한다. 天地가 그 기운을 合하여 作用하므로 干支도 역시 結合하여 活用한다. 十二支는 子에서 시작되고 十干은 甲에서 시작된다. 干支가 配合되어야만 六十의 紀數를 組成한다. 甲子에서 始作하여 다시 甲子에 이를 때까지의 합계가 六十이 되는데 이러한 干支의 配合을 一紀라 한다. "其紀"는 六十甲子를 指摘해서 말한 것이다.

- "遠"은 매년의 氣運을 헤아려 갑자가 일주하는 60년을 살피고, "近"은

매일의 氣運을 헤아려 하루 12시간의 작용을 밝힐 수 있다는 것이다.

· "盈"은 太過이고 "虛"는 不及이다. 十干에 依해 매년 五運의 太過와 不及을 알 수 있으니 甲, 丙, 戊, 庚, 壬은 太過之運이고 乙, 丁, 己, 辛, 癸는 不及之運이다. 三陰三陽 六氣의 寒, 暑, 燥, 濕, 風, 火의 化令은 運行時에 早晏의 차이가 있는데 이도 每歲에 所屬된 十干에 의해 알아낼 수가 있다. 甲, 丙, 戊, 庚, 壬의 해에는 氣令의 運行이 빠르고 乙, 丁, 己, 辛, 癸의 해에는 氣令의 運行이 늦다. 萬物의 生榮死枯도 干支가 結合된 氣運으로 부터 推測하여 알아 낼 수 있다. 이 뜻은 十干, 十二支 配合之道에 의해 歲運의 過與不及, 六氣化令의 早晏을 알아 낼 수 있으며 萬物의 生死도 將今驗古해서 알아낼 수가 있다는 말이다. "將今驗古"는 萬古의 歲運을 지금의 시점에서 옛날의 정황을 다 추산할 수 있다는 것이다.

· 考其細와 明其用은 干支의 자세한 이치와 功用을 고찰하고 밝힌다는 것이다. 이를 통해 사람의 禍福을 미리 알고 질병의 예후에 따른 生死까지도 판단할 수 있다는 것이다.

이상의 내용은 干支 속에는 至精至妙한 義理가 존재하고 있으니 이것이 干支功用의 위대한 功德이라고 말할 수 있다.

4. 干과 支의 개념

『說文解字』에서는 干에 대해 다음과 같이 설명하고 있다. 원문의 번역은
『文白對照說文解字譯述』을 참고하였다.

> 干(屮)은 犯也라. 从反入从一이라.
> [번역] 干은 觸犯과 冒犯의 뜻이다. 指事字로 反入은 들어간다는 뜻이
> 고 一은 物體의 表面을 나타내니 물체 안으로 들어가는 것이 干의 뜻
> 이다.
> 甲骨文과 金文에서 干의 모습은 一種의 兵器로 나타난다. 그리하여
> 楊樹達은 물건이 가지가 나누어져서 사람을 찌를 수 있고 자루가 있
> 는 형태를 나타낸다고 하였다.
> [段玉裁]·反入은 위쪽을 범한다는 뜻이다(反入者는 上犯之意라).
> [桂馥]·干은 犯也라는 곳이 戴侗이 말하기를 "蜀本說文에서는 '干은
> 盾也'라고 되어 있다."고 하였다. 살피건대 전쟁을 할 때는 干(방패)를
> 잡아 스스로를 가리면서 전진하여 적을 범한다. 이 때문에 干冒, 干
> 犯의 뜻이 된다(犯也者는 戴侗曰蜀本說文에 曰干은 盾也라하니라 案戰者는 執干
> 自蔽하야 以前犯敵 故로 因之爲干冒 干犯이라).
> · 從一은 그친다는 것이다. 거꾸로 들어가는 것이 干字의 뜻이다(從一은 止
> 也라. 倒入이 爲干字意也라).

『東亞漢韓大辭典』에서는 다음과 같이 기술하고 있다.

一+丁 → 干. '一'은 방어해야 할 목표를 '丁'은 'Y'로 '入' 자를 거꾸로 해놓은 글자 모양. 그래서 위에서 아래로 들어간다는 뜻을 나타내어 '범하다' '어기다' 등의 뜻으로 발전하였다.

『說文解字』에서 支자에 대해 다음과 같이 설명하고 있다.

支(￩)는 去竹之枝也라 从手持半竹이라

[번역] 支는 대나무의 가는 가지를 제거하는 것이다. 會意字로 손에 竹이라는 글자의 반(个)을 가지고 있는 뜻이다.

『동아한한대사전』에서는 다음과 같이 설명하고 있다.

干+又→支. '十'은 '个'로 竹의 半임을 나타내고 '又'는 手로 가진다는 뜻. 그래서 '支'는 대나무(竹)의 한쪽가지를 나누어 손에 쥐고 있다는 데서 '나누다, 가르다' 등의 뜻을 가진다.

이상의 내용을 살펴보면 『說文解字』의 干의 뜻은 범하다, 뚫고 들어가다의 의미이고 支는 글자의 유래만을 밝혀 10干, 12支와 관련된 내용은 없는 듯하다.

『正易原義』에서는 干과 支에 대해 다음과 같이 기술하고 있다.

干은 一 자와 十 자가 결합된 것이니 天干이 10개로 이루어져 있다는 뜻이다. 또 犯한다는 뜻이 있다. 曆에서는 幹이라 하였으니 幹은 나무의 몸통이니 10幹은 乾(하늘)의 體라는 뜻이 된다. 榦 자와 통하고 또 관리한다는 管 자와도 통한다

(干은 從一從十이니 天干一十之義라 又犯也라. 曆作幹하니 幹은 木之體니 十幹은 爲乾之體之義也라 榦通이오 又管通이라)

支는 十 자와 又 자가 결합된 것이니 地支가 12개로 이루어져 있다는 것이다. 또 지탱한다는 뜻이 있다. 曆에서는 枝라 하였으니 枝는 나무의 작용이니 12枝는 坤(땅)의 작용이라는 뜻이 된다. 대저 천지의 작용은 동방으로부터 시작하고 동방은 木이 위치하기 때문에 幹枝 2글자는 나무木에서 뜻을 취한 것이다.

(支는 從十從又니 地支十有二之義라 又撑也라 曆作枝하니 枝는 木之用이니 十二支는 爲坤之用之義也라 夫天地之用은 自東始之而東은 木位故로 幹枝 二字는 盖取諸木也라)

위의 내용은 干支 자체에 10干, 12枝의 뜻이 있고 干은 犯의 뜻이 있어 땅으로 내려와 작용하고 支는 撑의 뜻이 있어 하늘의 기운을 받아 작용하며 干은 幹이고 幹은 木之體로 乾體의 뜻이 있고 支는 枝이고 枝는 木之用, 坤用의 뜻이 있다고 하였다. 또 天地의 작용이 모두 동방에서 시작하기 때문에 幹(榦)枝란 글자가 모두 木에서 뜻을 취하였다고 하였다. 대단히 깊은 경지에서 干支를 取象 설명한 내용이라 사료된다.

韓東錫은 간지에 대하여 다음과 같이 설명하고 있다.

"천간이란 개념은 천간(天幹)이라는 뜻이니 간(干) 자의 뜻은 줄거리[幹]

이다. 즉, 천간이란 것은 천기(天氣)가 운행하는 줄거리란 말이다. 또한 간자(干字)를 취상할 때에 '十' 자와 '一' 자를 합하여서 간자(干字)를 만든 것이다. 그 이유는 十土 위에 一水가 가해짐으로써 干(幹)이 된다는 말이다."

"지지(地支)라는 '支' 字는 지자(枝字)의 뜻과 동일하다. 천간(天干)을 간(幹)이라고 한다면 이것은 지엽에 불과하다는 뜻이다. 반면으로 '支' 자의 象을 보면 ㅆ十ㅆ又의 상을 취하고 있다. 그 뜻은 '支' 字는 十土(未土)가 '又'의 작용(又의 의미는 再)을 하는 상을 취하였다는 말이다. 좀 더 자세히 말한다면 십토가 又의 작용을 할 때에, 즉 통일작용을 시작할 때에 만물이 가장 무성하게 되는 것이니 이것이 바로 '支' 작용의 시초인 것이다."

위의 내용은 天干은 天幹으로 천기가 운행하는 줄거리가 되고 十土 위에 一水가 가해져서 干이 된다는 뜻은 天一生水의 뜻으로 통일에서 분열을 시작한다는 의미인 듯하다. 또 地支는 땅에서 枝葉처럼 무성하게 번성한다는 뜻이 있고 10未土가 다시 작용을 시작한다는 것은 地二生火의 의미로 무성하게 분열되었던 만물이 통일을 시작한다는 뜻인 듯하다. 즉 한동석은 干은 통일된 水의 의미로, 支를 분열된 火의 의미로 보고 있다.

5. 天干 각각의 意味

먼저 朱駿聲이 『說文解字』와 末尾에 있는 간지 22개의 명칭에 대해 평가한 내용을 살펴보고자 한다.

내가 일찍이 말한 바가 있다. 『說文解字』 一書는 그 공덕이 禹임금보다 아래에 있지 않다. 오직 간지 22개의 글자는 허신이 구설을 답습하고 잘못된 위서에 의거하여 대체적으로 모두 잘못 해석하고 견강부회한 곳이 있다. 그러나 별도로 540부수의 끝에다 붙여 놓은 것은 생각컨대 여전히 마음이 편치 아니함이 있었던 듯하다. 만약 글자를 고증하는 책임이 있는 자가 수정하여 바로 잡는다면 아마 허신(숙중은 허신의 자)의 오랜 세월이 지나도 마멸되지 아니할 (불후의) 책이 작은 잘못 때문에 크게 온전한 것에 누가 되는 데에는 이르지 않게 될 것이다.
(嘗謂說文解字一書는 功不在禹下라 惟榦枝二十二文은 許君이 因仍舊說하고 膠據緯書하야 類皆穿鑿傳會라 然이나 其別附於五百四十部之末은 意仍有未安也라 倘得有考文之責者가 釐而正之면 庶叔重歷劫不磨之書가 不至以小疵累大醇云이라)

비록 허신이 잘못 해석한 곳이 있을지라도 여러 주석가들의 의견을 종합하여 바로 잡는 것은 후학들이 해야 할 일이라고 생각된다.

1) 甲

『說文解字』에 다음과 같이 기술되어 있다. 원문은 段玉裁本을 기준으로 하였고 번역은 역시 『文白對照說文解字譯述』을 위주로 하였다.

> 甲(甲)은 東方之孟으로 陽氣萌動하니 从木戴孚甲之象이라
> 大一經(태일경)曰人頭空(두강)이 爲甲이라 하니라.

[번역] 甲은 天干의 첫째 자리로 10天干을 五方에 배속할 때 甲乙은 동방이 되니 甲이 동방의 머리가 되고 4계절을 五方에 배속할 때 東方은 봄에 속하고 五行은 五方에 배속할 때 동방은 木이 된다. 봄에는 陽氣가 上升하고 초목이 싹이 터서 움직이기 때문에 글자의 모습이 초목이 처음 生하여 싹이 올라올 때 위에 껍질을 이고 있는 형상이 된다. 孚甲은 씨앗의 껍질이니 象形字이다. 태일경에서는 사람의 머리가 인체의 가장 높은 곳에 있기 때문에 甲에 배합되고 甲의 모양은 사람의 머리를 나타낸다고 하였다.

[段玉裁]·(예기)「月令」에서 "맹춘의 달에 천기는 하강하고 지기는 위로 올라가 천지기운이 함께 조회됨에 초목이 싹이 터서 움직이다(月令曰孟春之月에 天氣下降하고 地氣上騰하야 天地和同에 艸木萌動이라).

· 孚는 알껍질이다. 孚甲은 지금 껍질이라고 말하는 것과 같다. 초목이 처음 생겨날 때 혹 머리에 종자를 이며 혹 먼저 그 잎사귀를 드러내기 때문에 글자의 모습이 이와 같다. 아래는 나무에 줄기가 있는 모습이고 위에는 껍질이 아래를 덮고 있는 모습이다(孚者는 卵孚也니 孚甲은 猶今言殼也라 凡艸木初生에 或戴種於顚하며 或先見其葉故로 其字像之라 下像

木之有莖하고 上像孚甲下覆也라).

· (한서)「예문지」를 보면 陰陽家에 大壹兵法 一篇이 있고 五行家에 泰一陰陽 23卷, 泰一 29卷이 있다 하였다. 그렇다면 허신이 大一經이라 한 것은 대개 이러한 종류일 것이다(攷藝文志컨대 陰陽家에 有大壹兵法一篇하고 五行家에 有泰一陰陽二十三卷과 泰一二十九卷이라하니 然則許偁大一經者는 蓋此類라).

· 空은 옛글자이고 腔은 지금 글자이다. 허신이 頭空, 履空, 領空, 脛空이라 한 것은 모두 지금의 腔이다. 사람의 頭空은 해골을 말한다(空腔은 古今字라 許言頭空 履空 領空 脛空은 皆今之腔也라 人頭空은 謂髑髏也라).

[桂馥] · 東方은 甲이 孟이 되고 卯가 仲이 되고 乙이 季가 된다(按컨대 東方은 甲爲孟이오 卯爲仲이오 乙爲季라).

· 陽氣萌動은 十幹은 甲丙戊庚壬이 陽이 되기 때문이다(陽氣萌動者는 十幹은 以甲丙戊庚壬으로 爲陽이라).

· 從木戴孚甲之象이라는 것은 본래 稃(겉껍질부)를 써야 되니 穭(겨해, 미곡의 껍질)의 뜻이다. 옥편에서 稃는 甲의 뜻이고 통상적으로 孚라 쓴다(從木戴孚甲之象也者는 本書稃니 穭也라 玉篇에 稃는 甲也니 通作孚라 하니라).

· 또 이르기를 "浮가 孚의 뜻이니 孚甲은 위에 있는 것을 말한다." 하였고 또 이르기를 "覆가 孚의 뜻이니 孚甲처럼 사물의 밖에 있는 것이다."라 하였으며 또 이르기를 鎧(갑옷)를 或 甲이라 하니 사물이 孚甲으로써 스스로를 방어하는 것이다."라 하였다(又云 浮가 孚也니 孚甲은 在上稱也오 又云 覆가 孚也니 如孚甲之在物外也오 又云 鎧或謂之甲이니 似物孚甲以自禦也라).

· 甲象人頭 : 내가 살펴보건대 이것은 緯書에서 사람의 몸을 배합시킨 것과 같다(馥案 此는 猶緯書配身也라).

[王筠]·살피건대 甲丙庚壬 아래에는 동서남북을 말하고 乙丁辛癸 아래에는 춘하추동을 말하였으니 서로 보충해주는 말이다. 아마 이곳의 孟은 丙庚壬이 모두 孟이 되는 것을 보이고 겸하여 乙丁辛癸가 仲이 된다는 것을 나타내는 것이 아닌가(案컨대 甲丙庚壬下엔 言東南西而乙丁辛癸下엔 言春夏秋冬하니 作互相備之詞라 豈此言之孟하야 以見丙庚壬之皆爲孟하고 兼以見乙丁辛癸之爲仲邪아).

[朱駿聲]·내가 살피건대 甲은 갑옷이다. 머리에 투구를 쓰고 있는 모습을 나타낸다(駿按컨대 甲은 鎧也니 象戴甲于首之形이라).

[正易原義] 甲은 만물의 껍질이 갈라지고 쪼개져서 처음 나오는 모습이니 先天에 해당하는 10干의 머리가 된다. 옛 천간의 명칭은 연봉이니 시작한다는 뜻이다(甲은 萬物荂甲이 剖坼하야 初出之象이니 先天十干之首라 古干名은 閼逢이니 始也라).

2) 乙

乙(乁)은 象春草木이 冤曲而出에 陰氣尙疆하야 其出乙乙也라 與 | 同意라 乙承甲하니 象人頸이라

[번역] 乙은 천간의 2번째 자리이다. 象形字로 봄에 초목의 싹이 꾸불꾸불 자라날 때에 陰氣가 아직 강하여 나온 싹이 자라는 것이 구부러져 힘이 드는 모습이다. 초목이 생장하는 것은 아래에서 위로 올라감으로 | (音신)이라는 글자와 뜻이 대체로 같다. 생장하는 것이 어렵기 때문에 구부러진 모습을 띈다. 乙은 甲을 계승하여 사람의 頸部를 상징한다.

[段玉裁] · 冤이라는 말은 억울되었다는 뜻이고 曲이라는 말은 구부러졌다는 뜻이며 乙乙은 어렵게 나오는 모습이다(冤之言은 鬱이오 曲之言은 詘也오 乙乙은 難出之貌라). (詘 굽힐 굴)

· 「月令」의 鄭注(鄭玄)에서 다음과 같이 말하였다. 乙이라는 말은 삐걱거린다는 軋의 뜻이다. 이때에 만물이 모두 싹을 틔워 나옴에 식물이 어렵게 땅에서 나오는 것이 마치 수레가 땅에서 굴러갈 때 잘 굴러가지 않는 것과 같은 것이다(月令 鄭注云 乙之言은 軋也라 時萬物이 皆抽軋而出에 物之出土 艱屯하야 如車之輾地澁滯라).

· 與丨同意는 아래에서 위로 通하는 丨과 같은 뜻이라는 것이다. 乙은 아래에서 나오나 위의 陰에게 막혀 있으므로 그 글자를 쓸 때 옆으로 기울어지게 쓰는 것이 마땅하다(與丨同意는 謂與自下通上之丨同意也라 乙自下出이나 上礙於陰하니 其書之也 宜倒行이라).

· 乙承甲 象人頸 : 이하의 모든 내용은 "大一經曰"에 의거하여 말한 것이다(以下는 皆蒙大一經曰하야 言之라).

[桂馥] · 十幹에서 乙丁己辛癸는 陰이 된다(十幹은 以乙丁己辛癸로 爲陰이라).

· 象春草木 冤曲而出은 본래 戹(좁을 액)으로 써야 하는데 乙로 쓴 것이니 좁다는 뜻이다(象春艸木 冤曲而出者는 本書戹이나 從乙이니 云隘也라). (隘 좁을 애)

· 與丨同意의 丨은 마땅히 屮로 해야 한다. 徐鍇(小徐, 형 徐鉉을 大徐라 한다)의 『說文解字繫傳』에서 발음이 徹이라 하였으니(丨과 屮이) 함께 出의 뜻이 된다고 한 것이다. 내가 살피건대 屯자에 屮이 있으니 초목이 처음 나올 때 屯然히 어려운 모습을 나타낸다(與丨同意者는 丨當爲屮이니 徐鍇繫傳에 音徹이라하니 云同爲出也라 馥案屯從屮하니 象草木之初生이 屯然而難이라). (屮 싹날 철)

[王筠] · 뜻과 형태를 합하여 설명했기 때문에 서두에 象이라고 말했다(合義與形而說之故로 發端에 言象이라).

· 與 ㅣ同意는 『說文解字繫傳』에서 ㅣ의 音이 徹(철)이라 했으니 이것으로써 ㅣ(곤)은 屮(철)의 잘못이라는 것을 알 수 있다. 屮은 초목이 처음 나오는 것이다. 따라서 出의 뜻이 있다. 屯 자에는 屮이 있으니 초목이 처음 생할 때 屯然이 어렵다는 것을 나타낸다. 따라서 屮에도 어렵다는 뜻이 있다(與 ㅣ同意는 繫傳曰 ㅣ音徹이라하니 是知 ㅣ爲屮之訛라 屮은 艸木之初也라 故有出意라 屯從屮하니 象艸木之初生이 屯然而難故로 屮亦有難意라).

[正易原義] · 乙은 오행에서 동방의 木에 속한다. 만물이 始生할 때 힘들게 나와 싹이 꼬부라져 있는 것이 乙이라는 글자 모양과 같기 때문에 乙이라고 했다. 古干의 명칭은 전몽이니 푸르다는 뜻이다(乙은 東方木行으로 始生物而軋軋하야 芽之屈이 如乙字樣故로 乙이라 古干名은 旃蒙이니 靑이라).

3) 丙

丙(丙)은 位南方이니 萬物成하야 炳然이라. 陰氣初起하고 陽氣將虧오 从一入冂하니 一者는 陽也라 丙承乙하니 象人肩이라.

[번역] 丙은 天干의 세 번째 자리이다. 오행학설에 의해 보면 丙은 남방에 위치한다. 남방은 또 여름에 속하고 火에 속하니 여름에 만물이 모두 자라나서 무성하게 그 强大함을 드러낸다. 이때 陰氣는 初生하고 陽氣는 極盛했다가 장차 쇠약해지려 하므로 글자의 모습이 一入冂(일입문)이 合하여 이루어졌으니 會意字이다. 丙은 乙을 이어 사

람의 肩部를 상징한다. (萬物成하야 炳然을 '萬物成炳이나 然이나'로 구두할 수도 있다.) 서개가 말하였다. 양의 功이 완성되어 冂에 들어간 것이다. 冂은 門이다. (冂 멀 경 자이나 여기서는 門의 뜻으로 쓰고 있다.)

[段玉裁]· 𠆢一入冂: 3글자가 合한 會意字이다. 陽이 冂에 들어가 엎 드리고 숨어 장차 휴손되는 모습이다(合三字會意니 陽入冂하야 伏臧將虧之 象也라).

[桂馥]· 萬物成炳然이라 한 것은 丙과 炳이 소리가 비슷하기 때문이 다(萬物成炳然者는 丙炳이 聲相近이라).

· 陰氣初起 陽氣將虧 從一入冂 一者陽也라고 한 것은 徐鍇가 다음과 같이 말하였다. 대저 만물이 극도에 이르면 쇠약해지고 功이 이루어 지면 떠나고 밝음이 치성하면 어두워지고 양이 극도에 이르면 음이 되나니 만물은 음이 아니면 定立하지 못한다. 여름에서 가을이 되면 만물을 수렴하고 태워 죽여서 완성을 시킨다. 冂은 門과 같다. 주역 에서 "乾坤은 변화의 門이 된다." 하였으니 天地陰陽의 門戶는 陽의 공덕이 이루어지면 장차 문안으로 들어가게 된다(陰氣初起 陽氣將虧 從 一入冂 一者陽也者는 徐鍇曰夫物極則衰하고 功成則去하며 明盛而晦하고 陽極而陰 하니 物非陰이면 不定이라 夏之有秋는 所以摯斂焦殺萬物하야 使成也라 冂은 猶門 也라 易曰乾坤은 其易之門邪ㄴ저하니 天地陰陽之門戶는 陽功成하면 將入于冂也라).

[王筠]· 陰氣初起 陽氣將虧 𠆢一入冂 一者 陽也: 5월은 괘에서 姤卦 (䷫)가 되니 一陰이 五陽을 만나는 것이다. 12律呂에서 5월에 속하는 유빈은 음기가 아래에서 성해짐에 양기가 (음기가) 갑자기 생겨남을 기뻐하여 그를 맞이하는 것이다(五月은 於卦爲姤니 以一陰이 遇五陽이라. 律 中蕤賓은 言陰氣葳蕤于下에 陽喜其乍至而賓之也라). (葳 초목이 무성한 모양 위. 葳 蕤: 盛한 모양)

[正易原義] · 丙은 남방이니 陽火가 또한 타올라 하늘까지 이르기 때문에 一 자와 火 자를 合하여 陽이 늙어가는 모습을 상징하고 있다. 古干의 명칭은 유조이다. 陽道가 드러나고 밝아 모든 만물을 따뜻하게 하고 부드럽게 한다는 뜻이다(丙은 南方이니 陽火且炎하야 極於天故로 從一從火而象陽老라 古干名은 柔兆라 陽道著明하야 溫柔億兆物之義也라).

4) 丁

丁(个)은 夏時에 萬物이 皆丁實이라 象形이라 丁承丙하니 象人心이라.

[번역] 丁은 천간의 4번째이다. 五行說에 따르면 丁位는 남방이고 남방은 여름에 속한다. 이때 식물이 곧게 서 있는 모습을 나타낸다. 丁은 丙을 이어 人心을 상징한다.

[段玉裁] · 丁實이 小徐本에는 丁壯成實로 되어 있다(丁實이 小徐本에 作丁壯成實이라).

[王筠] · 釋名에 丁은 씩씩하다는 壯의 뜻이니 물체가 모두 강하고 씩씩하게 된 것이다(釋名에 丁은 壯也니 物體가 皆丁壯也라).

[正易原義] · 丁은 불꽃이 타올라 드러난 모습이니 글자의 모양이 붉은 별이 종횡으로 교차하는 것과 같다. 또 지금의 왕성하게 타오르는 불은 모두 여기에서 취한 것이다. 古干의 명칭은 강어로 붉다는 뜻이니 만물이 강하고 튼튼한 것을 말한다. 또 주자가 말하였다. 丁은 변하기에 앞서서 거듭 告하는 것이다(丁은 象炎上而跋現이니 字樣이 猶紅星之縱橫이라 又今之盛火는 具取諸此라 古干名은 強圉니 赤이니 言万物丁壯也라

又朱子曰丁은 所以丁寧於其變之前이라 하니라).

5) 戊

戊(戊)는 中이며 宮也니 象六甲五龍이 相拘絞也라 戊承丁하니
象人脅이라.

[번역] 戊는 天干의 다섯 번째이다. 오행설에 따르면 戊土의 방위는 중
앙이고 宮商角徵羽의 五音에서 宮音과 배합한다. 또 古代에 干支로
날짜를 기록했는데 이중 甲子, 甲戌, 甲申, 甲午, 甲辰, 甲寅이 있어 6
甲이라 했다. 1년 365일을 4계절과 12달로 나누면 4계절에 四方이
배합되고 매 방위마다 3개월이 배속된다. 그리고 4계절을 오행에 배
합하면 매 계절의 끝 18일이 중앙의 土에 속한다. 이것은 五行說에
따르면 얼굴은 사람이고 龍의 몸을 한 5명의 仙人에 의해서 관리된
다고 한다. 6甲 5龍이 배합되면 대단히 뒤섞여 어지럽다. 戊 자의 형
태는 얽혀서 꼬여 있는 모습이다. 戊는 丁을 이어 사람의 양쪽 옆구
리를 상징한다.

[段玉裁] · 六甲은 『漢書』에 날에 六甲이 있다고 한 것이 이것이다. 五
龍은 오행이다. 『水經注』에서 『遁甲開山圖』를 인용하여 "五龍見教 天
皇被迹"이라고 했다. 榮氏注에서 "五龍이 五方을 다스리니 五行神이
된다"고 하였다. 鬼谷子의 "盛神法五龍"을 陶注에서 五龍은 "五行之
龍이다"라고 하였다. 허신은 戊 자의 형태가 六甲五行이 서로 얽혀서
꼬여 있다고 말하였다(六甲者는 漢書에 日有六甲이 是也라 五龍者는 五行也라
水經注에 引遁甲開山圖曰 五龍見教 天皇被迹이라하고 榮氏注云 五龍이 治在五方하

니 爲五行神이라하니라 鬼谷子에 盛神法五龍이라하고 陶注曰 五龍은 五行之龍也라
하니라 許謂戊字之形이 像六甲五行이 相拘絞也라 하니라).

[桂馥] · 惠棟이 말하였다. 五六은 천지의 중앙이기 때문에 六甲五龍相
拘絞라 했다. 龍은 辰이고 辰에는 五子가 있다. 따라서 五龍이라고
한 것이다(惠棟曰五六은 天地之中故로 曰六甲五龍이 相拘絞하니 龍은 辰也라
辰有五子故로 云五龍이라).

[正易原義] · 戊는 先天 중앙의 자리니 만물이 무성하게 되기 때문에
茂 자를 쓰고 여기서 풀초 머리를 제거한 것이다. 古干의 명칭은 착
옹이니 만물의 견고함을 말한 것이다(戊는 先天中央之位니 万物茂盛故로
從茂하고 去艸라 古干名은 著雍이니 言万物之固也라).

6) 己

己(긔)는 中이며 宮也니 象萬物이 辟藏詘形也라 己承戊하니 象
人腹이라.

[번역] 己는 천간의 여섯 번째 자리이다. 오행설에 따르면 己는 五方에
서 中, 五音에서 宮과 배합된다. 像形字로 만물이 머물러 빙빙 돌며
수렴되어 굽은 모습을 나타낸다. 만물은 土에서 생겨 土로 돌아간
다. 己는 戊를 이어 사람의 腹部를 상징한다.

[段玉裁] · 辟藏(벽장)이라는 것은 머물러 빙빙 돌며 수렴하는 것이다.
글자는 굽어있는 형태를 나타낸다(辟藏者는 盤辟收斂이니 字像其詘詘之形
也라). (詘 굽을 힐. 詘詘(힐굴) 구부러진 모습)

[桂馥] · 象萬物 辟藏詘形也는 詘의 앞뒤에 빠진 글자가 있는 듯하다.

서개는 다음과 같이 말했다. 만물은 음양지기와 더불어 갈무리되면 흙으로 돌아간다(象萬物辟藏詘形也者는 詘之上下에 疑有脫闕이라 徐鍇曰萬物은 與陰陽之氣로 藏則歸土라).

[王筠] · 詘위에 詰 자가 빠진 듯하다. 만물은 흙에서 생겨 다시 흙으로 돌아간다. 그 머물면서 수렴하는 것이 구불구불한 모습이 되니 己字가 그것을 상징한다(詘上似挩詰字라 萬物은 生於土하야 復歸于土라 其盤辟收斂이 作詰詘之形이니 字象之也라). (挩 벗을 탈. 脫의 뜻)

[正易原義] · 己는 사람이 입을 벌리고 앉아 있는 모습이기 때문에 身이라고 한다. 先天位는 10干의 가운데가 되고 가운데의 10土가 되며 后天宮은 10干의 머리가 되니 주염계가 말한 10무극이 1태극으로 통일된다고 한 것이 이것이다. 古干의 명칭은 도유니 누르다는 뜻이니 음기가 만물을 죽이는 것을 말한다(己는 象人之張口而坐 故로 曰身이라 先天位는 十干之中이니 中十土也오 后天宮은 十干之首니 周子所謂无極而太極이 是也라. 古干名은 屠維니 黃이니 言陰氣殺物也라).

7) 庚

庚(帚)은 位西方이니 象秋時에 萬物이 庚庚有實也라 庚承己하니 象人臍라.

[번역] 경은 천간의 7번째 자리이다. 오행설에 따르면 위치는 서방이고 가을과 배합된다. 가을에 식물이 결실하니 庚의 모습은 만물이 결실하여 과실이 주렁주렁 달린 모습이니 像形字이다. 庚은 己를 이으니 사람의 배꼽을 상징한다.

[段玉裁] · 庚庚은 열매를 맺은 모습이다(庚庚은 成實貌라).

[正易原義] · 庚은 先天 10干의 數에서는 戊己가 歸空하여 바뀌어 일어나기 때문에 庚은 更이라고 한다. 古干의 명칭은 上章이니 음기가 만물을 변화시키는 것을 말한다. 또한 先天의 공덕이 上帝에게 완성되었음을 告한다는 뜻이다.

20년에 7번의 윤달을 두어 절기와 달을 나누어 가지런히 하는 것을 一章이라 하는 것은 이것과 같다(庚은 先天十干之數는 戊己尊空而更起故로 曰庚은 更也라 古干名은 上章이니 言陰氣更萬物이오 且先天厥功이 告成于上帝之義也라 二十年에 置七閏하야 氣朔分齊而曰一章者는 倣此라).

8) 辛

辛(辠)은 秋時에 萬物이 成而孰이라 金剛味辛하니 辛痛卽泣出이라 从一辛하니 辛은 辠(罪와 同)也라 辛承庚하니 象人股라.

[번역] 辛은 천간의 8번째 자리이다. 오행설에 따르면 辛은 金에 속하고 五方의 서쪽, 사계절의 가을, 五味에서는 辛과 배합된다. 가을에는 만물이 자란 것이 성숙한다. 金의 성질은 剛하고 그 맛은 辛하기 때문에 어떤 과실은 매운 맛이 있다. 매운 것을 먹어도 눈물이 나오고 고통스러워도 눈물이 나오기 때문에 辛에는 또 고생한다는 뜻이 있게 되었다. 指事字로 一이 辛 아래에 있는 것인데 辛은 罪가 되니 辛은 죄 있는 사람을 가리킨다. 辛은 庚을 이어 사람의 大腿部를 상징한다.

[段玉裁] · 신은 成孰된 맛을 이른다(辛은 謂成孰之味也라).

· 一은 陽이니 陽이 辛에 들어갔다는 것은 잘못된 陽을 말한다(一者는

陽也니 陽入於辛은 謂之惣陽이라).

· 辛痛泣出은 罪人의 모습이다(辛痛泣出은 罪人之象이라).

[正易原義] · 신은 10토니 익은 곡식이 낭자하게 많은 것이다. 또 토생
금하여 맛이 맵기 때문에 홍범에서 종혁은 신미를 만든다고 하였다.
고간의 명칭은 중광이고 희다는 뜻이니 만물의 매운 기운이 막 생겨
난 것을 말한다. 따라서 주자는 신에는 新(새롭게 한다)의 뜻이 있다고
하였다(辛은 十土니 爰稼粒米狼戾也라 且土生金而味辛故로 洪範曰 從革作辛이라하
니라 古干名은 重光이니 白이니 言万物辛氣方生이라 故朱子曰 辛有新意라하니라).

9) 壬

壬(王)은 位北方也니 陰極陽生이라
故로 易에 曰龍戰于野라하니 戰者는 接也라 象人懷妊之形이니
承亥壬하야 以子生之敍也라. 壬은 與巫로 同意라.
壬承辛하야 象人脛하니 脛은 任體也라.

[번역] 壬은 천간의 아홉 번째 자리이다. 오행설에 따르면 壬은 북방
에 위치하고 4계절의 겨울에 배합된다. 10월은 겨울의 시작이고 月
建은 亥가 되어 壬과 딱 맞게 배합되며 그 卦는 坤이 된다. 坤은 陰爻
가 6개이니 陰極陽生함으로 『주역』에서 이 卦의 上六爻辭에 "龍戰于
野"의 설명이 있다. 龍은 陰陽之龍을 가리키는데 卦體에 陽이 없기 때
문에 들에서 싸우고 戰은 交接으로 交媾의 뜻이다. 이때는 비록 盛陰
의 시기이지만 이미 陽氣가 그 속에 잉태되어 있기 때문에 壬 자의
모양이 사람이 임신을 한 모습과 같다. 象形字로 壬은 妊(임신)의 뜻

이 된다. 亥와 壬이 合德하는 10월을 잇는 것이 11월이고 월건은 子가 되니 임신한 다음 자식을 낳게 되니 이것은 사람과 동물이 出産을 하는 자연스러운 순서이다. 壬字와 巫字는 모두 사람의 몸을 가지고 뜻을 취했으니 巫는 사람이 양 소매를 펼쳐 춤을 추는 모습이고 壬은 사람의 배가 불룩한 모습이다. 壬은 辛을 이어 사람의 小腿를 상징한다. 脛(사람의 小腿로 무릎 아래 다리)은 사람의 온 몸을 지탱하니 壬은 곧 任(책임을 맡아 감내하다)의 뜻이다.

[段玉裁] ·『석명』에 다음과 같이 말하였다. 壬은 임신한다는 뜻이다. 음양이 交媾하여 물체를 임신했다가 子에 이르러 낳는 것이다(釋名曰 壬은 妊也라 陰陽交하야 物懷妊이라가 至子而萌也라).

· 戰者接也 : 易의 戰字를 해석한 것이니 주역을 인용한 것은 陰極陽生을 증명한 것이다. 「건착도」에서 다음과 같이 말하였다. 陽은 亥에서 시작하니 乾의 자리에 亥가 있다(乾亥는 모두 서북쪽이다). 「文言傳」에서 다음과 같이 말하였다. 陽이 없음을 의심하기 때문에 용이라 일컬었다. 허신은 亥壬이 합덕하고 亥壬이 양기를 싸서 잉태했다가 자에 이르러 낳는다고 하였다(釋易之戰字니 引易者는 證陰極陽生也라 乾鑿度曰 陽始於亥하니 乾位在亥라 文言曰 爲其嫌於無陽 故로 稱龍이라 許君은 以亥壬이 合德하고 亥壬이 包孕陽氣라가 至子則滋生矣하니라).

[王筠] · 象人懷妊之形 : 壬 자는 金文에 𡈼으로 되어 있으니 이는 배가 커진 모습이다(壬字는 金文에 作𡈼하니 是大腹形也라).

· 承亥壬以子生之叙也 : 嚴可均이 말하였다. 『通釋』에 의거해 보면 "辛에서 陰氣가 成就함에 능히 陽을 이어 생명을 두기 때문에 承辛生子라" 하였다. 그리고 小徐本에는 원래 承辛壬이라고 되어 있다. 내가 살피건대 이것은 方位로 말한 것이다. 지지의 亥와 천간의 壬은

함께 북방에 있고 亥의 다음이 子이니 亥는 자식을 임신하여 아이가 구부리고 있는 모습이고 壬은 즉 妊이니 몸이 震動하여 나을려고 하는 것이니 나으면 子가 된다. 그리하여 生하는 순서라고 말했다(嚴氏曰 據通釋컨대 辛에 陰氣成就하니 乃能承陽以有生이라 故曰承辛生子也라 하고 則小徐에 原作承辛壬이라 筠案 此以方位言也라 支之亥와 與幹之壬은 同居北方하고 亥之下는 卽是子니 亥者는 懷子咳咳也오 壬은 卽妊이니 謂身震動欲生也오 生則爲子矣라 故曰生之敍也라 하니라).

· 壬承辛 象人脛 脛任體也 : 上文은 方位에 의거해 말한 것이기 때문에 妊으로써 壬을 설명했고 이것은 또 太一經에 의거해 人身을 가리켜 말한 것이기 때문에 또 任으로써 壬을 설명한 것이다(上文은 據方位而言故로 以妊說壬하고 此는 又據太一經하야 指人身而言故로 又以任說壬也라).

[朱駿聲] · 내가 살펴보건대 壬은 멘다는 뜻이다. 위아래는 물건이고 가운데는 사람이 물건을 멘 것을 상징한다. 六書에서는 象形이 되며 指事를 겸한다(愚按壬은 儋何也니 上下物也오 中象人儋之라 在六書에 爲象形이니 兼指事라).

[正易原義] · 壬은 크다는 뜻이니 대개 任(짐 임. 大任) 자의 뜻에서 취한 것이고 자리가 북방에 있으니 마침을 완성하는 大任의 뜻이 있다. 古干의 명칭은 현익이니 陽氣가 아래에서 壬養되는 것을 말한다(壬은 大也니 蓋取任字之義而位居北하니 有成終之大任이라 古干名은 玄黙이니 言陽氣壬養於下也라).

10) 癸

癸(癶)는 冬時에 水土平하야 可揆度(규탁)也라

象水從四方으로 流入地中之形이라 癸承壬하니 象人足이라

[번역] 癸는 천간의 10번째 자리이다. 오행설에 따르면 그 자리는 북방에 있고 계절에서는 겨울과 상합한다. 겨울에는 땅이 깨끗하여 빛나고 물은 얼어 파도가 없어 전체가 고요하고 평온하다. 이때는 다음해의 농사를 준비하고 계획한다. 따라서 癸에는 예측하고 헤아린다는 뜻이 있다. 象形字로 물이 四方에서 田地의 中間으로 흘러 들어오는 모습을 하고 있다. 癸는 위에 있는 壬을 이어 사람의 발을 상징한다.

[段玉裁] · 『사기』의 「율서」에서 말하였다. 癸라는 글자는 揆의 뜻이니 만물을 예측하고 헤아리고 있는 것이다(律書曰癸之爲言은 揆也니 言萬物을 可揆度이라).

[桂馥] · 劉熙의 『석명』에서 말하였다. 癸는 헤아린다는 揆의 뜻이니 헤아리고 있다가 생하여 비로소 나오는 것이다(釋名에 癸는 揆也니 揆度而生하야 乃出之也라).

[正易原義] · 계는 水와 天이 합하여 된 글자니 天一이 生水하고 水六이 生木하는 뜻이다. 고간의 명칭은 소양으로 검다는 뜻이니 만물의 정황을 조용히 헤아리고 있는 것을 말한다. 그래서 주자는 "계는 변한 뒤에를 헤아리고 있는 것이다."라고 하였다(癸는 從水從天하니 天一生水하고 水六生木之義也라 古干名은 昭陽이니 黑이니 言萬物之情을 可揆度이라 故朱子曰 癸는 所以揆度於其變之后라 하니라).

6. 考察

『설문해자』에서 설명한 甲乙丙丁戊己庚辛壬癸의 내용과 說文四大家가 주석한 내용 그리고 『正易原義』에서 설명한 내용을 바탕으로 내용을 분석하고 고찰하면 다음과 같다.

甲은 봄이 되어 陽氣가 動함에 씨앗에서 초목의 싹이 트는 모습을 나타내고 있다. 공간에서 동쪽이 머리가 되고 계절에서 봄이 머리가 된다. 그리하여 甲을 설명하면서 東方之孟이라 하였다.

단옥재가 孟春에는 하늘에서 天氣가 내려오고 땅에서 地氣가 올라가 天地의 기운이 함께 조화(天地和同)되어 싹이 튼다고 주석한 것은 설명이 좋다. 그리고 甲의 모습에서 ⊓를 종자의 外皮로 보고 丁을 줄기로 본 내용도 좋다. 이 줄기는 싹이 처음 올라올 때의 줄기로 보아야 할 것이다. 그리고 大一經을 한서 예문지의 大壹兵法, 泰一陰陽, 泰一 등으로 유추하였는데 大一의 大는 이를 통해 볼 때 "태"로 발음하는 것이 옳다고 본다. 옛날에 大와 太 또는 泰는 통용하였는데 대표적인 예가 古公亶父를 武王이 大王에 봉했고 이를 太王으로 읽는 경우이다. 頭空의 空을 腔으로 본 것도 좋은 주석이다.

미리 설명을 하건대 太一經에서 甲頭, 乙頸, 丙肩, 丁心, 戊脅, 己腹, 庚臍, 辛股, 壬脛, 癸足을 배합한 것은 머리에서부터 발까지 차례로 내려가면서 인체에 10干을 배합한 것인데 周易의 배합법과는 다른 독특한 배합이라고 볼 수 있다.

계복은 東方은 甲이 孟이 되고 卯가 仲이 되고 을이 季가 된다고 하였는데 이에 의거해보면 南方은 丙이 孟이 되고 午가 仲이 되고 丁이 季가 되며 西方은 庚이 孟이 되고 酉가 仲이 되고 辛이 季가 되고 北方은 壬이 孟이 되고 子가 仲이 되고 癸가 季가 된다고 볼 수 있다. 따라서 왕균이 甲丙庚壬이 孟이 되고 乙丁辛癸가 仲이 된다고 한 주석은 앞은 맞으나 뒤는 수용하기가 어렵다. 乙丁辛癸를 仲으로 보면 무엇을 季로 보아야 하는가?

또 계복이 聲訓(같은 音 또는 비슷한 音으로 訓釋하는 방법으로 音訓이라고도 한다)으로 孚를 浮의 뜻으로 보아 위로 사물이 뜬 것처럼 孚甲이 위에 있고, 孚를 覆로 보아 孚甲이 밖에 있는 것이라 하고 甲을 갑옷의 의미로 보아 사물이 갑옷 같은 孚甲으로 자신을 방어하고 보호한다고 한 것도 참고할 만하다. 그리고 太一經을 緯書의 일종으로 본 것도 좋은 내용이다.

『正易原義』에서 만물이 껍질이 쪼개져서 처음 나오는 모습이라 하였으니 甲은 씨앗의 껍질을 나타낼 뿐만 아니라 껍질이 쪼개져서 처음 싹이 트는 것을 나타내는 말이라 볼 수 있다. 그리고 古甲子 중 甲의 歲陽의 명칭인 閼逢(알봉이 아니라 연봉으로 발음한다.)을 始也라 하여 시작한다는 뜻이 있다고 하였는데 이는 이후의 연구를 기다려 본다.

甲은 陽氣가 始發하여 초목이 처음 싹이 트는 모습으로 萬物의 始生을 상징한다. 그러므로 일체사물의 시작을 甲이라 하고 甲은 第一位가 된다.

乙은 甲에서 싹이 튼 것이 구부러져서 자라는 단계이다. 단옥재는 冤曲에 대해 기운이 펴지지 못하고 억울되어 구부러졌다 하였고 乙은 軋의 뜻으로 초목이 힘들게 자라는 모습이 마치 수레가 땅에서 굴러 갈 때 삐거덕거리면서 잘 굴러가지 않는 것과 같다고 하였다. 乙이 ㅣ(발음은 '신'이다)과 같은 의미라는 것에 대해 乙이 싹이 터서 자라는 것과 ㅣ이 아래에서 위로 올라오는 것이 같은 개념인데 乙은 위에서 陰氣의 방해를 받아 곧게 올라오지 못함으로 글자를 비스듬히 기울여 쓴 것이라 하였다.

계복은 乙丁己辛癸는 陰이 됨으로 陰氣尙强하다 하였고 乙은 본래 戹(좁을 액)에서 나온 글자로 戶는 버리고 乙만 취한 것인데 戹은 좁다는 뜻이 있다고 하였다. 그리고 與 | 同意의 | (발음은 '철'이다)은 屮(싹날 철)로 해야 되니 徐鍇가 모두 出의 뜻이라고 한 것을 따르고 있다. 또한 어려울 屯 자에 屮이 있는 것은 초목이 처음 나올 때 어렵게 나오는 모습이라 하였다.

왕균도 | 은 屮의 잘못이고 屮에는 出의 뜻이 있고 초목이 처음 生할 때 어렵게 나온다고 하였으니 계복과 의견이 일치한다.

『正易原義』에서 싹이 처음 나올 때 힘들게 나와서 구부러진 모습이 乙字와 같기 때문에 乙이라 한다 하였으니 핵심을 요약한 것이고 乙의 歲陽의 명칭이 旃蒙인데 이 뜻은 푸르다는 의미가 있다고 본 듯하다.

丙은 乙을 이어서 만물이 막 자라기 시작하는 단계이다. 단옥재는 一入冂의 뜻이 양이 문안으로 들어가 엎드리고 숨어 장차 휴손되는 모습이라 하였다. 계복도 陽의 단계가 끝나 음의 단계에 진입하는 때라 하였고 왕균은 구체적으로 음력 5월에 一陰이 始生하여 커나가고 陽이 그것을 기쁘게 맞이하러 가는 것이라 하였다. 이 모든 주석은 본문의 "陰氣가 처음 생겨나고 陽氣가 장차 휴손되니 陽이 門안으로 들어가 숨는다"는 뜻을 循文敷衍하여 설명한 것이다. 그러나 본문의 내용은 명백한 오류라고 생각된다. 朱駿聲도 干支 22개의 글자에는 오류가 많고 後學이 이를 바로 잡아야 할 책무가 있다고 하였다.

丙은 乙을 계승한 것이니 이제 막 자라기 시작하는 때요 12달로 보면 丙은 夏之孟으로 초여름인 음력 4月에 해당한다. 이때부터 자라 음력이 5月의 하지 때에 이르면 비로소 一陰이 始生하여 陰氣初起하고 陽氣將虧하기 시작한다. 따라서 4月의 丙에 陰氣初起하고 陽氣將虧한다고 한 것은 잘못된 설명이다. 아직 자라지도 않는데 陽氣가 휴손될 이유가 없다. 『우주변화의 원리』에서도 夏至에 一陰始生하는 것은 丁에, 冬至에 一陽始生하는 것은 壬에 배속하였다. 丙의 단계는 陽氣는 위로 뻗어나가고 陰氣는 아래로 내려가 위축된다고 말해야 한다. 따라서 丙을 破字한 一入冂과 一을 陽이라고 한 것을 陽氣가 冂안으로 들어간다고 해석하지 않고 一을 陽氣上發의 모습으로 보고 內를 陰氣가 내려가 문 속으로 들어간다(陰氣下入冂)고 보면 丙의 단계를 설명하는 적절한 해석이 될 것이다.

『正易原義』에서 李斯文은 丙字를 一과 火가 합해진 글자라 했는데 內를 火로 해석한 것까지는 이해할 수 있으나 丙이 陽老의 모습이라 한 것도 이해가 안 된다.

丁은 丙의 단계를 이어 더욱 꼿꼿하게 자라는 단계이다. 丁實은 꼿꼿하면서도 충실하게 자라는 모습이라 생각된다. 丁은 人心을 상징한다고 했는데 이곳의 心은 심장이 아니라 몸의 중심, 명치 끝이라고 보는 것이 옳은 듯하다. 그 이유는 나머지 天干에서 5장과 배합된 것이 없고 머리, 목, 어깨를 이어 중심을 타고 가슴 아래로 내려가기 때문이다.

小篆에서 个라 했는데 人은 초목의 가지와 잎이 위와 옆으로 뻗어나가는 모습이고 丨은 아래에 있는 줄기를 본뜬 것으로 보인다. 丁은 튼튼하고 씩씩하게 단단하게 커나가는 단계임으로 壯也, 强也, 盛也의 뜻이 있고 사람에게서는 壯丁에 해당된다고 본다.

『正易原義』에서 불꽃이 타오르는 모습이라 했는데 小篆의 모습에서 그러한 모습을 유추할 수 있다. 强圉赤의 의미도 정확치는 않지만 우선 丁의 歲陽名은 强圉인데 붉다는 뜻이다라고 해석해본다. 또 丁에 丁寧於其變之前이라 하였다. 丁寧은 사전에 "軍中에서 쓰는 鉦(징 정) 비슷한 악기로 戰時에 쳐서 군사들이 게을리 하지 않도록 하는 것이다. 轉하여 재삼 고함, 되풀이하여 알림의 뜻이다."라고 하였다. 丁은 발전의 단계를 마치고 변화해야 할 곳임으로 이렇게 말한 것인지 모르겠다.

戊는 丁을 이어 더욱 무성하게 자라는 곳이다. 단옥재는 六甲五龍을 六甲五行이라 보고 있다. 相拘絞는 서로 껴안고 꼬여진 모습이다. 따라서 六甲五行相拘絞는 六甲 속에 五行이 모두 배치되어 있다는 뜻인 듯하다.

계복은 惠棟의 說을 인용하여 五와 六이 天地의 중앙에 해당함으로 5와 6이 서로 결합한다 하였고 五龍을 五辰으로 보고 辰에는 5子가 있다고 하였다. 이것을 바탕으로 著者는 다음과 같은 설명을 해보고자 한다.

六甲五龍相拘絞는 六甲五子相拘絞로 볼 수 있다. 相拘絞(껴안을 拘, 꼬일 絞)는 서로 결합한다는 의미로 볼 수 있다. 天干과 地支가 결합하는 데는 5와 6의 원리가 들어있다. 天干에서 戊己는 중앙 土에 속하고 天干의 순서에서 戊는 다섯 번째에 위치하고 己는 여섯 번째에 위치한다. 또한 5와 6은 天地의 中數로써 변화의 中心數이다. 이 5와 6의 숫자가 바로 天干과 地支의 결합원리를 나타낸다. 10干과 12支를 결합하면 60갑자가 나온다. 이때 매개의 天干은 6回 반복되고 매개의 地支는 5회 반복된다. 이를 干支의 첫 글자를 따서 6甲과 5子라고 말한다. 좀 더 설명하면 60甲子를 놓고 볼 때 甲丙戊庚壬의 陽干은 子寅辰午申戌의 陽支와 결합되고 乙丁己辛癸의 陰干은 丑卯巳未酉亥의 陰支하고만 결합한다. 甲을 例로 들면 甲이 들어가는 甲子(干支相合)에는 甲子, 甲戌, 甲申, 甲午, 甲辰, 甲寅의 6甲이 있고 子가 들어가는 甲子에는 甲子, 丙子, 戊子, 庚子, 壬子의 5子가 있게 된다. 즉, 六甲五龍相拘絞는 干支가 相合할 때 天地의 中數인 5와 6이 작용한다는 의미인 것이다.

『正易原義』에서 戊는 무성할 茂 자의 뜻이라 했고 先天 중앙의 자리라고 했다. 正易에서는 天干이 先天에서는 甲乙丙丁戊己庚辛壬癸로 돌아가고 後天에서는 己庚辛壬癸甲乙丙丁戊의 순서로 돌아간다고 이야기하고 있다. 따라서 戊는 다섯 번째에 위치하니 先天 중앙의 자리가 된다.

己는 무성하게 자랐던 戊를 계승하여 고요히 머물면서 수렴을 시작하는 자리이다. 단옥재는 辟藏(벽장)을 盤辟收斂(반벽수렴)이라 하였는데 그 자리에 머물러 빙빙돌면서 안으로 오그라들고 수렴되는 뜻으로 보았다. 계복은 甲에서 戊까지 자라고 다시 己에서부터는 下向하여 흙으로 돌아가는 자리라 하였다. 왕균은 己字의 모습이 그 자리에 머물러 빙빙 돌며 안으로 수렴되는 형태가 있다고 하였다. 위의 내용은 모두 수용할 수 있다.

『正易原義』에서는 己가 사람이 입을 벌리고 앉아 있는 모습이기 때문에 身의 뜻이 있다고 하였다. 이는 己를 몸 기(己) 字의 의미로 본 것이고 모든 식물의 몸은 己에서 완성됨을 말한 것이다.

己는 正五行과 化氣五行에서 모두 10土가 된다. 先天位는 중앙이 되고 後天宮은 己庚辛壬癸甲乙丙丁戊로 헤아리니 첫 번째 자리가 된다. 후천은 10己土에서부터 統一이 시작되어 1태극을 완성하니 無極에서 태극으로 나아가는 것이다. 李斯文은 屠가 '죽일 도' 字여서 古干의 屠維를 陰氣가 만물을 죽인다는 뜻으로 보았고 식물이 죽으면 누렇게 됨으로 黃이라 한듯하다.

庚은 己를 이어 가을에 열매가 단단하게 익어 주렁주렁 열린 것이다. 庚은 甲乙木, 丙丁火에서 생장한 만물이 戊己土를 지나 성장하던 것이 變更되어 단단하게 열매를 맺은 것이다. 庚은 更(바뀌다)과 硬(단단하다)의 뜻으로 볼 수 있다.

『正易原義』에서는 책력에서 19년에 7번의 윤달을 두어 음양력의 오차를 줄이는데 19년을 一章이라고 한다. 이에 의거하여 庚이 7번째에 있고 古干名이 上章이라 이를 결합하여 설명했는데 庚은 上章이라 하고 庚에는 고르게 하는 뜻이 있으므로 章에서도 이 뜻을 취한 것이다.

辛은 열매를 맺는 庚을 이어 더 성숙하여 이 열매에서 맛을 내는 것이다. 본문에서 辛은 매운 맛이고 매운 맛을 먹으면 눈물이 나고 죄인은 눈물을 흘린다 하였다. 辛을 파자하면 一과 䇂(音은 건)이 결합된 글자로 一은 陽을 나타내고 䇂에는 罪의 뜻이 있는데 辛을 죄인과 연결시킨 것은 잘 이해가 안 된다.

『正易原義』에서 辛을 10土라 한 것은 辛의 正五行은 庚辛이 金이고 辛이 陰金임으로 4金이 된다. 辛의 化氣五行은 丙辛水이고 역시 辛이 陰水임으로 6水가 된다. 4와 6을 합하면 10이 되기 때문에 10土라 한 듯하다. 辛의 때 는 추수를 하는 때이므로 粒米가 낭자하다고 하였다. 그리고 辛에는 새로 워진다는 新의 뜻이 있다고 하였는데 辛은 陰氣가 성해지는 때이면서 새로 운 生機가 잠복하는 때이다.

壬은 辛을 이어 陰氣가 왕성한 가운데 陽氣가 속에서 태동되는 때이고 사 람에게서는 임신을 하는 때이다. 단옥재는 『석명』을 인용하여 음양이 交媾 하여 壬에서 임신했다가 子에서 낳는다고 하였다. 또 坤上六爻의 龍戰于野 는 亥의 단계에 陰이 極盛하고 陽이 없기 때문에 陰이 陽과 交媾(戰)하여 陽 生하는 것이라 하였다. 그리고 天干의 壬과 地支의 亥가 合德함으로 본문에 서 亥壬을 함께 말했다고 하였다.

왕균은 金文에서 壬은 工으로 쓰는데 임신하여 배가 부른 모습이라 했고 嚴可均이 亥壬을 辛壬으로 고쳐야 한다고 했지만 亥와 壬이 모두 북방에 있 고 亥도 懷子의 뜻이 있고 壬도 姙의 뜻이 있어 亥壬이 옳다고 하였다. 24방 위에는 乾亥壬이 모두 서북쪽에 있음으로 이설이 옳다고 사료된다. 그리고 太一經의 壬은 책임을 지고 있다는 任의 뜻이라고 하였다. 이상 모두는 타 당한 내용이라 사료된다.

『正易原義』에서는 한편으로는 壬의 단계에서 大任을 마치고, 또 한편으 로는 아래에서 陽氣를 壬養한다고 하였다.

太一經에서 壬은 下腿에 배합되고 壬은 任의 뜻이 있다고 했지만 下腿에는 장딴지가 있고 장딴지는 볼록하여 임신한 것처럼 보이기도 하니 두 가지 의미가 모두 있다고 보아도 좋은 듯하다.

癸는 만물이 조용히 휴식하면서 다음해 봄을 맞이해 다시 소생할 것을 기다리면서 헤아리고 있는 때이다. 『正易原義』는 癸를 둘로 나누어 癶를 水의 뜻으로 보아 水와 天이 합한 글자라 하였다. 天에서 天一生水를 취하고 水에서 水六을 취하여 水生木의 뜻이 있다고 하였다. 李斯文은 古干에서 陰에 해당하는 歲陽에만 旃蒙靑(乙), 强圉赤(丁), 屠維黃(己), 重光白(辛), 昭陽黑(癸)이라 하여 五色을 배합하였다. 古干의 陰干이 색깔의 뜻을 가지고 있다고 해석한 것은 知者를 기다려 본다.

이상의 내용을 핵심적으로 요약하면 甲은 씨앗에서 싹이 터서 올라오는 모습이고 乙은 어린싹이 구불구불 자라는 모습이고 丙은 陽氣가 상승하여 본격적으로 자라기 시작하는 때이고 丁은 씩씩하게 자라고 크게 자라는 것이고 戊는 자란 것이 무성해진 것이고 己는 성장을 멈추고 수렴을 준비하는 때요 庚은 陽道에서 陰道로 바뀌어 열매를 맺는 때이고 辛은 열매가 성숙되고 새로운 生機가 잠복되는 때요, 壬에서 陰陽이 만나 새로운 생명이 잉태되고 癸는 새봄을 맞이할 때까지 기다리면서 준비를 하고 있는 시기이다. 이를 보면 10干의 순서는 草木의 한살이에서 뜻을 취했는데 그 이유는 一年의 변화 속에서 그 단계적 변화를 관찰할 수 있는 것은 초목보다 더 좋은 것이 없기 때문이라고 생각된다.

7. 나오는 말

일반적으로 干支를 창시한 사람을 大撓라고 하나 盤固가 三危山 拉林洞 窟에 올 때 十干十二支之神將을 거느렸다 했으니 干支는 지금으로부터 6,000년 전부터 존재했다는 것을 알 수가 있다.

1에서 10까지 자연수의 중심수는 5와 6이고 이것이 陰陽이 되어 天地에서 오운육기로 작용한다. 그리고 오운과 육기에는 모두 태과불급의 음양이 있으므로 5×2=10, 6×2=12가 되어 天과 地의 변화를 총괄하는 10干과 12支가 유래하였다고 사료된다.

劉溫舒는 干支 속에는 至精至妙한 義理가 있어 음양오행의 德을 파악할 수 있다 하였고 李斯文은 干支 자체에 10과 12의 뜻이 있고 干은 幹으로 木之體, 乾體의 뜻이 있고 支는 枝로 木之用, 坤用의 뜻이 있어 體用의 관계를 이루고 있다 하였으며 韓東錫은 干에는 統一된 水. 支에는 分裂된 火의 의미가 있다고 하였다.

『說文解字』에서 丙을 陰氣初起 陽氣將虧라고 한 것은 명백한 잘못이고 丙의 一入冂의 뜻은 陽氣는 上發하고 陰氣는 下降하여 入門한다고 보는 것이 타당할듯하다.

戊의 六甲五龍相拘絞는 六甲五子가 結合한다는 의미로 60甲子가 순환하는 가운데 天干이 6회 반복하여 6甲을 이루고 地支가 5회 반복하여 5子(즉 五龍)를 이룬다고 해석하는 것이 옳을 듯하다.

大一經의 甲頭, 乙頸, 丙肩, 丁心, 戊脅, 己腹, 庚臍, 辛股, 壬脛, 癸足은 周易

의 배합법과도 다른 독특한 배합법으로 緯書의 내용에서 가져온 듯하다.

10干의 글자의 뜻은 초목이 싹이 터서 자라고 성장을 멈춘 다음 열매를 맺고 陰氣가 極해지는 속에서 새로운 생명을 잉태하여 새봄을 기다리는 내용으로 되어 있다. 다시 말해 초목의 한살이에서 글자의 의미를 취했는데 이는 1년의 변화 속에서 마디마디의 변화를 관찰할 수 있는 것은 초목보다 더 좋은 것이 없기 때문이라고 사료된다.

10干에는 甲은 甲(씨앗의 껍질), 乙은 軋, 丙은 炳, 丁은 壯 혹은 强, 戊는 茂, 己는 己(몸기) 또는 已(그칠이), 庚은 更, 辛은 新, 壬은 妊, 癸는 揆의 뜻이 있다고 했는데 訓詁學에서 聲訓의 모습을 살펴볼 수 있다.

正易原義의 10干에 대한 해설은 先後天的 해석이 특징을 이루며 독특한 내용이 많이 있다고 사료된다.

/ 참고문헌 /

- 岡本爲竹. 運氣論奧諺解 卷之一. 일본. 1704.
- 桂馥撰. 說文解字義證. 濟南. 齊魯書社. 2013.
- 桂延壽編著. 桓檀古記. 대전. 상생출판. 2010.
- 段玉裁注. 說文解字注. 서울. 大星文化社. 1990.
- 동아출판사 한한대사전편찬부. 東亞漢韓大辭典 . 서울. 동아출판사. 1982.
- 李恩江, 賈玉民 主篇. 文白對照說文解字譯述. 鄭州. 中原農民出版社. 2002.
- 松下見林. 運氣論奧疏鈔 卷之二. 日本. 1665.
- 王筠撰. 說文解字句讀. 北京. 中華書局. 1988.
- 劉溫舒 原著. 張立平 校注. 北京. 學苑出版社. 2010.
- 尹暢烈著. 增補版 醫哲學. 대전. 주민출판사. 2011.
- 李景直. 正易原義. 서울. 東文舘. 1913.
- 朱駿聲. 說文通訓定聲. 北京. 中華書局. 1998.
- 曾先之. 史略諺解. 서울. 世昌書館. 1982.
- 韓東錫. 宇宙變化의 原理. 서울. 大原出版社. 2001.

제3장

十干의 陰陽, 五行, 相沖, 臟腑配合

1. 들어가는 말
2. 陰陽配合
3. 方位五行配合
4. 夫婦五行配合
5. 相沖
6. 臟腑配合
7. 나오는 말

1. 들어가는 말

　동양에서 모든 변화를 일으키는 主體를 天地라고 부르는데 天地는 만유 생명과 진리의 근원이 된다. 天地의 변화 작용을 파악하여 신비를 풀고 진리를 탐구하기 위하여 동양의 선각자들은 干支를 창안하였다. 이 중에서 干은 하늘의 변화질서를 파악하므로 天干이라 하고, 또 하늘은 陽의 작용을 하므로 陽干이라 하며 10개의 부호로 이루어져 있으므로 十干이라고도 부른다. 『史記』에서는 '十母'라고 하였다. 반면 支는 땅의 변화질서를 파악하므로 地支라 하고, 또 땅은 陰의 작용을 하므로 陰支라 하며 12개의 부호로 이루어져 十二支라고도 부른다. 『史記』에서는 十二子라고 하였으며 十二辰이라고도 부른다.

　『皇極經世』「觀物外篇」에서 "양수는 하나가 늘어나서 열이 되니 10干의 종류가 이런 것이고 음수는 둘이 늘어나서 열둘이 되니 12支와 12월의 종류가 이런 것이다. 10干은 하늘이고 12지는 땅이니 干支는 하늘, 땅의 작용에 배속시킨 것이다. 干은 줄기의 뜻이니 양이고 支는 가지의 뜻이니 음이다. 干이 10이고 支가 12인 것은 곧 양수 가운데 음이 있고 음수 가운데 양이 있음이다(陽數는 一衍之而十이니 十干之類가 是也오 陰數는 二衍之而十二니 十二支 十二月之類가 是也라. 十干은 天也오 十二支는 地也니 支干은 配天地之用也라. 干者는 幹之義니 陽也오 支者는 枝之義니 陰也라 干十而支十二는 是陽數中有陰하고 陰數中有陽也라.)"라 하였다. 이는 하늘을 대표하는 수는 一인데 이것이 늘어나서 10干이 되고 땅을 대표하는 수는 二인데 이것이 늘어나서 12支가 되어 干支는 天地

의 작용을 나타내고 있다는 의미이다. 위에서 말한 陽數中有陰은 天干에 乙, 丁, 己, 辛, 癸가 있음을 말하는 것이고 陰數中有陽은 地支에 子, 寅, 辰, 午, 申, 戌이 있음을 말하는 것이다. 이로 볼 때 "十干者는 天氣之陰陽也오 十二支者는 地氣之陰陽也라"고 말할 수 있으며 또 운기학에서 十干으로 五運의 변화를 파악하고 十二支로 六氣의 변화를 파악하므로 "十干者는 五行有陰陽也오 十二支者는 六氣有柔剛也"라고 말할 수 있다. 黃畿는 『皇極經世』의 注에서 "1은 곧 10의 시작이고 10은 1의 끝이며 2는 곧 12의 시작이고 12는 곧 2의 끝이다(蓋一卽十之始也오 十卽一之終也며 二卽十二之始也오 十二卽二之終也라.)"라 하였고 또 "하늘의 수 1, 3, 5, 7, 9는 5가 중앙에 있으니 5를 두 배 하면 10이 되고 땅의 수 2, 4, 6, 8, 10은 6이 중앙에 있으니 6을 두 배하면 12가 되며 5와 6을 서로 곱하여 두 배하면 60이 되니 하늘과 땅의 작용이 말미암아 행해지는 바다. 그러므로 日과 星은 干을 쓰고 月과 辰은 支를 쓰는 것이다.(天數가 一三五七九而中於五하니 倍之爲十하고 地數가 二四六八十而中於六하니 倍之爲十二오 五六倍自相乘이면 爲六十하니 天地之用이 所由行也라 故로 日星以干하고 月辰以支라.)"라고 하였다.

오운육기를 위시한 동양의 의학, 철학과 술수 등을 깊이 있게 이해하기 위해서는 天干의 음양배합, 형제오행배합, 부부오행배합, 相沖, 장부배합 등에 대하여 깊은 연구가 이루어져야만 한다.

2. 陰陽配合

　　甲·乙·丙·丁·戊·己·庚·辛·壬·癸의 10干은 그 순서가 甲1·乙2·丙3·丁4·戊5·己6·庚7·辛8·壬9·癸10으로 되어 있다. 10干의 음양배합은 陽先陰後(앞에 있는 것이 陽이 되고 뒤에 있는 것이 陰이 됨), 陽奇陰偶(奇數가 陽이 되고 偶數가 陰이 됨)의 원리에 의해 1, 3, 5, 7, 9번째에 위치하는 甲·丙·戊·庚·壬은 陽에 配合되어 陽干이 되고 2, 4, 6, 8, 10번째에 위치하는 乙·丁·己·辛·癸는 陰에 配合되어 陰干이 된다. 위의 陽先陰後, 陽奇陰偶의 원리에 대해 任應秋는 다음과 같이 이야기하고 있다.

　　"만약 정말 그러하다면 어찌하여 從來로 모두 陰陽이라고 부르고 陽陰이라고 부르지 않는가. 또 陰이 앞에 있고 陽이 뒤에 있는 것은 또 어떻게 설명해야 하는가. 사실상에 있어서 이것은 응당 奇偶之序에 의한 것이다."

　　필자는 이에 대하여 다음과 같이 설명하고자 한다. 陰陽이라는 말은 陰이 陽을 낳는다는 말이다. 즉 陰이 근원적인 창조의 주체가 된다는 말로 10무극 陰이 1태극 陽을 生(주렴계의 태극도설에서 無極而太極이라 하였는데 九江에 있는 故家의 傳本에 無極而生太極이라 되어 있어 무극이 體가 되고 태극이 用이 되어 무극이 태극을 생한다고 하였다.)하고 陰인 여자가 아기를 낳는 주체가 된다는 말이다. 그러나 생겨난 이후에는 陽이 先導하고 陰이 추종한다. 따라서 陰陽은 근원전인 창조의 질서를 이야기하는 것이고 陽陰은 생겨난 이후 변화의 질서를 이야기하는 것이다. 그리고 陰陽이라는 말속에는 地天泰의 의미를 또한 가지고 있다.

天干의 陰陽配合은 作用에 따른 위의 구분뿐만 아니라 生成의 先後에 따라 甲五土가 주체가 되어 甲戊以陽變하는 분열의 과정을 이루는 甲·乙·丙·丁·戊의 化의 시간대를 陽이라고 하고 己十土가 주체가 되어 己癸以陰變하는 통일의 과정을 이루는 己·庚·辛·壬·癸의 變의 시간대를 陰이라고 부른다. 奇偶의 배합이든 生成의 배합이든 '一陰一陽之謂道' 하는 자연의 질서와 서로 整合한다. 十干을 太少陰陽으로 나누어 배합하면 甲乙을 少陽에, 丙丁을 太陽에, 庚辛을 少陰에, 壬癸를 太陰에 배합하고 戊己는 中土에 배합할 수 있다. 이는 『주역』과 『내경』에서 木은 陰中之陽으로 少陽, 火는 陽中之陽으로 太陽, 金은 陽中之陰으로 少陰, 水는 陰中之陰으로 太陰에 배속시킨 원리이다.

3. 方位五行配合

『類經圖翼·五行統論』에서 "十干以應日하니 天之五行也라. 甲陽乙陰이 爲
木이오 丙陽丁陰이 爲火오 戊陽己陰이 爲土오 庚陽辛陰이 爲金이오 壬陽癸
陰이 爲水라." 하였다. 위의 내용은 10干은 태양 또는 날의 변화와 상응하
는데 甲乙이 木이 되고 丙丁이 火가 되고 戊己가 土가 되고 庚辛이 金이 되
고 壬癸가 水가 된다는 것이다. 天干의 배열순서는 孕育, 發生, 生長, 衰老,
死亡의 규율 즉 生長化收藏하는 식물의 한 살이 週期를 상징하고 있다. 이
를 구체적으로 살펴보면 다음과 같다.

甲은 田字에서 아래로 뻗어나간 것으로 초목의 종자가 생명을 처음으로
孕育하여 먼저 껍질을 뚫고 뿌리가 생겨난 것을 상징한다.
乙은 종자에서 싹이 터서 위로 올라가기 시작하는 것을 상징한다. 陽은
안에 있고 陰이 밖에서 싸고(종자의 껍질과 종자를 덮고 있는 흙) 있기 때문에 싹
이 꾸불꾸불 자라게 된다.
丙은 싹이 껍질을 깨고 땅을 뚫고 나와 땅위에 모습을 드러내 밝게 볼 수
있는 것을 상징한다.
丁은 싹이 씩씩하게 자라고 성장하기 시작하여 마치 사람이 壯丁이 되는
것 같은 것을 상징한다.
戊는 초목의 생장이 이미 繁榮하고 茂盛해지는 단계에 이르렀음을 상징
한다.

己는 記(기억하다)와 已(그치다)의 뜻이다. 초목의 생장발전의 형세가 이미 極點에 이르러 이미 가히 기억할 만한 모습이 있는 것을 상징한다. 열매가 成熟하여 더 이상 生長하지 않아 사람들에게 깊은 인상을 남겨주는 것이다.

庚은 바뀌고 전환된다는 뜻이다. 사물의 발전이 이미 끝에까지 와서 제일차의 생명이 장차 종결되고 다시 다음 번의 새로운 생명으로 바뀌고 전환되는 것이다.

辛은 새로워지는 것(新也)이니 새로운 생명의 기틀이 潛伏되기 시작하는 것이다.

壬은 임신한다는 뜻(妊也)이니 陽氣가 이미 안에 모여서 새로운 생명이 이미 孕育을 시작하는 것이다.

癸는 헤아리다 또는 기다리다(揆)의 뜻이다. 陽氣가 아래 잠복하여 정기를 기르고 축적하였다가 다음 주기의 생명이 다시 시작하기 위해서 만물이 싹을 틔우는 것을 기다리는 것이다.

위의 내용으로부터 살펴보면 종자가 껍질을 뚫고 나와 뿌리를 내리는 甲의 단계와 껍질과 땅을 뚫고 나와 힘들게 싹이 위로 꾸불꾸불 올라오는 乙의 단계는 木이 될 것이고, 땅을 뚫고 나와 땅 위에서 모습을 드러내는 丙의 단계와 씩씩하게 성장을 하는 丁의 단계는 火가 될 것이고, 초목이 무성하게 자라는 戊의 단계와 초목의 성장이 중지되고 더 이상 성장하지 않는 己의 단계는 土가 될 것이고, 陽에서 陰으로 전환되고 다음 번의 생명을 준비하는 庚의 단계와 새로운 생명의 기틀이 잠복하는 辛의 단계는 金이 될 것이고, 새로운 생명이 잉태되어 자라기 시작하는 壬의 단계와 다음 주기의 생명이 싹을 틔우기 위해 기다리고 있는 癸의 단계는 水에 배합이 될 것이다.

이상의 내용을 간략하게 요약해 보면 甲乙은 生의 뜻이 있어 五行의 木이 되고, 丙丁은 長의 뜻이 있어 五行의 火가 되고, 戊己는 化의 뜻이 있어 五行의 土가 되고, 庚辛은 收의 뜻이 있어 五行의 金이 되고, 壬癸는 藏의 뜻이 있어 五行의 水에 배속된다.

天干과 方位의 배속관계는 甲乙은 동방에 居하고 동방은 木의 자리가 되므로 甲乙은 木에 속하고, 丙丁은 남방에 居하고 남방은 火의 자리가 되므로 丙丁은 火에 속하고, 戊己는 중앙에 居하고 중앙은 土의 자리가 되므로 戊己는 土에 속하고, 庚辛은 서방에 居하고 서방은 金의 자리가 되므로 庚辛은 金에 속하고, 壬癸는 북방에 居하고 북방은 水의 자리가 되므로 壬癸는 水에 속한다. 그리하여 『素問』의 「藏氣法時論」에서 "肝主春, ……, 其日甲乙(王冰注: 甲乙爲木, 東方干也), ……. 心主夏, ……, 其日丙丁(王冰注: 丙丁爲火, 南方干也), ……. 脾主長夏, ……, 其日戊己(王冰注: 戊己爲土, 中央干也), ……. 肺主秋, ……, 其日庚辛(王冰注: 庚辛爲金, 西方干也), ……. 腎主冬, ……, 其日壬癸(王冰注: 壬癸爲水, 北方干也)."라 하였다.

十干에 숫자를 배합해보면 甲乙木에서 甲은 陽木, 乙은 陰木이므로 甲은 3木이 되고 乙은 8木이 되며, 丙丁火에서 丙은 陽火, 丁은 陰火이므로 丙은 7火가 되고 丁은 2火가 되며, 戊己土에서 戊는 陽土, 己는 陰土이므로 戊는 5土가 되고 己는 10土가 되며, 庚辛金에서 庚은 陽金, 辛은 陰金이므로 庚은 9金이 되고 辛은 4金가 되며, 壬癸水에서 壬은 陽水, 癸는 陰水이므로 壬은 1水가 되고 癸는 6水가 된다.

이상의 내용을 河圖에다가 10干을 배합하고 표로 만들면 도표 1과 같다.

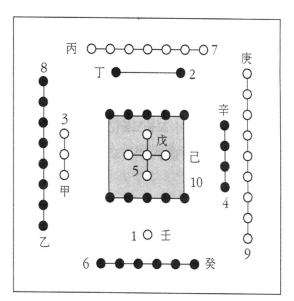

도표 1. 하도와 십간의 배합

十干	甲	乙	丙	丁	戊	己	庚	辛	壬	癸
順序	1	2	3	4	5	6	7	8	9	10
陰陽	陽	陰	陽	陰	陽	陰	陽	陰	陽	陰
五行	木		火		土		金		水	
配合數	3	8	7	2	5	10	9	4	1	6

도표 2. 십간의 순서, 음양, 형제오행 및 숫자의 배합

4. 夫婦五行配合

方位五行配合은 兄弟五行配合이라고도 하는데 본래 자신이 가지고 있는 오행속성으로, 인간으로 말한다면 시집, 장가가기 전에 본래 자기의 성질을 말하니 선천적인 것이 된다. 夫婦五行이란 變化五行, 化氣五行, 相合五行이라고도 하는데, 음양 짝이 되는 상대방의 기운을 받아서 변화된 것으로 인간으로 말한다면 시집, 장가를 간 뒤에 배우자의 영향으로 자신의 성질이 바뀌게 된 것으로 후천적인 것이라고 말할 수 있다.

『素問』의 「天元紀大論」에서 "甲己之歲에 土運이 統之하고 乙庚之歲에 金運이 統之하고 丙辛之歲에 水運이 統之하고 丁壬之歲에 木運이 統之하고 戊癸之歲에 火運이 統之라." 하였고 또 『素問』의 「五運行大論」에서 "土主甲己하고 金主乙庚하고 水主丙辛하고 木主丁壬하고 火主戊癸라."고 하여 甲己가 化土하고 乙庚이 化金하고 丙辛이 化水하고 丁壬이 化木하고 戊癸가 化火함을 밝히고 있다. 이에 대한 여러 주장을 살펴보고 化氣五行의 특징과 의의에 대해서 살펴보고자 한다.

1) 五氣經天化五運說

『素問』의 「五運行大論」에 다음과 같이 기술하고 있다.

"제가 『太始天元冊』의 글을 살펴보니 丹天之氣는 牛女와 戊分을 가로질렀고, 黔天之氣는 心尾와 己分을 가로질렀고, 蒼天之氣는 危室과 柳鬼를 가로질렀고, 素天之氣는 亢氐와 昴畢을 가로질렀고, 玄天之氣는 張翼과 婁胃를 가로질렀으니 이른바 戊己의 분야는 奎壁과 角軫이니 天門과 地戶가 됩니다.

(臣覽太始天元冊文하니 丹天之氣는 經於牛女戊分하고 黔天之氣는 經於心尾己分하고 蒼天之氣는 經於危室柳鬼하고 素天之氣는 經於亢氐昴畢하고 玄天之氣는 經於張翼婁胃하니 所謂戊己分者는 奎壁角軫이니 則天地之門戶也니이다)"

『太始天元冊』에 대한 일반적인 해석은 고대천문학과 관련된 서적으로 보고 있으나 한동석은 冊을 策으로 보아 太始 때에 나타난 天元紀의 祕策(비밀스런 조짐이나 계시)이 하늘에 무늬를 이룬 것을 관찰한 것이라고 해석하였다. 태시천원책을 보니 丹天之氣, 黔天之氣, 蒼天之氣, 素天之氣, 玄天之氣가 上記한 28宿의 방향으로 기운을 뻗었다는 것이다. 이를 도표로 나타내면 다음과 같다.

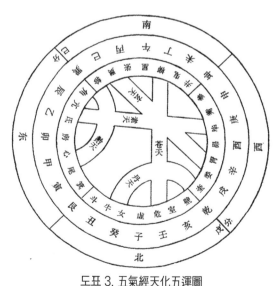

도표 3. 五氣經天化五運圖

丹天之氣 즉 火에 속하는 赤氣는 牛女와 奎壁의 분야로 기운이 뻗쳤는데 牛女는 24방위에서 癸에 속하고 奎壁은 戊分이므로 戊癸는 化火한다. 黅天之氣 즉 土에 속하는 黃氣는 心尾와 角軫의 분야로 기운이 뻗쳤는데 心尾는 24방위에서 甲에 속하고 角軫은 己分이므로 甲己는 化土한다. 蒼天之氣 즉 木에 속하는 靑氣는 危室, 柳鬼로 기운이 뻗쳤는데 危室은 壬에 속하고 柳鬼는 丁에 속하니 丁壬은 化木한다. 素天之氣 즉 金에 속하는 白氣는 亢氐, 昴畢로 기운이 뻗쳤는데 亢氐는 乙에 속하고 昴畢은 庚에 속하니 乙庚은 化金한다. 玄天之氣 즉 水에 속하는 黑氣는 張翼, 婁胃로 기운이 뻗쳤는데 張翼은 丙에 속하고 婁胃는 辛에 속하니 丙辛은 化水한다. 이상의 내용은 太古시대 때 하늘에서 五氣를 관찰하여 甲己土運, 乙庚金運, 丙辛水運, 丁壬木運, 戊癸火運의 五運을 확정했다는 내용으로 化氣五行의 유래와 오운의 개시가 오랜 옛날로까지 소급됨을 밝히고 있는 내용이다.

"戊己分者는 奎壁角軫이니 則天地之門戶也라."에 대하여 王冰은 "戊土는 乾에 속하고 己土는 巽에 속한다. 둔갑경에서 '戊子, 戊寅, 戊辰, 戊午, 戊申, 戊戌의 六戊는 天門이 되고, 己丑, 己卯, 己巳, 己未, 己酉, 己亥의 六己는 地戶가 되니 새벽과 저녁에 서북과 동남에서 비올 것을 점친다'고 한 것은 그 의미를 여기에서 취한 것이다. 비오는 것은 土가 작용하는 것이니 습기가 비를 만들기 때문에 여기에서 점을 친다(戊土屬乾하고 己土屬巽이라. 遁甲經에 曰 六戊爲天門이오 六己爲地戶니 晨暮에 占雨以西北東南은 義取此라. 雨爲土用이니 濕氣生之故로 此占焉이라.)"하였는데 王冰은 天不足西北하고 地不滿東南하여 門戶를 이루고 있다고 해석을 한 것이다.

이에 대해 장개빈은 『類經圖翼』에서 다음과 같이 설명하고 있다.

"대저 규벽은 乾자리에 임하니 戊土의 자리에 해당하고 각진은 巽자리에 임하니 己土의 자리에 해당한다. 『둔갑경』에서도 六戊는 天門이 되고 六己는 地戶가 된다고 하였다. 그러나 門이라 하고 戶라 한 것은 반드시 그렇게 말한 이유가 있으나 선현들이 모두 상세히 언급하지 않았다. 내가 일찍이 하늘을 도는 七政의 궤도를 살펴보건대 춘분 2월 중기에 태양은 壁初에 머무르고 순서대로 남쪽을 향하여 3월에 奎婁에 들어가고 4월에 胃昴畢에 들어가고 5월에 觜參에 들어가고 6월에 井鬼에 들어가고 7월에 柳星張에 들어가고 추분 8월 중기에 태양이 翼宿의 끝에 머무르다가 軫宿에 들어가고 순서에 따라 북쪽을 향하여 9월에 角亢에 들어가고 10월에 氐房心에 들어가고 11월에 尾箕에 들어가고 12월에 斗牛에 들어가고 정월에 女虛危에 들어가고 2월이 되면 다시 춘분이 되어 奎壁에 들어가게 된다. 해가 길어지고 날씨가 따뜻해지고 만물이 발생하는 것이 모두 규벽으로부터 시작하고, 해가 짧아지고 날씨가 추워지고 만물이 收藏하는 것이 모두 각진으로부터 시작된다. 그러므로 춘분이 여는 것을 담당하고 추분이 닫는 것을 담당한다고 말한다. 대저 이미 열고 닫는 것을 관장한다면 요컨대 門戶가 아니고 무엇인가. 그러므로 규벽으로부터 남쪽은 태양이 陽道에 나아가기 때문에 天門이라 말하고 각진으로부터 북쪽은 태양이 陰道에 나아가기 때문에 地戶라고 부른다.

(夫奎壁은 臨乾하니 當戊土之位오 角軫은 臨巽하니 當己土之位라 遁甲經에 亦曰 六戊爲天門이오 六己爲地戶라하니라 然而曰門曰戶는 必有所謂나 先賢은 俱未詳及이라 予嘗考周天七政躔度컨대 則春分二月中에 日躔壁初하고 以次而南하야 三月에 入奎婁하고 四月에 入胃昴畢하고 五月에 入觜參하고 六月에 入井鬼하고 七月에 入柳星張하며 秋分八月中에 日躔翼末이라가 以交于軫하고 循次而北하야 九月에 入角亢하고 十月에 入氐房心하고 十一月에 入

尾箕하고 十二月에 入斗牛하고 正月에 入女虛危하고 至二月하야 復交于春

分而入奎壁矣라 是日之長也와 時之暖也와 萬物之發生也가 皆從奎壁始하고

日之短也와 時之寒也와 萬物之收藏也가 皆從角軫始라 故로 曰春分司啓하고

秋分司閉라하니라 夫旣司啓閉면 要非門戶而何오 然自奎壁而南은 日就陽道

故로 曰天門이오 角軫而北은 日就陰道 故로 曰地戶라)"

장개빈은 태양의 운행이 서북쪽(奎壁)에 있을 때 춘분의 때에 해당하여 陽
道가 열리게 되므로 天門이 되고 서쪽을 지나고 남쪽을 지나 동남쪽(角軫)에
있을 때 추분의 때에 해당하여 陰道가 열리게 되므로 地戶가 된다고 하였
다. 그리고 이 자리는 문왕팔괘에서 각각 乾巽의 方位에 해당하고 天干에서
각각 戊己에 배합된다. 혹자들은 天門과 地戶의 위치를 반대로 설명하는 자
가 있으나 장개빈의 설명이 명쾌함으로 서북이 天門이 되고 동남이 地戶가
됨에 의심의 여지가 없다.

2) 對化作用說

한동석은 『宇宙變化의 原理』에서 甲己化土, 乙庚化金, 丙辛化水, 丁壬化木,
戊癸化火의 작용을 하면서 만물을 化生(生化)시키고 己甲變土, 庚乙變金, 辛
丙變水, 壬丁變木, 癸戊變火의 작용을 하면서 만물을 變成시킨다고 하였다.
이는 『内經』「天元紀大論」에서 "物生을 謂之化오 物極을 謂之變이라." 한 것
에 근거하여 甲에서 戊까지의 전반기의 陽과정을 化라 하고 己에서 癸까지
의 후반기의 陰과정을 變이라 한 것이다. 對化作用이란 나의 짝이 되는 상
대방의 기운을 받아 자신의 본질적인 五行을 형성하기 위한 것으로 그는
"오행이 이와 같은 순서로 生하며 변화하는 것은 주로 자기의 소우주에서

形氣相感하는 조건을 만들기 위함이다. 그것을 좀 더 자세히 말하면 甲土는 甲木의 형상을 만들기 위함이요, 乙金은 乙木의 형상을 만들기 위함이요, 丙水는 丙火의 형상을 만들기 위함이요, 丁木은 丁火의 형상을 만들기 위함이요, 戊火는 戊土의 형상을 만들기 위함이다. 이와 같이 함으로써 五運은 자기 우주를 형성하는 바의 형상을 만드는 것이다."라고 하였다. 이에 대하여 『우주변화의 원리』를 중심으로 論者의 의견을 덧붙여 하나하나의 내용을 살펴보면 다음과 같다.

甲은 오행으로 보면 陽木이므로 3木이 된다. 3木은 水를 계승하여 초목이 처음으로 싹이 트는 水生木의 과정이다. 응고되어 있는 水에서 陽氣를 탈출시키기 위해서는 甲이 土로 변화하여 甲土의 擴張性에 의하여 외부의 堅質을 완화하여서 一陽이 脫出할 수 있도록 도움을 주어야 한다. 그런데 甲은 오행의 木인 즉 甲木은 용출하려는 야심이 농후하다. 뿐만 아니라 甲土와는 木克土하므로 그 성질이 이질적이다. 그런데 甲은 반대방향에 있는 강력한 己土가 10土의 성질로써 甲木에 기운을 던져주어 甲은 甲5土로 변화하는 것이다. 이렇게 변한 甲5土는 土克水를 하여 응고되어 있는 水를 이완시켜 水 속의 陽氣가 위로 솟구쳐 오르게 하고 이후 乙·丙·丁·戊로 발전해나갈 수 있는 에너지를 공급해준다.

乙은 본래 陰木인 8木이다. 陰木은 陽木과는 달리 형체가 있는 나무이다. 乙이 형체가 있는 나무가 되기 위해서는 金克木을 받아야만(生物之正) 木形을 이룰 수가 있다. 그런데 자신이 어떻게 乙金으로 바뀌게 되는가. 이는 乙의 반대편에 있는 庚金이 乙木에 대화작용을 하여 乙木을 一面木, 一面金의 성질로 化하게 하여 준다. 이렇게 변화된 乙金은 木形을 창조하는 것이다.

丙은 본래 陽火로서 7火이다. 7火는 맹렬하게 타오르는 불로 散布作用을 한다. 즉 丙火는 탄력을 가지고 散布作用을 하면서도 과도하게 분열하여 陽

이 散失되지 않도록 방지하여야 한다. 다시 말해 散陽作用과 護陽作用을 동시에 수행하여야만 火가 중도적으로 작용하는 升明作用을 할 수 있다. 이렇게 하기 위해서는 자신이 水로 바뀌어야만 한다. 丙이 어떻게 水로 바뀌게 되는가. 이는 반대편에 있는 강력한 陰金인 辛金이 丙火를 포위하여 丙火를 丙水로 변화시킨다. 이는 金火가 交易하면 水가 생기는 이치인데 즉 金이 분열하는 火를 포위하여 압력을 가해주면 水가 생겨나게 된다. 이는 丙7火와 辛4金을 더하면 11이 되어 10+1로 생명이 압축되면 통일되어 水가 되는 象이 나타나 있다.

丁은 丙火를 계승하여 火의 분열이 더욱 심해지는 자리이다. 丁도 역시 散陽작용을 하면서도 護陽작용을 하기 위해서는 水를 필요로 한다. 丙은 자신이 水로 바뀌면서 이러한 역할을 수행하였지만 丁은 壬水의 대화작용을 받아 水克火를 당하게 된다. 水克火를 당한 丁은 一步 후퇴하여 木으로 변하게 된다. 이렇게 변한 丁은 一面 양의 散失을 방지하면서 水克火를 통해 己土運의 준비도 하게 된다. 丁火가 壬水의 대화작용을 받아 木으로 바뀌는 象은 2火+1水=3木에서 살펴볼 수 있고, 己土運의 준비는 2火+8木=10土의 象에서 살펴볼 수 있다.

戊는 陽土로 丁火를 계승하여 만물의 변화가 長茂의 極에 이르는 때이며, 陽의 散布도 丁火 이상으로 세분화되는 곳이다. 陽의 발산이 戊에서 최고조에 이르지만 戊는 본래 土이므로 陽의 散失을 방지하는 힘이 있고 또한 맞은편에 있는 癸水의 대화작용을 받아 戊를 一步 후퇴시켜 戊火를 만든다. 戊火는 水土가 同德하여 작용하는 자리이므로 陽이 산실될 염려가 더욱 적어진다.

이렇게 하여 先天의 양운동은 끝을 맺고 己에서부터 후천의 음운동이 시작하게 된다.

己는 방위오행에서도 土이고 변화오행에서도 土이다. 己는 甲乙丙丁戊의 과정에서 분열되었던 陽氣를 수렴하고 통일하여 精神과 神明을 창조하는 中樞가 되는 자리이다. 따라서 오행과 오운의 象과 數가 동일하다. 己土는 甲木의 대화작용을 받아 木克土를 당하고 있는데 이는 정신을 창조하는 과정 속에서 必要克인 것이다.

庚은 己를 계승해서 정신을 수렴하는 中樞가 되므로 역시 오행과 오운이 모두 金으로 변화가 없다. 이는 성질이 순수하지 않으면 우주의 목적인 정신을 통일하는 데 차질이 생기기 때문이다. 庚金은 乙木의 대화작용을 받아 木氣를 포용하고 포위하는 작용을 한다.

辛은 본래 陰金인 4金이다. 陰金은 庚金인 陽金보다 수렴작용이 더욱 강력하다. 따라서 강력한 수축력이 필요하게 되는데 맞은편에 있는 丙火의 대화작용을 받아 辛金과 丙火가 金火交易하여 水를 生하여 辛水로서 작용하게 된다.

壬은 1水이다. 1水에 해당하는 壬자리는 변화의 목적이 완성된 자리이면서 동시에 새로운 출발의 기반이 된다. 새로운 출발은 木으로부터 이루어진다. 그렇다면 壬水는 어떻게 壬木으로 바뀌게 되는가. 이것은 맞은편에 있는 丁火의 대화작용을 통해서 壬木으로 바뀌게 된다. 물에 불이 가하여지면 생명의 시작인 木이 발동한다. 이는 계란을 어미닭이 품어주면 병아리가 나오는 이치와 동일하다. 數象으로 보더라도 壬1水+丁2火=3木이 되어 壬水가 壬木으로 변화하는 象이 있다. 완전하게 통일, 수축되어 있는 壬水에 散布性이 있는 丁火가 합세하면 수축되었던 것이 이완되어 陽氣가 발동하여 水中之木이 된다. 현실에서의 木은 甲에서부터 시작하나 자연계의 변화는 壬에서부터 벌써 그 조짐이 나타나고 있는 것이다.

癸는 본질적으로 陰水인 6水이다. 6水는 1水가 확장되고 발전한 것이다. 그런데 어떻게 1水가 6水로 확장이 되는가. 이는 맞은편 戊土의 대화작용에 의해서 土克水를 당하게 되면 6水의 象을 띄면서 一面火로 바뀌어 水中 之火가 된다. 癸가 一面水, 一面火의 모습을 띄는 것은 水火一體의 모습을 보여주고 있으면 水가 응고되어 영원히 幽閉되지 않고 陽氣가 발동하여 水 火운동을 지속적으로 해나가는 순환의 모습도 동시에 보여주고 있다.

위의 내용을 요약하여 보면 방위오행의 甲乙木, 丙丁火, 戊己土, 庚辛金, 壬癸水는 生長化收藏하는 자연의 질서를 나타내고 있고, 甲己土, 乙庚金, 丙 辛水, 丁壬木, 戊癸火는 위의 변화가 정상적으로 이루어질 수 있도록 자신 의 성질을 변화시킨 것인데 그 요인이 자신과 짝이 되는 맞은편 天干의 對 化를 받아서 변화가 이루어지고 있음을 밝힌 것이다.

3) 生于正月建寅說

五氣經天化五運의 啓示설, 對化作用의 合理說 외에 10干의 變化五行이 正 月달의 月建인 寅에서 生한 것이라고 말하는 이론이 있다. 이를 소개하면 다음과 같다.

"예를 들어 甲己년에 머리가 되는 정월달의 월건이 丙寅이고 丙은 火 의 양간으로 火生土하기 때문에 甲己는 土運이 된다. 乙庚년에 머리가 되는 정월달의 월건이 戊寅이고 戊는 土의 양간으로 土生金하기 때문 에 乙庚은 金運이 된다. 丙辛년에 머리가 되는 정월달의 월건이 庚寅이 고 庚은 金의 양간으로 金生水하기 때문에 丙辛은 水運이 된다. 丁壬년 에 머리가 되는 정월달의 월건이 壬寅이고 壬은 水의 양간으로 水生木 하기 때문에 丁壬은 木運이 된다. 戊癸년에 머리가 되는 정월달의 월건

이 甲寅이고 甲은 木의 양간으로 木生火하기 때문에 戊癸는 火運이 된
다. 이것은 오운이 정월달의 월건에서 생겨난다는 것이다.

(如甲己之歲에 正月首建丙寅하고 丙者는 火之陽으로 火生土 故로 甲己爲土
運이오 乙庚之歲에 正月首建戊寅하고 戊者는 土之陽으로 土生金 故로 乙庚
爲金運이오 丙辛之歲에 正月首建庚寅하고 庚者는 金之陽으로 金生水 故로
丙辛爲水運이오 丁壬之歲에 正月首建壬寅하고 壬者는 水之陽으로 水生木 故
로 丁壬爲木運이오 戊癸之歲에 正月首建甲寅하고 甲者는 木之陽으로 木生火
故로 戊癸爲火運이라 此는 五運이 生于正月之建者也라)"

위의 내용을 보충설명해 보면 60甲子에서 甲年이나 己年의 해에 정월달
의 월건은 '甲己之年丙寅頭'하기 때문에 항상 丙寅이 된다. 丙은 형제오행에
서 火가 되고 火生土하기 때문에 甲己化土한다고 말하는 것이다. 큰 의의는
없다고 사료된다.

4) 十二肖說(遇龍而變說)

12宮中에서 오직 龍은 잘 변하고 辰位에 속한다. 十二肖說은 時頭法(甲己
夜半生甲子, 乙庚夜半生丙子 등)으로 시작하는 子를 찾아서 辰宮까지 이르게 되
면 이때 만나는 天干을 따라서 함께 변화하게 된다는 것이다. 이를 살펴보
면 다음과 같다.

"예를 들어 甲己의 干頭는 甲子에서 시작하고 辰에 이르면 戊가 된다.
戊는 土가 되므로 甲己는 化土하게 된다. 乙庚의 干頭는 丙子에서 시작
하고 辰에 이르면 庚이 된다. 庚은 金이 되므로 乙庚은 化金하게 된다.

丙辛의 干頭는 戊子에서 시작하고 辰에 이르면 壬이 된다. 壬은 水가 되므로 丙辛은 化水하게 된다. 丁壬의 干頭는 庚子에서 시작하고 辰에 이르면 甲이 된다. 甲은 木이 되므로 丁壬은 化木하게 된다. 戊癸의 干頭는 壬子에서 시작하고 辰에 이르면 丙이 된다. 丙은 火가 되므로 戊癸는 化火하게 된다. 이것이 또 오운이 용을 만나서 변하는 것이다.
(如甲己干頭는 起于甲子하고 至辰屬戊라 戊爲土니 此甲己之所以化土也오 乙庚干頭는 起于丙子하고 至辰屬庚이라 庚爲金이니 此乙庚之所以化金也오 丙辛干頭는 起于戊子하고 至辰屬壬이라 壬爲水니 此丙辛之所以化水也오 丁壬干頭는 起于庚子하고 至辰屬甲이라 甲爲木이니 此丁壬之所以化木也오 戊癸干頭는 起于壬子하고 至辰屬丙이라 丙爲火니 此戊癸之所以化火也라 此又五運之遇龍而變者也라)"

역시 하나만 예를 들어 설명해보면 甲과 己의 일진이 들어 있는 날의 子時는 甲子부터 시작하게 된다. 甲子, 乙丑, 丙寅, 丁卯를 거쳐 戊辰에 이르게 되면 辰과 결합되는 天干이 戊가 된다. 辰은 12生肖에서 용이 되고 용은 잘 변한다. 그래서 甲己도 戊土를 따라 변해서 甲己化土한다는 것이다. 역시 큰 의의는 없다고 사료된다.

5) 男婚女嫁生子說

장개빈은 『類經圖翼』에서 다음과 같이 설명하고 있다.

"甲剛木이 己柔土를 克하여 부부가 되어 土運을 이루고, 乙柔木이 庚剛金에게 시집을 가서 金運을 이루고, 丁陰火가 壬陽水와 짝이 되어 木運

을 이루고, 丙陽火가 辛柔金에게 장가들어 水運을 이루고, 戊陽土가 癸
陰水에게 장가들어 火運을 이룬다.

(甲剛木이 克己柔土하야 爲夫婦而成土運하고 乙柔木이 嫁庚剛金而成金運하
고 丁陰火가 配壬陽水而成木運하고 丙陽火가 娶辛柔金而成水運하고 戊陽土
가 娶癸陰水而成火運이라)"

이는 甲己, 乙庚, 丙辛, 丁任, 戊癸가 서로 부부를 이루고 기운을 주고 받
아 甲己土, 乙庚金, 丙辛水, 丁壬木, 戊癸火를 이룬다는 내용으로 10干의 化
氣五行이 후천적으로 형성되었다는 것을 설명하는 내용이다.

甲己化土, 乙庚化金, 丙辛化水, 丁壬化木, 戊癸化火의 배합은 몇 가지의 특
징이 있다.

첫째는 陰陽配合이다. 甲陽과 己陰이 相合하고, 乙陰과 庚陽이 相合하고,
丙陽과 辛陰이 相合하고, 丁陰과 壬陽이 相合하고, 戊陽과 癸陰이 相合한다.
이는 천지만물이 陰陽相合 연후에 生子하는 陰陽調和의 원리와 합치된다.

둘째는 相克配合이다. 甲木이 己土를 克하고, 庚金이 乙木을 克하고, 丙火
가 辛金을 克하고, 壬水가 丁火를 克하고, 戊土가 癸水를 克한다. 모든 만물
은 克을 받아야만 生成作用을 이루게 되고 또 克을 받아야만 生이 견실하게
된다. 이는 사람이 시련과 고통을 받아야만 철이 들고 정신적으로 성숙해
지는 것과 동일한 이유이다. 相克이 없으면 相生이 일어나지 않으므로 相克
은 生成作用의 裏面이라고 말할 수 있다.

셋째는 항상 陽干이 陰干을 克하는 관계가 성립한다. 甲陽木이 克己陰土
하고, 庚陽金이 克乙陰木하고, 丙陽火가 克辛陰金하고, 壬陽水가 克丁陰火하
고, 戊陽土가 克癸陰水한다.

이는 先後天觀으로 볼 때 先天은 陽의 시대이고 하늘의 시대이고 상극의

시대인데 天干은 陽을 나타내고 하늘의 작용을 나타내고 있기 때문이라 사료된다. 이렇게 陰陽이 만나 부부를 이루어 자식을 낳는데 甲父와 己母의 결합에서는 土가 나와서 어머니를 닮고, 庚父와 乙母의 결합에서는 金이 나와서 아버지를 닮고, 丙父와 辛母의 결합에서는 水가 나와서 辛金이 嫡母가 되고, 壬父와 丁母의 결합에서는 木이 나와서 壬水가 嫡父가 되고, 戊父와 癸母의 결합에서는 火가 나와서 水土同德하여 生火하는 의미가 있다.

여기에서 왜 10干은 相克으로 결합하여야 하는가에 대하여 그 이치를 살펴보고자 한다. 土는 木克을 당하지 않으면 뭉쳐진 것이 소통되지 아니하고 소통되지 아니하면 生化작용을 하지 못한다. 따라서 甲과 己가 상합한다. 木은 金克을 당하지 않으면 재목을 이루지 못하기 때문에 乙과 庚이 상합한다. 金은 火克을 당하지 않으면 器物을 이루지 못하기 때문에 丙과 辛이 상합한다. 火는 水克을 당하지 않으면 旣濟를 이루지 못하기 때문에 丁과 壬이 상합한다. 水는 土克을 당하지 않으면 범람하여 재앙을 끼치기 때문에 戊와 癸가 상합한다. 따라서 10干의 상합은 반드시 상극의 관계가 있어야만 한다.

10干이 상합을 이룬 뒤에 반드시 化生을 하니 마치 사람이 결혼을 한 뒤에 반드시 자식을 낳는 것과 같다. 10干 相合의 법칙은 매양 4자리를 지나가서 相合한다. 甲은 4자리를 지나 己에게 장가가서 처를 삼기 때문에 甲과 己가 相合하여 化土한다. 乙은 4자리를 지나 庚에게 시집가서 부인이 되기 때문에 乙과 庚이 相合하여 化金한다. 丙은 4자리를 지나 辛에게 장가가서 처를 삼기 때문에 丙과 辛이 相合하여 化水한다. 丁은 4자리를 지나 壬에게 시집가서 부인이 되기 때문에 丁과 壬이 相合하여 化木한다. 戊는 4자리를 지나 癸에게 장가가서 처를 삼기 때문에 戊와 癸가 相合하여 化火한다. 10간이 4자리를 지나 서로 配合되는 관계는 우리들에게 2가지 문제를 提示해준다.

첫째 남녀의 결혼은 近親과 해서는 안 된다. 近親과 하면 生化가 어긋나게 된다. 甲乙이 모두 木이고, 丙丁이 모두 火이고, 戊己가 모두 土이고, 庚辛이 모두 金이고, 壬癸가 모두 水가 되어 2개의 짝이 모두 血緣관계가 된다. 그러므로 甲과 乙이 짝이 될 수 없고, 丙과 丁이 짝이 될 수 없고, 戊와 己가 짝이 될 수 없고, 庚과 辛이 짝이 될 수 없고, 壬과 癸가 짝이 될 수 없다.

둘째 음양의 혼인 관계는 인륜을 어지럽힐 수가 없으니 인륜을 어지럽게 하면 형세가 반드시 무너지고 滅絶하게 된다. 甲乙木은 丙丁火를 生하고, 丙丁火는 戊己土를 生하고, 戊己土는 庚辛金을 生하고, 庚辛金은 壬癸水를 生하고, 壬癸水는 甲乙木을 生하여 모두 父母와 자식의 관계가 된다. 따라서 甲乙은 丙丁과 혼인하여 짝을 할 수가 없고, 丙丁은 戊己와 혼인하여 짝을 할 수가 없고, 戊己는 庚辛과 혼인하여 짝을 할 수가 없고, 庚辛은 壬癸와 혼인하여 짝을 할 수가 없고, 壬癸는 甲乙과 혼인하여 짝을 할 수가 없다. 따라서 반드시 매양 4자리를 건너 뛰어서 서로 짝을 지어야만 비로소 위의 관계를 피할 수가 있다. 十干의 男婚女嫁生子說은 우주의 법도를 통해 人事의 변화까지를 해석할 수 있는 의미있는 이론이라 사료된다.

6) 형제오행과 부부오행에 담긴 含意

『周易』「繫辭傳」9장에서 "天一, 地二, 天三, 地四, 天五, 地六, 天七, 地八, 天九, 地十이니 天數五오 地數五니 五位相得하며 而各有合하니 天數二十有五오 地數三十이라."고 하였다. 여기서 天數五는 1, 3, 5, 7, 9를 말하고 地數五는 2, 4, 6, 8, 10을 말하며 五位相得은 1과 2, 3과 4, 5와 6, 7과 8, 9와 10이 각각 奇偶로 같은 類가 되어 이웃하여 있는 것이고 有合은 1과 6, 2와 7, 3과 8, 4와 9, 5와 10이 相合하는 것이다. 이와 관련하여 朱子는 10干에서 甲乙木, 丙丁火, 戊己土, 庚辛金, 壬癸水가 바로 相得이고, 甲과 己가

合하고, 乙과 庚이 合하고, 丙과 辛이 合하고, 丁과 壬이 合하고, 戊와 癸가 合하는 것이 有合이라고 설명하였다.

天干의 운행에서 癸에서 丙까지의 전반기 天干의 형제오행과 부부오행 속에는 相克의 관계가 內在하고 丁에서 壬까지의 후반기 천간의 형제오행과 부부오행 속에는 本位이거나 相生의 관계가 內在한다. 癸는 본신은 水이나 火로 化하니 水克火의 관계가 內在하고, 甲은 본신은 木이나 土로 化하니 木克土의 관계가 內在하고, 乙은 본신은 木이나 金으로 化하니 金克木의 관계가 內在하고, 丙은 본신은 火이나 水로 化하니 水克火의 관계가 內在하여 相克 속에서 만물을 기르는 象이 나타나 있다.

丁은 본신은 火이나 木으로 化하니 木生火의 관계가 內在하고, 戊는 본신은 土이나 火로 化하니 火生土의 관계가 內在하고, 己와 庚은 正五行과 化氣五行이 각각 모두 土와 金이라서 기운이 純一하고 辛은 본신은 金이나 水로 化하니 金生水의 관계가 內在하고, 壬은 본신은 水이나 木으로 化하니 水生木의 관계가 內在하여 본래의 자리로 돌아가거나 相生 속에서 만물을 성숙시키는 象이 들어 있다.

天干의 부부오행과 배합되는 숫자를 표로 나타내면 다음과 같다.

天干	甲	乙	丙	丁	戊	己	庚	辛	壬	癸
夫婦五行	土	金	水	木	火	土	金	水	木	火
配合數	5	4	1	8	7	10	9	6	3	2

도표 4. 천간의 부부오행 및 숫자의 배합

배합의 원리는 甲己土, 乙庚金, 丙辛水, 丁壬木, 戊癸火에 각각 5·10土, 4·9金, 1·6水, 3·8木, 2·7火를 배합하되 陽干에는 陽數를 배합하고 陰干에는 陰數를 배합하면 된다.

5. 相沖

10干 사이에는 相沖의 관계가 있다. 10干의 상충은 四組로 나누어진다. 甲과 庚이 상충하고, 乙과 辛이 상충하고, 壬과 丙이 상충하고, 癸와 丁이 상충한다. 10干상충은 10干이 자리한 方位와 오행속성에 의해서 결정된다. 甲庚상충, 乙辛상충은 甲이 동쪽에 있고 庚이 서쪽에 있으며, 乙도 동쪽에 있고 辛도 서쪽에 있어 동쪽과 서쪽이 서로 마주하고, 또 甲乙은 木이 되고 庚申은 金이 되어 金克木하게 되므로 甲庚이 相沖하고 乙辛이 相沖하게 된다.

壬丙相沖, 癸丁相沖은 壬은 북쪽에 있고 丙은 남쪽에 있으며, 癸도 북쪽에 있고 丁도 남쪽에 있어 남쪽과 북쪽에서 서로 마주하고, 또 壬癸는 水가 되고 丙丁은 火가 되어 水克火하게 되므로 壬丙이 相沖하고 癸丁이 相沖한다. 10干 중의 戊己는 相沖관계가 없는데 戊己는 모두 土에 속하고 또 모두 중앙에 居하기 때문에 相沖이 없다.

6. 臟腑配合

『素問』의 「藏氣法時論」에서

"肝主春하고 足厥陰少陽을 主治하며 其日은 甲乙이라……

心主夏하고 手少陰太陽을 主治하며 其日은 丙丁이라……

脾主長夏하고 足太陰陽明을 主治하며 其日은 戊己라……

肺主秋하고 手太陰陽明을 主治하며 其日은 庚辛이라……

腎主冬하고 足少陰太陽을 主治하며 其日은 壬癸라"고 하였다. 이는 天干과 臟腑의 사이에 일정한 相互關聯性이 있음을 설명하고 있는 내용이다.

天干과 臟腑의 배합은 둘 사이의 상응하는 음양오행 속성에 따라서 결정된 것이다. 천간의 본질적인 음양과 오행의 속성은 甲·丙·戊·庚·壬이 陽의 속성을 가지고 있는 陽干이 되고, 乙·丁·己·辛·癸는 陰의 속성을 가지고 있는 陰干이 된다. 또 10干의 방위오행은 甲乙木, 丙丁火, 戊己土, 庚辛金, 壬癸水이다. 오장육부의 음양은 『素問』 「五藏別論」에서 "五臟者는 藏精氣而不瀉也라 故로 滿而不能實하고 六腑者는 傳化物而不藏이라 故로 實而不能滿也라." 하였고, 『靈樞』 「本藏」에서 "五臟者는 所以藏精神血氣魂魄者也오 六腑者는 所以化水穀而行津液者也라" 하여 裏에 있으면서 精氣와 諸神을 간직하고 不瀉하는 오장은 陰에 속하고, 表에 있으면서 水穀을 소화시켜 精微之氣를 흡수하고 糟粕을 배출하여 不藏하는 六腑는 陽에 속한다. 그리하여 『素問』 「金匱眞言論」에서 "言人身之臟腑中陰陽하면 則臟者爲陰이오 腑者爲陽이니 肝心脾肺腎五臟은 皆爲陰이오 膽胃大腸小腸膀胱三焦六腑는 皆爲陽이라"고 하였다.

오장의 오행배속은 肝膽은 木에 배속되고, 心小腸은 火에 배속되고, 脾胃
는 土에 배속되고, 肺大腸은 金에 배속되고, 腎膀胱은 水에 배속된다. 이러한
내용을 바탕으로 天干과 臟腑를 배합시켜 보면 甲乙이 木이고 肝膽이 木이나
陽에 속하는 甲에 腑인 膽이 배합되고 陰에 속하는 乙에 臟인 肝이 배합된다.
丙丁이 火이고 心小腸이 火이나 陽에 속하는 丙에 腑인 小腸이 배합되고 陰
에 속하는 丁에 臟인 心이 배합된다. 戊己가 土이고 脾胃가 土이나 陽에 속하
는 戊에 腑인 胃가 배합되고 陰에 속하는 己에 臟인 脾가 배합된다. 庚辛이
金이고 肺大腸이 金이나 陽에 속하는 庚에 腑인 大腸이 배합되고 陰에 속하
는 辛에 臟인 肺가 배합된다. 壬癸가 水이고 腎膀胱이 水이나 陽에 속하는 壬
에 腑인 膀胱이 배합되고 陰에 속하는 癸에 臟인 腎이 배합된다. 이렇게 배합
되는 의의에 대해서 『醫學入門』에서는 다음과 같이 기술하고 있다.

"사람이 천지의 壬의 氣를 잡아서 膀胱과 命門이 생겼고, 癸의 氣를 잡아
서 腎이 생겼고, 甲의 氣를 잡아서 膽이 생겼고, 乙의 氣를 잡아서 肝이 생
겼고, 丙의 氣를 잡아서 小腸이 생겼고, 丁의 氣를 잡아서 心이 생겼고, 戊
의 氣를 잡아서 胃가 생겼고, 己의 氣를 잡아서 脾가 생겼고, 庚의 氣를
잡아서 大腸이 생겼고, 辛의 氣를 잡아서 肺가 생긴 것을 말한 것이다.
(言人이 秉天地의 壬之氣而生膀胱命門하고 秉癸之氣而生腎하고 秉甲之氣而
生膽하고 秉乙之氣而生肝하고 秉丙之氣而生小腸하고 秉丁之氣而生心하고
秉戊之氣而生胃하고 秉己之氣而生脾하고 秉庚之氣而生大腸하고 秉辛之氣而
生肺라)"

六臟六腑에 포함되는 心包와 三焦의 배합에 대하여는 異見이 존재한다.
李梴(이천)은 明堂詩를 인용하여 "甲膽乙肝丙小腸이요 丁心戊胃己脾鄉이라

庚屬大腸辛屬肺하고 壬屬膀胱癸腎藏이라 三焦亦向壬宮寄하니 胞絡同歸入癸方이라" 하여 三焦를 壬에 배합하고 胞絡을 癸에 배합하였다.

淸代의 陳修園은 『醫學實在易』의 「六臟六腑納甲詩」에서 위의 내용을 교정하여 다음과 같이 배합하였다.

"甲은 膽에 乙은 肝에 丙은 小腸에 배합하고, 丁은 心에 戊는 胃에 己는 脾에 배합하는 것이 고향을 찾은 것이다. 大腸은 庚의 자리에 원래 소속되고 牝臟인 肺는 辛의 방위가 됨을 더욱 상세하게 알 수가 있다. 壬水는 膀胱과 합하고 腎은 癸와 合하고, 三焦는 丙에 붙어 있고 膻中은 丁에 속하는 臟이다. 陽干은 마땅히 陽인 腑에 배합해야 하고 陰臟을 陰干에 배합하면 이치가 저절로 드러난다.

(甲膽乙肝丙小腸이오 丁心戊胃己脾鄕이라 大腸庚位原相屬이오 牝肺辛方更可詳이라 壬水爲膀腎癸合하고 三焦附丙膻丁藏이라 陽干宜納陽之腑오 陰配陰干理自彰이라)"

陳修園은 三焦를 丙에 배합하고 膻中 즉 心包를 丁에 배합하였다. 三焦는 相火를 주장하고 6腑에 속함으로 陽干인 丙에 배합하고 心包도 相火를 주장하고 心을 둘러싸서 心과 一體를 이루고 있으므로 陰干인 丁에 배합하는 것이 壬에 三焦를 배합하고 癸에 心包를 배합하는 것보다 더욱 합리적이라고 사료된다.

이를 도표로 나타내면 다음과 같다.

十干	甲	乙	丙	丁	戊	己	庚	辛	壬	癸
五臟六腑	膽	肝	小腸 (三焦)	心 (心包)	胃	脾	大腸	肺	膀胱	腎

도표 5. 십간과 장부의 배합

李梴은 天干의 氣를 잡아서 臟腑가 生한다고 하였다. 따라서 天干에 단순하게 臟腑를 배합하는 것에서 한 걸음 더 나아가 天干을 통해서 臟腑의 생리를 설명해보고자 한다. 方位오행보다는 化氣오행을 위주로 설명하고자 한다.

膽은 甲과 상합하니 一面木이면서 一面土이다. 『素問』「六節藏象論」에서 "凡十一臟은 皆取決於膽이라" 하였고, 張志聰은 注釋에서 "膽主甲子하니 爲五運六氣之首라 膽氣升則十一臟腑之氣 皆升故로 取決於膽也라"고 였다. 李東垣은 『脾胃論』「脾胃虛實傳變論」에서 "膽者는 少陽春升之氣니 春氣升則萬化安 故로 膽氣春升則餘臟從之라"고 하여 甲3木과 甲5土가 10干의 머리가 되어 나머지 天干을 이끌어 가듯이 膽이 11장을 이끌어가는 원동력이 된다고 하였다. 우리 몸에서 적혈구가 파괴될 때 헴과 글로빈으로 분리되고 헴은 다시 철과 노란색의 빌리루빈으로 분리되며 빌리루빈은 혈액에 실려 간으로 옮겨가 담즙산을 만드는 재료로 재활용된다고 한다. 담즙산으로 재생된 빌리루빈으로 소장에서 지방질음식은 소화하는 데 이용된 후 대장을 통해서 대변과 함께 배출된다. 다시 말하면 대변색이 노란 이유는 膽汁의 영향에 의해서 그렇게 된 것이다. 이를 통해서도 膽이 土로 작용한다는 것을 엿볼 수가 있다. 또 쓸개즙이 지나가는 담도에 결석이 생겨 담도를 막아버리면 혈액에 빌리루빈의 농도가 높아져 황달이 유발되는데 역시 膽과 土와의 관계를 엿볼 수 있는 내용이다.

肝은 乙과 상합하니 一面木이면서 一面金이다. 한동석은 『우주변화의 원리』에서 質量 변화를 논하면서 肝을 金이라 하였다. 肝은 본질적으로 보면 木이지만 현상적으로 보면 金이라는 것이다. 한의학에서 肝을 體陰而用陽이라 하는데 이는 곧 體金而用木을 말하는 것이다. 肝은 酸味가 들어가 酸生肝함으로 신축성이 적고 병이 들면 硬化되어 간다. 體金의 대표작용이 肝

藏血이고 用木의 대표작용이 肝主疏泄이다.

小腸은 丙과 相合하니 一面火이면서 一面水이다. 小腸은 胃에서 초보적으로 소화를 거친 음식물을 受盛하여 오랫동안 머무르게 하면서 더욱 細分化시키고 泌別淸濁하여 수곡의 정미를 흡수하고 남은 찌꺼기는 대장으로 보내는 작용을 한다. 그리고 대량의 水液을 吸收하는데 이를 小腸主液이라고 한다. 따라서 小腸에 邪氣가 침범하면 腹痛泄瀉의 증상이 나타나는데 이를 『素問』「擧痛論」에서 "寒氣가 客于小腸하면 小腸이 不得成聚 故로 後泄腹痛矣라"고 하였다. 이를 보면 小腸이 水液代射 과정에서 매우 중요한 작용을 담당하고 있으니 丙과 배합되는 小腸과 水의 관계를 엿볼 수가 있다.

心은 丁과 상합하니 一面火이면서 一面木이다. 心은 사람 몸의 血을 주관하여 온몸에 보내주는 작용을 한다. 血管이 전신에 분포된 것은 火의 모습이지만 心臟의 搏動에 의해 이를 보내는 推動力을 木氣로 볼 수가 있다.

胃는 戊와 상합하니 一面土이면서 一面火이다. 「五藏別論」에서 "胃者는 水穀之海니 六腑之大源也라" 한 것은 受納水穀하는 胃土의 기능을 말한 것이고 腐熟하는 消化기능은 火의 역할을 말한 것이다. 불이 모든 음식물을 익히듯이 胃火가 없으면 음식물을 소화시킬 수가 없다.

脾는 己와 상합하니 己는 方位五行과 化氣五行이 모두 土이므로 主運化하여 氣血生化之源, 後天之本이 되어 전신을 營養한다.

大腸은 庚과 상합하니 庚은 方位五行과 化氣五行이 모두 金이므로 大腸主津하여 水分을 再吸收하여 大便을 건조하게 만들고 金氣의 肅降作用에 의해 傳導糟粕하여 體外로 排出시킨다.

肺는 辛과 相合하니 一面金, 一面水이다. 『素問』「經脈別論」에서 肺는 "通調水道하야 下輸膀胱"한다고 하였다. 이는 肺가 인체 내의 水液運行의 도로를 疏通시키고 調節한다는 의미이다. 通調水道를 肺의 고유 기능인 宣發과

肅降으로 나누어 설명하면 肺는 宣發作用을 통해 津液을 全身에 輸布運行하게 하여 水液을 體表까지 보내고 衛氣를 통해 腠理를 개합하여 땀의 배설을 조절한다. 또 肅降作用을 통해 津液을 아래로 수송하고 대사 후에는 腎의 氣化 작용을 통해 소변을 만들어 방광을 통해 체외로 배설시킨다. 이처럼 肺는 水液의 輸布, 運行, 排泄을 조절하므로 肺主行水한다고 하고 肺는 臟腑 중에서 가장 높은 곳에서 水液代射를 주관하므로 肺爲水之上源이 되어 金生水한다고 한다. 이처럼 肺는 본신은 金이나 水와 밀접한 관련성이 있다.

膀胱은 壬과 相合하니 一面水, 一面木이다. 방광은 津液을 藏하는 水의 기관이나 氣化作用을 통해 에너지를 생산하여 진액을 체외로 배출시켜 소변이 힘차게 나가게 하고 하단전에 위치하여 氣를 화생하니 또한 木의 기운이 있음을 엿볼 수 있다.

腎은 癸와 相合하니 一面水, 一面火이다. 四神圖에서 北方의 玄武를 보면 水를 상징하는 거북과 火를 상징하는 뱀이 얽혀 있는데 이를 보더라도 腎에는 水火가 共棲하고 있음을 살펴볼 수 있다. 腎에는 腎陰과 腎陽이 있어 臟腑陰陽之本이 되고 先天之本이 되는데, 腎陰은 신장에 간직되어 있는 精으로 인체를 구성하는 물질적 기초가 되고 腎陽은 인체의 각 장부 조직기관에 대하여 溫煦, 推動作用을 한다. 이러한 腎陽을 水中之火라 하는데 한의학에서는 이를 특별히 命門이라 하며 三焦를 통하여 기능이 발현된다. 전통적으로 腎에 배합되는 坎卦(☵)의 陰爻를 腎水, 眞水, 眞陰으로 보고 陽爻를 腎火, 眞火, 眞陽으로 보고 있는데 이를 통해 보더라도 腎에 水火가 함께 있다는 것을 분명하게 알 수 있다. 이상에서 설명한 내용 중에서 오행이 일치하는 脾와 大腸 그리고 肝과 腎을 제외하고는 그 이론이 아직 보편화되지 않았으므로 더 많은 연구가 필요하다고 사료된다.

7. 나오는 말

십간의 음양배합은 奇偶로 음양을 나누면 甲·丙·戊·庚·壬이 양이 되고, 乙·丁·己·辛·癸가 음이 되며, 生成으로 음양을 나누면 甲·乙·丙·丁·戊가 양이 되고 己·庚·辛·壬·癸가 음이 된다.

십간은 초목의 한살이에서 취상하였는데, 종자가 껍질을 뚫고 나와 뿌리를 내리는 甲과 껍질과 땅을 뚫고 나와 힘들게 꾸불꾸불 자라는 乙은 生에 해당하여 甲乙은 木에 속하고, 땅을 뚫고 나와 땅 위에 모습을 드러낸 丙과 씩씩하게 성장하는 丁은 長에 해당하여 丙丁은 火에 속하고, 초목이 무성하게 자라는 戊와 성장이 중지된 己는 化에 해당하여 土에 속하고, 양에서 음으로 전환되는 庚과 새로운 생명의 기틀이 잠복하는 辛은 收에 해당하여 金에 속하고, 새로운 생명이 잉태되어 자라는 壬과 다음 주기의 생명이 싹을 틔우기 위하여 기다리고 있는 癸는 藏에 해당하여 水에 속한다.

십간의 부부오행배합에 대한 이론은 五氣經天化五運說, 對化作用說, 生于正月建寅說, 遇龍而變說, 男婚女嫁生子說 등이 있는데, 五氣經天化五運說은 하늘의 계시가 甲己化土, 乙庚化金, 丙辛化水, 丁壬化木, 戊癸化火로 되어 있다는 것이고, 對化作用說은 철학적이면서도 합리적으로 天干의 부부오행상합을 이야기하고 있다. 生于正月建寅說과 遇龍而變說은 큰 의의는 없다고 사료되며, 男婚女嫁生子說은 天道를 통해 人事의 변화를 해석할 수 있는 의미 있는 이론이라고 사료된다.

부부오행배합의 중요한 특징은 첫째 陰陽配合으로 천지만물이 陰陽相合

과 陰陽調和로 이루어져 있음을 상징하고, 둘째 相克配合으로 모든 만물은 相克을 통해서 生成作用이 이루어지고 있음을 상징하며, 셋째 陽干克陰干하는데 先天은 陽의 시대이고 하늘의 시대인데, 天干은 양을 나타내고 하늘의 작용을 나타내고 있기 때문이라고 사료된다.

甲乙木, 丙丁火, 戊己土, 庚辛金, 壬癸水와 甲己化土, 乙庚化金, 丙辛化水, 丁壬化木, 戊癸化火의 배합은 『周易』에서 설명한 자연수의 배합에서 1과 2, 3과 4, 5와 6, 7과 8, 9와 10이 相得하고, 1과 6, 2와 7, 3과 8, 4와 9, 5와 10이 相合하는 원리와 동일하다.

天干에서 癸·甲·乙·丙까지는 방위오행과 부부오행이 相克의 관계를 이루고 있는데, 이는 先天相克을 상징하고, 丁에서 壬까지는 방위오행과 부부오행이 本位이거나 相生의 관계가 內在하는데, 이는 만물이 본래의 자리로 돌아가며 後天相生의 모습을 상징하고 있다.

十干의 相沖은 甲과 庚이 상충하고, 乙과 辛이 상충하고, 壬과 丙이 상충하고, 癸와 丁이 상충하는데, 이는 10干이 자리한 방위와 오행의 상극에 의해서 결정된 것이다.

十干에 장부를 배합하면 양간에 양인 腑를 배합하고 음간에 음인 臟을 배합하여 甲과 膽, 乙과 肝, 丙과 小腸, 丁과 心, 戊와 胃, 己와 脾, 庚과 大腸, 辛과 肺, 壬과 膀胱, 癸와 腎을 배합시킨다.

膽과 배합되는 甲은 一面木, 一面土이므로 木과 土의 기능을 가지고 있고, 肝과 배합되는 乙은 一面木, 一面金이므로 木과 金의 기능을 가지고 있고, 小腸과 배합되는 丙은 一面火, 一面水이므로 火와 水의 기능을 가지고 있고, 心과 배합되는 丁은 一面火, 一面木이므로 火와 木의 기능을 가지고 있고, 胃와 배합되는 戊는 一面土, 一面火이므로 土와 火의 기능을 가지고 있고, 脾와 배합되는 己는 모두 土이므로 氣血生化之源, 後天之本이 되어 전신을 營養하고, 大腸과 배합되는 庚은 모두 金이므로 水分을 재흡수하여 대변을 건조하게 만들고 肅降作用으로 糟粕을 체외로 배출하며 肺와 배합되는 辛은 一面金, 一面水이므로 金과 水의 기능을 가지고 있고, 膀胱과 배합되는 壬은 一面水, 一面木이므로 水와 木의 기능을 가지고 있고, 腎과 배합되는 癸는 一面水, 一面火이므로 腎陰과 腎陽이 있어 臟腑陰陽之本이 되고 先天之本이 된다.

/ 참고문헌 /

• 白允基 譯. 黃帝內經運氣解釋. 서울. 高文社. 1975.

• 소강절 저, 윤상철 편역. 황극경세(3). 서울. 대유학당. 2011.

• 闍鈞天. 運氣撮要. 太原. 山西科學技術出版社. 2015.

• 劉杰. 中國八卦運氣. 靑島. 靑島出版社. 1999.

• 李東垣 外 5人. 東垣十種醫書. 서울. 대성문화사. 1983.

• 李梴. 醫學入門(Ⅰ). 서울. 崇文社. 1978.

• 張介賓. 類經圖翼. 서울. 成輔社. 1982.

• 張志聰. 黃帝內經素問集注. 北京. 學苑出版社. 2002.

• 陳修園. 陳修園醫書七十二種(上). 臺北文光圖書有限公司. 1978.

• 한동석. 우주변화의 원리. 서울. 대원출판사. 2001.

• 洪元植. 黃帝內經素問解釋. 서울. 高文社. 1977.

• 洪元植. 精校黃帝內經. 서울. 동양의학연구원. 1981.

• 周易(貞). 大田. 學民文化社. 1990.

제4장

說文解字와 正易原義에서 설명하는 十二支

1. 들어가는 말
2. 12支 각각의 개념
3. 考 察
4. 나오는 말

1. 들어가는 말

干支의 由來와 歷史는 대단히 오래되었다. 宇宙의 변화는 天地의 변화이고 天地의 변화를 파악하기 위하여 干支가 創始되었다.

干은 10干, 天干이라고도 부르니 10개의 부호로써 하늘의 변화를 파악하고 支는 12支, 地支라고도 부르니 12개의 부호로써 땅의 변화를 파악한다. 天生地成하니 干은 幹으로 하늘기운이 운행하는 줄거리만을 밝히고, 支는 枝니 天道가 땅에서 구체적으로 완성된 것을 의미한다. 즉 甲, 乙, 丙, 丁, 戊, 己, 庚, 辛, 壬, 癸의 天干에는 土가 戊, 己 2개 밖에 없어 변화의 틀만을 나타낼 뿐이고 子, 丑, 寅, 卯, 辰, 巳, 午, 未, 申, 酉, 戌, 亥의 地支에는 辰, 戌, 丑, 未의 四土가 있어 四方과 四時에서 本中末과 始中終의 운동이 완전히 이루어져 마디마디마다 변화를 완성한다.

東漢時期에 許愼이 지은 『說文解字』는 중국의 문자훈고학에서 "字書鼻祖"로 불려지는 대단히 중요한 서적이다. 이 책의 말미에 10干과 12支의 의미에 대하여 자세한 설명을 하였다. 『說文解字』의 내용은 淸代에 이르러 說文四大家가 출현하며 자세한 주석을 달았다. 說文四大家는 段玉裁(1735~1815), 桂馥(1736~1805), 王筠(1784~1854), 朱駿聲(1788~1858)이다.

段玉裁는 『說文解字注』를 지어 허신이 풀이한 글자의 뜻을 本義로 삼은 다음 그것의 引申義와 假借義를 추론하였으며 桂馥은 『說文解字義證』을 지어 여러 서적들 가운데 보이는 훈고를 두루 인용하여 한글자의 여러 가지 (많은 경우에는 10여 가지)뜻을 순서에 따라 상세히 배열하였다. 또 王筠은 『說

文解字句讀』를 지어 단옥재, 계복 두 사람 및 기타 학자들의 논증을 두루 참고하여 각각의 좋은 점을 취하는 한편 약간의 증보와 수정을 가하였고 朱駿聲은『說文通訓定聲』을 지어 허신의 글자풀이를 다시 상세하게 해설하였고 해당 글자의 뜻과 그 聲旁의 뜻 및 상호간의 引申 假借를 해설하였다.

저자는 설문사대가의 주석을 참고하여 허신이 설명한 12支에 대한 정확한 의미를 파악하고자 노력하였다. 또한 이들 注釋 속에는『史記』,『漢書』,『白虎通』,『釋名』등에서 說明한 12支에 대한 해석이 모두 포함되어 있으므로 12支의 종합적인 의미를 고찰할 수가 있다.

설문사대가 중 朱駿聲이 지은『說文通訓定聲』은『설문해자』에 대한 주석서가 아니므로 본 논문에서 인용한 부분이 많지 않다.

『正易原義』는 十淸 李斯文(1850~1899, 李景直)이 지은 正易의 해설서이다. 李斯文은 1885년 36세 때 一夫先生의 문하에 들어가 先後天變易之理를 대각하였으며 1889년 40세 때『正易原義』를 지었다. 그는 여기에서 12支에 대하여 자세한 설명을 하였는데 참고할만한 내용이 대단히 많다.

著者는 먼저『說文解字』의 본문을 번역하여 각 地支마다의 대의를 살펴보았고 이어서 注釋家들의 주석과『正易原義』의 내용을 통해 12支의 구체적인 내용을 살펴보았다. 四大家의 주석은 내용이 많고 중복되는 부분이 많음으로 著者가 중요하고 필요하다고 생각되는 부분만 인용하여 번역하였다. 그리고 考察과 分析을 통해 앞의 내용을 總括하여『說文解字』에 있는 12支의 의미를 정확하게 파악하기 위해 노력하였다.

2. 12支 각각의 개념

먼저 『說文解字』 원문의 내용을 『文白對照說文解字譯述』의 번역을 통해 대의를 살펴보고 이어서 說文四大家의 註釋을 차례대로 살펴보고 마지막으로 『正易原義』의 내용을 살펴보고자 한다.

1) 子

> 子(ㄗ)는 十一月에 陽氣動하야 萬物滋라
>
> 人以爲偁이라 象形이라.

[번역] 子는 지지의 첫 번째 자리이다. 12地支로써 북두칠성의 자루가 가리키는 12개의 방위를 표시하면 정확하게 12달과 배합됨으로 每月의 月建이 된다. 음력 11월의 월건은 子가 되고 괘는 地雷復(䷗)괘가 된다. 이때에는 一陽이 發勃하여 萬物이 처음으로 아래에서 자라기 시작한다. 子는 본래 陽氣가 動하여 萬物이 滋(불어나다, 자라다)하는 것을 말하니 사람들이 이를 빌려서 자신의 어린애를 呼稱했다. 상형자로 어린아이의 머리·손발의 모습을 나타낸다. (李陽冰[당나라 玄宗 때 사람. 字少溫, 안휘 亳州人, 문학가, 서법가]이 말하기를 "어린애는 포대기 속에 있을 때 다리와 발이 모두 함께 포개져 하나가 되기 때문에 단지 두 손만 보이는 것이다."라고 하였다.)

[段玉裁] · 陽氣動 萬物滋 :『史記·律書』에서 "子는 불어난다는 滋의 뜻이니 만물이 아래에서 불어나는 것이다"라 하였다. 『漢書·律曆志』에서 "子에서 싹이 튼다."라고 하였다(律書에 子者는 滋也니 言萬物이 滋於下也라 律曆志曰 孶萌於子라하니라).

· 人以爲俑 : 人은 여러 판본에서 잘못 入이라 하였으나 지금 (人으로) 바로잡는다. 이것은 朋을 朋攩(攩 무리 당)의 뜻으로 사용하고, 韋를 皮韋의 뜻으로 쓰고, 烏를 烏呼의 뜻으로 쓰고, 來를 行來의 뜻으로 쓰고, 西를 東西의 의미로 사용하는 것과 같은 (가차의) 例이다. 무릇 '以爲'라고 말한 것은 모두 허신이 六書의 假借의 法을 發明한 것이다. 子는 본래 '陽氣動 萬物滋'의 호칭이나 萬物은 사람보다 더 神靈스런 것이 없기 때문에 假借를 통해 사람의 呼稱으로 삼은 것이다(人은 各本에 誤入이나 今正이라 此는 與以朋爲朋攩하고 以韋爲皮韋하고 以烏爲烏呼하고 以來爲行來하고 以西爲東西로 一例라 凡言以爲者는 皆許君이 發明六書叚借之法이라 子本陽氣動 萬物滋之俑이나 萬物은 莫靈於人 故로 因叚借하야 以爲人之俑이라).

· 象形 : 물체가 滋生하는 형태를 나타내고 있고 또 사람의 머리와 손발의 형태를 나타낸다(象物滋生之形이오 亦象人首與手足之形也라)

[桂馥] ·『광아』에서 말하였다. 갑을 등 10干이 幹이 되니 幹은 태양의 神이다. 寅卯 등 12支가 枝가 되니 枝가 달의 靈이다(廣雅에 甲乙爲榦이니 榦者는 日之神也오 寅卯爲枝니 枝者는 月之靈也라).

· 十一月 : 天統, 地統, 人統의 三統에서 하나라 때 寅月로 歲首를 삼은 人統이 그 바름을 얻은 것이다(三統之義는 夏得其正이라).

· 陽氣動 萬物滋 :『釋名』에서 말하였다. 子는 孶의 뜻이니 陽氣가 처음 자라나 아래에서 생겨난 것이다. 易에서는 坎이 되고 坎은 險하다는 뜻이다(釋名에 子는 孶也니 陽氣始萌하야 孶生於下也라 於易爲坎이니 坎은 險也라).

『白虎通』에서 다음과 같이 기술했다. 11월에는 陽氣가 비로소 根核을 기르기 때문에 黃泉의 아래에서는 만물이 다 붉다. 붉은 것은 陽氣가 왕성한 것이다. 따라서 周나라는 天正(子月歲首)을 사용했고 색깔은 붉은 것을 숭상했다. 또 다음과 같이 말했다. 11월의 律을 黃鍾이라 하는 것은 어째서인가. 中和之氣에 해당하기 때문이니 鍾이라는 것은 움직인다는 뜻이니 陽이 黃泉의 아래에서 萬物을 길러 움직이게 하는 것을 말한다(白虎通에 十一月之時는 陽氣가 始養根核故로 黃泉之下에 萬物皆赤하니 赤者는 盛陽之氣也라 故周爲天正하고 色尙赤也라 又云 十一月을 律謂之黃鍾은 何오 當中和之氣니 鍾者는 動也니 言陽이 於黃泉之下에 動養萬物也라).

· 人以爲偁 : 서개(920~976. 字楚金, 강소 揚州人, 徐鉉의 동생, 『說文解字繫傳』을 지었다)가 말하였다. 11월 야반에 陽氣가 일어나고 사람은 陽을 계승하여 그 처음의 근본을 삼기 때문에 그것으로써 일컫는다 하였다. 本書의 包字 아래에 이르기를 "元氣는 子에서 일어나고 子는 사람이 생겨나는 곳이다."라고 하였다(徐鍇曰 十一月夜半에 陽氣所起오 人承陽하야 本其初故로 以爲稱이라 本書包下에 云元氣는 起於子하니 子는 人所生也라하니라).

[王筠]·十一月 陽氣動 萬物滋 : 11월의 앞에 마땅히 '孶也'라는 말이 있어야 한다. 이것은 丑下에 '紐也'라 했지만 下文에 紐字가 없는 것으로 추리한 것이다. 그렇지 않으면 마땅히 '滋也'라고 해야 되니 이것은 寅下에 髕也라고 하고 下文에 다시 髕字가 나오는 것으로 추리한 것이다(十一月之上에 當云孶也니 此는 以丑下에 云 紐也로대 而下文에 不見紐字로 推之라 否則當云滋也니 此는 以寅下에 云髕也而下文에 再見髕字로 推之라).

· 人以爲偁 : 子는 남자의 美稱이다. 허신은 干支를 같은 종류끼리 모았기 때문에 子月로서 바른 뜻을 삼고 男子로 빌린 뜻을 삼았으니 부화뇌동해서도 안되고 또한 반박하여 바로잡을 필요도 없다(子者는

男子之美偁也라 許君은 以干支類聚故로 以子月로 爲正義하고 男子로 爲借義니 不可
附和오 亦不須駁正也라)

[正易原義] · 子는 坎卦(☵)의 陽이 坎水 속에 빠진 모습이기 때문에 子
는 滋(자라나다, 불어나다)의 뜻이라고 한다. 古支의 명칭은 곤돈인데 혼
돈을 말한다(子는 象坎卦之陽이 陷坎水故로 日子者는 滋也라하니라 古支名은 困
敦이니 言混沌也라)

2) 丑

丑(丮)은 紐也라 十二月에 萬物動하야 用事라
象手之形이니 日加丑하면 亦擧手時也라.

[번역] 丑은 地支의 2번째 자리로 12월의 월건이다. 12월은 地澤臨(䷒)
괘니 비록 2개의 陽이 아래에 있으나 4개의 陰이 여전히 뭉쳐서 위에
자리하고 있다. 이때 아주 추운 시기는 이미 지났으나 寒氣가 아직
흩어지지 않은 것이 마치 끈이 묶여져 있고 아직 풀어지지 않은 것과
같다. 만물은 모두 장차 生長繁殖하고자 하지만 또 날씨가 춥기 때
문에 농민들은 농기구를 수리하고 농사일을 계획하고 있는 때이다.
指事字이고 又자는 손의 모습인데 一획을 더하면 손가락이 서로 연
결되는 것을 나타내어 무슨 일을 하고자 하나 아직 할 수 없는 것을
表示하니 날씨가 아직 춥기 때문이다. 丑은 또한 매일의 시간을 표시
하니 徐鍇가 말하기를 "동틀 무렵이 丑이 된다"고 하였다. 이때 사람
들은 모두 일어나 손을 들어 振作할 것을 생각한다. 이런 의미에 있
어서 丑에 手 자가 있는 것도 매우 깊은 이치가 있다.[2]

[段玉裁] · 丑 紐也 :『한서·율력지』에서 "丑에서 싹이 묶여있다."라고 하였고『석명』에서는 "丑은 묶는다는 뜻이니 찬 기운 때문에 스스로 구부러지고 묶여있는 것이다."라고 하였다(律曆志曰 紐牙於丑이라 하고 釋名曰 丑은 紐也니 寒氣自屈紐也라하니라).

糸部에서 "紐는 묶는다는 뜻이다. 다른 해석으로는 묶인 것을 풀 수 있다."라 하였다. 12월은 陰氣가 단단하게 묶어놓은 것이 이미 점차 풀어지기 때문에 紐(풀다)라 하였다(糸部曰 紐는 系也라하고 一曰結而可解라 하니라 十二月에 陰氣之固結이 已漸解故로 曰紐也라).

· 十二月 萬物動 用事 : 12월에 陽氣가 위로 통한다(十二月에 陽氣上通이라).

· 象手之形 : 사람은 이때에 손을 들어 作爲를 한다. 又는 手의 뜻이다. 又에 3손가락을 연결했으니 하려고 하나 날씨가 춥기 때문에 하지 못하는 것이다(人이 於是에 擧手有爲라 又者는 手也니 从又而聯綴其三指하니 象欲爲而溧冽氣寒하야 未得爲也라).

· 日加丑 亦擧手時也 : 위에서는 月을 이야기했고 여기서는 日을 말한 것이다. 매일 태양이 丑에 오면 또한 사람이 손을 들어 振作할 것을 생각하는 때가 된다(上言月하고 此言日이라 每日 太陽이 加丑하면 亦是人擧手思奮之時라).

[桂馥] · 十二月 萬物動 用事 :『白虎通』에서 다음과 같이 말하였다. 12월의 때에 만물이 처음 싹이 나서 희니 흰 것은 陰氣이다. 또 말하였다. 12월을 律에서 大呂라고 하는 것은 어째서인가. 大는 크다는 뜻이고 呂는 막는다는 뜻이니 陽氣가 나오려고 하나 陰이 허락하지 않는 것이다(白虎通에 十二月之時는 萬物始芽而白하니 白者는 陰氣라 又云十二月을 律謂之大呂는 何오 大者는 大也오 呂者는 拒也니 言陽氣欲出이나 陰不許也라).

[王筠] · 用事 : 「월령」의 季冬條에 "농민에게 명하여 짝을 지어 밭갈 일을 계획하게 한다." 하였다. 注에서 "아주 추운 날씨가 지나가 농사일을 장차 시작하려는 것이다."라고 하였다(月令季冬에 命農하야 計耦耕事라 注에 明大寒氣過니 農事將起也라하니라).

[正易原義] · 丑은 十과 五가 결합된 글자이니 地10과 天5의 己와 戊의 數가 갖추어진 것이다. 또 土克水하여 만물을 생성하고 土에 속하는 소가 추위를 보내는 類가 이것이다 古支의 명칭은 적분약이니 양기가 만물을 떨쳐서 속히 나오게 함에 모두 그 성품을 따르게 하기 때문에 丑은 俱(함께하다)의 뜻이 있다고 한다(丑은 從十從五니 地十天五之己戊數가 備焉이라 又土克水而生成萬物하고 土牛送寒之類가 是也라 古支名은 赤奮若이니 言陽氣奮迅萬物에 皆若其性故로 曰丑者는 俱也라하니라).

3) 寅

寅(寅)은 髕也라(段注當作演) 正月에 陽氣動하야 去黃泉 欲上出이나 陰尙强也니 象宀不達하야 髕寅(注當作演演)於下也라

[번역] 寅은 지지의 3번째 자리이고 하나라 曆으로 正月의 월건이다. 정월은 地天泰(☷☰)괘니 3개의 양이 아래에 있고 3개의 陰이 위에 있다. 이때 陽氣는 이미 발동하여 黃泉을 떠나 음기를 배척하고 지표면으로 上出하고자 하나 음기가 아직 강하여 둘의 실력이 우열을 가리기 어려운 때이다.

會意字로 위에 있는 宀은 陰氣를 表示하니 양기를 拘束하여 위로 나가지 못하게 한다. 人은 양기를 상징하니 날카롭게 위로 올라가 나가

려고 하나 위에서 ^에 막혀서 단지 꿈틀거리며 아래에서 動하고 있을 뿐이다. 臼은 두 손이 되니 모든 양기를 배척하는 것을 상징한다.

[段玉裁]·髕也：髕자는 잘못된 글자이다. 마땅히 濥으로 써야 한다. 『사기』와 『회남자』에 蝎으로 되어 있다. 『사기·율서』에서는 "寅은 만물이 시생하여 꿈틀거리는 것이다."라고 하였다(髕은 字之誤也니 當作濥이라 史記 淮南王書에 作蝎이라 律書曰 寅은 言萬物始生하야 蝎然也라하니라).

『한서·율력지』에서 "寅에서 이끌어 나오게 한다."라 하였고 『釋名』에서는 "寅은 자라나는 것이니 물체가 생겨나 자라는 것이다."라고 하였다(律曆志曰 引達於寅이라하고 釋名曰 寅은 演也니 演生物也라하니라).

水部에서 다음과 같이 말하였다. 濥은 수맥이 땅속에서 졸졸 흐르는 것이고 演은 길게 흘러가는 것이다. 세속 사람들이 두 글자를 구별하지 못해 濥을 흔히 演으로 오인하였다. 濥으로 寅을 해석한 것은 正月에 陽氣가 위로 올라가려고 하니 마치 水泉이 위로 흐르려고 하는 것과 같다. 지렁이는 黃泉속에 구부리고 있다가 위로 나올 수 있기 때문에 그 글자에 寅이 있게 된 것이다(水部曰 濥은 水脈이 行地中濥濥也오 演은 長流也라하니라 俗人이 不知二字之別하야 濥多誤爲演이라 以濥釋寅者는 正月에 陽氣欲上出하니 如水泉欲上行也라 蝎之爲物은 詰詘於黃泉이라가 而能上出故로 其字从寅이라).

·正月 陽氣動 去黃泉 欲上出 陰尙强也：杜預는 『左傳』의 注에서 다음과 같이 말하였다. 땅속에 있는 샘이므로 黃泉이라고 했다. 陰이 위에서 强하여 陽이 곧장 나오지 못하는 것이 마치 ^이 위에서 막고 있는 것과 같기 때문에 ^이 있는 것이다(杜注左傳曰 地中之泉 故로 曰 黃泉이라하니라 陰上强하야 陽不能徑遂가 如宀之屋於上 故로 从^이라).

·象宀不達 髕寅於下也：髕寅은 잘못된 글자이다. 마땅히 濥濥으로

해야 한다. 혹자는 螾螾으로 해야 한다고 하였다. 宀은 陰氣가 아직 강한 것을 나타내고 更은 陽氣가 황천을 떠나 上出하고자 하는 것을 나타낸다(髕寅은 字之誤也니 當作濥濥이라 或曰當作螾螾이라하니라 宀은 象陰尙强이오 更은 象陽氣가 去黃泉 欲上出이라).

[桂馥] · 寅 髕也 : 寅과 髕은 소리가 서로 비슷하다. 서개는 다음과 같이 말하였다. 髕은 물리친다는 뜻이다. 人은 陽氣가 위로 날카롭게 나가나 宀에 막히고 臼는 그것을 물리치는 것이니 象形이다. 나는 다음과 같이 말한다. 一도 역시 올라오는 것을 배척하는 것이다(寅髕은 聲相近이라 徐鍇曰 髕은 擯斥之意라 人은 陽氣上銳로대 而出閉於宀也오 臼所以擯也라 象形이라 馥謂一亦所以擯人이라).

· 正月 陽氣動 去黃泉 欲上出 陰尙强 象宀不達 髕寅於下也 : (『백호통』에서) 또 다음과 같이 말하였다. 正月의 律을 太簇라고 하는 것은 어째서인가. 太는 크다는 뜻이고 簇는 모은다는 뜻이니 만물이 비로소 커져서 땅에 모여서 나오는 것이다(又云正月을 律謂之太簇는 何오 太亦大也오 簇者는 湊也니 言萬物始大하야 湊地而出也라).

[王筠] · 寅 髕也 : 桂馥과 마찬가지로 徐鍇의 說을 인용하고 있다.

· 正月 陽氣動 去黃泉 欲上出 陰尙强 象宀不達 髕寅於下也 : 간보가 易을 설명한 곳에서 다음과 같이 이야기하고 있다. 正月의 때에 陽氣가 위로 나오기 때문에 屯卦는 물체가 처음 생겨나는 것이고 蒙卦는 물체가 어린 것이다(干寶說易云 正月之時에 陽氣上達 故로 屯爲物之始生이오 蒙爲物之稺也라).

[朱駿聲] · 寅은 敬에 머무는 것이다. 宀과 臼으로 이루어진 것은 인체를 상징하고 臼는 손으로 꽉 조인 형태이다. 申과 같은 뜻이다(寅은 居敬也라 从宀工은 象人體오 从臼는 手自約束之形이니 與申同意라).

[正易原義] · 寅은 木克土를 해서 처음 생겨난 것을 상징하니 아직 地上에 나오지 않은 것이니 또한 풀이 어렵게 나오는 것과 같다. 古支의 명칭은 섭제격이니 만물이 陽을 이어 나옴에 꿈틀거리며 생겨나는 것이다(寅은 象木克土而始生者니 姑未出地上也니 亦猶草之爲屯也라 古支名은 攝提格이니 言萬物이 承陽而起에 寅然而生也라).

4) 卯

卯(丣)는 冒也라 二月에 萬物이 冒地而出이라
象開門之形이니 故로 二月이 爲天門이라

[번역] 卯는 地支의 4번째 자리이고 2월의 月建이다. 2月卦는 雷天大壯(䷡)卦니 4개의 양이 아래에 있고 2개의 음이 위에 있다. 陽氣가 왕성하여 陰氣가 이미 克制할 수가 없으므로 각종 식물이 모두 땅을 뚫고서 나오니 卯는 冒가 된다. 象形字니 문을 열어 놓은 형태로 萬物이 이미 나온 것을 상징한다. 따라서 二月은 陰陽의 出入을 관장하는 天門 중의 春門이라고 일컬어진다.

[段玉裁] · 卯 冒也 二月 萬物 冒地而出 :『사기·율서』에서 "卯라는 글자는 茂(무성하다)의 뜻이니 만물이 무성하게 올라오는 것이다"라고 하였고『한서·율력지』에서 "卯에서 더부룩하게 솟아 올라온다"고 하였다(律書曰 卯之爲言은 茂也니 言萬物茂也라하고 律曆志에 冒茆於卯라하니라).

『釋名』에서는 "卯는 冒(뚫고 솟아 올라오다)의 뜻이니 땅을 뚫고 흙을 이고 나오는 것이다"라고 하였다. 대개 양기가 이때에 이르러 비로소 땅에서 나오는 것이다(釋名曰 卯는 冒也니 戴冒土而出也니 蓋陽氣至是하야

始出地라).

· 象開門之形 : 글자가 門을 열어놓은 모습을 나타낸다(字象開門也라).

· 故二月爲天門 : 卯는 春門이 되니 만물이 이미 나오게 된다(卯爲春門이니 萬物已出이라).

[桂馥] · 卯 冒也 : 서개는 다음과 같이 말하였다. 二月에는 陰이 陽을 제압하지 못해 陽이 용감하게 나온다(徐鍇曰 二月에 陰不能制陽하야 陽冒而出也라).

· 象開門之形 : 增韻에서 다음과 같이 말하였다. 卯는 양쪽 문이 서로 등진 것이니 해가 卯에서 나오니 문을 여는 때이다. 卯와는 다르니 卯는 양쪽에서 문을 닫은 것이니 위의 획이 연결되어 해가 卯에서 들어간 것이니 문을 닫는 때이다(增韻에 卯從兩戶相背니 日出於卯니 闢戶之時也라 與卯不同하니 卯從兩闔戶니 上畵連하야 日入於卯니 闔戶之時也라).

· 故二月爲天門 : 『사기·천관서』에서 "蒼帝가 덕을 행하면 天門이 열린다"고 하였다(史記 天官書에 蒼帝行德하면 天門爲之開라하니라).

[正易原義] 卯는 나무의 거꾸로 생겨난 것이 줄기를 펼쳐 땅에서 나왔으되 뿌리마디는 땅속에 있기 때문에 卯는 茂(무성하다)라고 하였다. 古支의 명칭은 單閼(선연이라 읽는다)이니 양기가 만물을 밀쳐서 생겨나게 하는 것이다(卯는 象木之倒生者가 展榦出地而根節은 盤于地中故로 曰卯者는 茂也라하니라 古支名은 單閼이니 言陽氣가 推萬物而生也라하니라).

5) 辰

辰(辰)은 震也라 三月에 陽氣動하고 雷電振하야 民農時也니 物皆生이라 从乙匕하니 匕象芒達이오 厂聲이라 辰은 房星이니 天

時也라 从二하니 二는 古文上字라 厈은 古文辰이라

[번역] 辰은 지지의 5번째 자리이고 3월의 월건이다. 3월은 澤天夬(䷪) 괘가 되니 다섯 개의 陽이 아래에 있고 1개의 음이 위에 있다. 이때에 陽氣는 떨쳐 일어나 發泄하고 천둥·번개가 쳐서 바로 농민들이 농사일에 힘쓰는 때이다.

각종의 초목은 모두 生長하기 시작하여 싹튼 것이 다 나오고 굽은 것이 다 곧아져 온통 生機가 넘친다. 辰은 震이고 振의 뜻이며 또한 動의 의미이다. 形聲字로 形符는 乙, 匕와 二가 합쳐진 것이고 聲符는 厂이다. 乙은 이른 봄에 초목이 乙乙하여 힘들게 나오는 모습인데 이때에 이르면 비로소 變化가 일어나 가지가 뻗고 잎이 자란다. 匕는 變化의 化이다. 또 옛날에 房星을 大辰이라 하여 그의 운행은 농부들이 관심을 기울여 이를 빌려 농사일에 安排하였으니 그것은 天時를 표시한다. 하늘은 위에 있어 二가 있으니 二는 古文의 上字이다. 古文의 辰은 一을 쓰고 二를 쓰지 않았다. 一은 古文 上字(즉 二)의 생략이다.

[段玉裁]·辰 震也 三月 陽氣動 雷電振 民農時也 物皆生 : 震과 振은 옛날에 通用했다. 振은 奮(떨칠 분)의 뜻이다. 『史記·律書』에서는 "辰은 만물이 진동하는 것이다."라 하였고 『漢書·律曆志』에서는 "辰에서 아름다움을 떨친다."고 하였다. 『석명』에서는 "辰은 펴는 것이니 물체가 다 펼쳐져서 나오는 것이다."라고 하였다. 음력 3月에 生氣가 바야흐로 왕성하고 陽氣가 發泄하여 굽어진 것이 다 나오고 싹튼 것이 다 뻗어나간다. 二月에는 천둥이 울리고 번개가 처음으로 치며 3月에는 크게 振動한다(震振은 古通用이라 振은 奮也라 律書日 辰者는 言萬物之蜄

也라하고 律曆志曰 振美於辰이라하고 釋名曰 辰은 伸也니 物皆伸舒而出也라하니라 季春之月에 生氣方盛하고 陽氣發泄하니 句者畢出하고 萌者盡達이라하니라 二月에 雷發聲하고 始電至하며 三月而大振動하니라).

· 乚乙匕 : 匕는 호과의 반절음(화로 발음)이니 변한다는 뜻이다. 이것은 두글자가 합쳐진 會意字이다(匕는 呼跨로 切이니 變也라 此合二字會意라).

이달에 이르면 양기가 大盛하여 구불구불 어렵게 나왔던 것이 비로소 변화하게 된다(至是月하면 陽氣大盛하야 乙乙難出者가 始變化矣라).

· 匕象芒達 : 芒達은 뾰족하게 나왔던 풀(草芒)이 다 뻗는다는 뜻이다 (芒達은 芒者가 盡達也라).

· 厂聲 : 서현(916~991. 字鼎臣, 강소 揚州人, 句中正 등과 함께 『說文解字』를 校訂했다) 등은 厂의 音이 환(呼旱切)으로 聲符가 아닌 듯하다고 하였다 (鉉等은 疑厂은 呼旱으로 切이니 非聲이라하니라).

· 辰 房星 天時也 : 이것은 乚二를 말하기 위해서 먼저 그 이유를 말한 것이다. 晶部의 曟자 아래에서 "(曟은) 房星이니 백성들에게 일찍 일어나 농사에 힘쓸 때라는 것을 알려준다. 晶과 辰이 합쳐진 形聲字로 晶이 形符로 별의 모습을 나타내고 辰이 소리를 나타낸다. 혹 생략하여 晨으로 쓴다."고 하였으니 이것은 房星의 글자인데 여기에서는 辰을 房星이라고 하였다. 이어서 나오는 辱字의 아래에서 이르기를 "房星이 辰이 되니 옛날에는 이것의 운행으로 농사짓는 기준으로 삼았기 때문이다" 하였으니 글자 또한 辰으로도 쓴다. 『爾雅』에서 "房心尾가 大辰이 된다."고 하였으니 옳다(此는 將言从二하야 先說其故也라 晶部 曟字下曰 房星이니 爲民田時者라 从晶辰聲이니 或省作晨이라하니 此房星之字也로대 而此云辰은 房星이라하니라 辱下云 房星爲辰이니 田候也라하니 則字亦作辰이라 爾雅에 房心尾가 爲大辰이라하니 是也라).

[著者注] 晨은 房星으로 28宿의 하나로 동방 蒼龍七宿의 4번째 자리이다. 이것은 商의 분야의 별임으로 또한 商星이라고도 부른다. 입춘날 새벽에 이별이 남쪽 하늘의 正中央에 나타나고 특히 그의 왼쪽의 心宿의 큰 별이 가장 빛이나 마치 사람들에게 일찍 일어나 농사에 힘쓸 때라고 지시하는 것 같다.

[桂馥] ·『사기·율서』에서 "辰者는 言萬物之蜄也라"고 했다. 내가 보건대 蜄은 마땅히 跡으로 해야 한다. 本書(설문해자)에서 "跡은 動也라"고 하였다(史記律書에 辰者는 言萬物之蜄也라하니라 馥謂蜄은 當爲跡이니 本書에 跡은 動也라하니라).

·『백호통』에서 다음과 같이 말하였다. 3월의 律을 姑洗(고선)이라 하는 것은 어째서인가. 姑는 故의 뜻이고 洗는 鮮의 뜻이니 만물이 모두 옛것을 버리고 새로운 데 나아가 鮮明하지 아니함이 없기 때문이다(白虎通에 三月을 律謂之姑洗은 何오 姑者는 故也오 洗者는 鮮也니 言萬物이 皆去故就其新하야 莫不鮮明也라).

· 三月 陽氣動 雷電 :『예기·월령』에서 "우레가 소리를 내고 번개가 시작한다."고 하였다(月令에 雷乃發聲하고 始電이라).

· 振民農時也 :『회남자·천문훈』에서 "辰은 振作시키는 것이다."라고 하였다(淮南 天文訓에 辰은 則振之也라). (桂馥은 "백성들이 振作하여 농사지을 때이다"라고 구두했다.)

· 匕象芒達 :『삼례의종』에서 "물체가 처음 생겨날 때 모두 구불구불하고 芒角(뾰족하고 날카로운 끝)이 있다."고 하였다(三禮義宗에 物始生에 皆句曲而有芒角이라).

『方言』에서 "뾰족한 것이 나온다"고 했다. 注에서 "풀의 뾰족한 끝이 뻗어 나오는 것이다."라고 하였다(方言에 達芒也라 注云謂草秒芒이 射出이라

하니라).

「月令」의 季春之月에 다음과 같이 기술되어 있다. "生氣方盛하고 陽氣發泄하니 句者畢出하고 萌者盡達이라." 注에서 다음과 같이 말하였다. 句는 굽어서 생겨난 것이고 뾰족하면서 곧은 것을 萌이라고 한다(月令 季春之月에 生氣方盛하고 陽氣發泄하니 句者畢出하고 萌者盡達이라 注云 句는 屈生者오 芒而直을 曰萌이라).

· 辰 房星 天時也 : 本書(설문해자)의 晨 아래에 "辰은 때를 알려준다." 라고 했고 다음에 나오는 辱字의 아래에서는 "辰은 농사짓는 때이다. 따라서 房星을 辰이라고도 하니 농사짓는 때의 기준으로 삼는 것이다."라 했으며 農의 아래에서 "房星이니 백성들이 농사에 힘쓰는 때이다."라고 하였다(本書 晨下云辰은 時也라하고 辱下云 辰者는 農之時也라 故房星爲辰이니 田候也라하고 農下云房星이니 爲民田時者라하니라).

송충(字仲子, 宋忠이라고도 한다. 삼국시기 南陽 章陵人, 저서에 『周易注』가 있다)이 "辰은 龍星이다."라고 했다(宋衷曰辰은 龍星이라).

王逸이 注를 단 초사에서 "辰星은 房星이다."라고 하였다(王注楚辭에 辰星은 房星也라).

鄭玄이 注를 단 『周禮·大司樂』에서 "房心이 大辰이 된다."고 하였다(鄭注 周禮 大司樂云房心이 爲大辰이라).

『爾雅·釋天』에서 다음과 같이 말하였다. 大辰은 房心尾의 별자리이다. 大火를 大辰이라 한다. 郭璞은 注에서 다음과 같이 말하였다. 龍星이 밝은 것은 농사짓는 때의 기준이 된다. 따라서 "大辰은 大火心이다."라고 하였으며 가운데서 가장 밝기 때문에 농사짓는 절후를 주장한다(釋天에 大辰은 房心尾也라 大火를 謂之大辰이라 郭注에 龍星明者는 以爲時候라 故曰大辰은 大火心也라 在中最明故로 時候主焉이라).

何休(129~182. 字邵公, 산동 兗州人, 동한시기 금문경학가 『春秋公羊解詁』를 지었다)가 말하였다. 大火(心)와 伐(大辰)은 하늘이 백성들에게 때의 早晚을 보여주는 것이다. 천하 사람들이 取해서 바름을 삼기 때문에 大辰이라 하니 辰은 時이다. 이것은 하늘의 政教가 大辰에서 나오는 것이다(何休云大火與伐은 天所以示民時早晚이라 天下가 取以爲正故로 謂之大辰이니 辰은 時也라 是天之政教가 出於大辰이라).

[王筠] 厂聲 : 厂은 마땅히 厂으로 해야 되니 身 자에도 厂이 있고 厂을 따라 "신"으로 발음한다. 植鄰의 반절음이니 "신"으로 읽는다(厂은 當作厂이니 身亦從厂聲이니 植鄰으로 切이라).

[正易原義] 辰은 天과 艮이 합한 글자이니 艮은 동쪽이며 그친다는 뜻이니 하늘에서 일월이 합해져 동쪽에 그쳐 있다는 뜻이다. 또 四仲의 자리에 있기 때문에 土에 속한다. 古支의 명칭은 집서니 칩복했던 것이 모두 천천히 펼쳐져서 일어남을 말한 것이기 때문에 辰은 물건이 임신함이 있다라고 이른다(辰은 從天從艮이니 艮은 東也며 止也니 天日月之合宿가 止於東之義也라 且居四仲之位故로 屬土라 古支名은 執徐니 言蟄伏者가 皆叙徐而起故로 曰辰物有娠이라).

6) 巳

巳(㠯)는 已也라 四月에 陽氣已出하고 陰氣已臟하야 萬物見하야 成文章하니 故로 曰巳爲它(桂馥 王筠本에는 蛇로 되어 있다.)라 象形이라

[번역] 巳는 지지의 여섯 번째 자리로 4월의 월건이다. 4월은 重天乾

(☰)괘로 6陽으로 구성되어 있다. 이때 陽氣는 이미 모두 放出이 되고 陰氣는 이미 완전히 潛藏되어 각종 生物이 모두 출현하고 또한 각종의 아름다운 모양과 무늬를 드러낸다. 巳는 已(이미 이)의 뜻으로 이미 그렇게 되었다는 것을 표시한다. 따라서 글자를 뱀의 형상으로 만들었는데 이때 뱀이 이미 나오고 뱀에는 무늬가 있기 때문이다. 象形字이고 굽은 모습을 나타낸다. 12支로 紀年하고 또한 12가지 동물의 띠가 있는데 巳는 뱀이 된다.

[段玉裁] · 巳已也 : 『사기·율서』에서 "巳는 만물이 이미 다 나온 것을 말한다." 하였고 『한서·율력지』에서 "巳에서 이미 왕성하다" 하였으며 『회남자·천문훈』에서 "巳는 생명이 이미 정해진 것이다" 하였고 『석명』에서는 "이미 다 펼쳐져서 그쳐있다"고 해석하였다. 辰巳의 巳는 이미 오랫동안 已然 已止의 已로 사용되었다. 따라서 바로 已然之已로 해석하였다. 「서괘전」에서 "蒙은 蒙이다. 比는 比다. 剝은 剝이다"라고 해석하였고 『모시전』에서 "虛는 虛다"라 하여 예로부터 훈고함에 본래 이러한 例가 있었으니 즉 본래의 글자를 썼고 다른 글자를 빌리지 않았다(律書曰 巳者는 言萬物之已盡也라하고 律曆志曰 已盛於巳라하고 淮南 天交訓曰 巳則 生已定也라하고 釋名曰 巳畢布已也라하니라 辰巳之巳는 旣久用爲 已然已止之已라 故卽以已然之已로 釋之라 序卦傳에 蒙者는 蒙也라 比者는 比也라 剝者는 剝也라하고 毛詩傳曰 虛는 虛也라하니 自古訓에 故有此例하니 卽用 本字오 不叚異字也라).

· 陰氣已臧 : 지금의 藏字이다(今藏字라).

· 成弘彰 : 그래서 巳라고 말한 것이다(故曰巳也라).

· 故巳爲它 象形 : 巳는 형상할 수가 없다. 그래서 뱀으로 형상한 것이니 뱀은 길고 구부러졌으며 꼬리를 드리우고 있다. 그 글자가 뱀

의 모습을 한 것은 陽은 이미 나갔고 陰은 이미 갈무리 된 것을 상징한다. 이 여섯 글자는 하나의 句로 읽는다(그렇다면 번역은 "따라서 巳는 뱀의 형상이 된다"라고 해야 될 것이다). ε는 뱀의 형상이다(巳不可像也라 故以蛇象之니 蛇長而宛曲垂尾라 其字像蛇는 則象陽已出하고 陰已藏矣라 此六字는 一句讀라 ε者는 蛇象也라).

[桂馥] · 巳 已也 : 已라 한 것은 巳와 已가 소리가 서로 비슷하기 때문이다. 이양빙은 다음과 같이 말하였다. 辰巳의 巳는 가차하여 그친다는 已로 썼다. 『석명』에서 "巳는 已(그치다)의 뜻이니 양기가 다 펼쳐져서 그쳐 있는 것이다"라고 하였다(已也者는 巳已가 聲相近이라 李陽冰曰 辰巳之巳는 借爲已止之已라 釋名에 巳는 已也이니 陽氣畢布已也라).

· 故巳爲蛇 : 살펴보건대 篆字에서 巳로 뱀의 형상을 삼고 亥로 돼지의 형상을 삼았으니 나머지도 가히 추리할 수 있다(觀컨대 篆字에 巳作蛇形하고 亥作豕形하니 餘可推矣라).

[王筠] · 四月 陽氣已出 陰氣已藏 : 4월의 괘는 乾卦니 모두 陽이고 陰이 없다. 이것을 말한 것은 글자의 뜻과 글자의 형태가 크게 연결되지 않기 때문에 이것을 말하여 그 뜻을 이끌어 낸 것이다(四月之卦는 爲乾이니 純陽無陰이라 言此者는 字義與字形이 不大比附 故로 言此하야 以引起之也라).

· 象形 : 뱀의 형상을 나타낸 것이다(象蛇形也라).

(桂馥도 象形으로 구두했다)

[正易原義] · 巳는 陽이 극도로 발전한 달이니 火氣가 炎上하는 모습을 나타낸다. 古支의 명칭은 대황락이니 만물이 크게 나와 아주 많은 것이다(巳는 陽極之月이니 象火氣之炎上也라 古支名은 大荒落이니 言萬物이 大出而荒落也라).

7) 午

午(수)은 牾也라 五月에 陰氣가 牾逆陽하야 冒地而出也라
此與矢同意라

[번역] 午는 지지의 7번째 자리로 5월의 월건이다. 5월은 天風姤(☰)괘
로 5개의 陽이 위에 있고 하나의 陰이 아래에 생긴 것이다. 이때 陽은
왕성하고 陰은 올라오려고 하여 음양이 교차하여 서로 거스른다. 午
의 뜻은 거스른다는 뜻이다. 指事字로 上部의 人은 양기를 상징하고
下部의 一은 地面을 표시하고 가운데 丨은 陰氣가 땅에서 올라와 양
기와 서로 交午하는 것을 상징한다. 이 글자와 矢字 上部는 모두 人
으로 되어 있으니 뚫고 나오는 모습을 나타낸다.

[段玉裁] · 午 牾也 : 牾는 거슬리는 것이다(牾者는 逆也라).

· 五月 陰氣 牾逆陽 冒地而出也 : 牾와 逆은 각 本에 午逆으로 되어 있
으나 지금 바로잡는다. 「율서」에 "午는 음양이 교차하기 때문에 午
라 한다." 하였고 「율력지」에 "午에서 거슬려 펼쳐진다." 하였으며
『회남자·천문훈』에서 "午는 거슬리는 것이니 음기가 아래에서 올라
와 양기와 서로 거슬리는 것이다"라 하였고 『광아·석언』에서 "午는
거슬리는 것이다"라고 하였다. 살피건대 仵는 곧 牾字이다. 4月은
순양이고 5月에 一陰이 陽을 거슬러 땅을 뚫고 나오기 때문에 글자
를 만들 때 그 모습을 드러내었다. 옛날에 "가로 세로가 서로 교차하
는 것을 午라 한다." 하였으니 뜻이 引申된 것이다(牾屰은 各本에 作午逆
이니 今正이라 律書曰 午者는 陰陽交 故曰 午라하고 律曆志曰 咢布於午라하고 天文
訓曰 午는 仵也니 陰氣從下上하야 與陽相仵逆也라하고 廣雅 釋言에 午는 仵也라하

니라 按作卽牾字라 四月純陽이오 五月에 一陰가陽하야 冒地而出 故로 製字以象其形이라 古者에 橫直交互를 謂之午라하니 義之引申也라).

· 此與矢同意 : 矢 자의 머리가 午 자와 비슷하니 모두 뚫고 나오는 모습을 하고 있다(矢之首가 與午相似하니 皆象貫之而出也라).

[桂馥] · 五月 陰氣 牾逆陽 冒地而出也 : 서개는 다음과 같이 말하였다. 人은 陽이 되고 一은 땅이 되고 丨은 陰氣가 땅을 뚫고 陽을 거스르는 것이다. 5월에 陽이 극성해 陰이 생겨난다(徐鍇曰 人爲陽이오 一爲地오 丨爲陰氣貫地하야 午逆陽也라 五月에 陽極而陰生이라).

『백호통』에서 말하였다. 5월을 律에서 蕤賓이라 하는 것은 어째서인가. 蕤는 아래라는 뜻이고 賓은 공경한다는 뜻이니 양기가 위에서 극성함에 음기가 처음 생겨나기 때문에 그것을 공경하는 것이다(白虎通에 五月을 律謂之蕤賓은 何오 蕤者는 下也오 賓者는 敬也니 言陽氣上極에 陰氣始起故로 賓敬之라).

『한서·율력지』에서 말하였다. 蕤賓의 蕤는 계속한다는 뜻이고 賓은 인도한다는 뜻이니 陽이 비로소 음기를 인도하여 음기로 하여금 계속 물건을 기르게 하는 것이다(漢書律曆志에 蕤賓의 蕤는 繼也오 賓은 導也니 言陽始導陰氣하야 使繼養物也라).

[王筠] · 午 牾也 : 『광아』에서 "午는 仵라" 했고 『회남자·천문훈』에서 "午는 忤라 했는데 仵와 忤는 모두 牾의 俗體이다(廣雅에 午는 仵也오 淮南 天文訓에 午者는 忤也라하니 仵忤는 皆牾之俗體라).

· 살피건대 午는 指事에 속하는데 허신이 말하지 않았으니 빠진 글자가 있는 듯하다(案컨대 午屬指事而許君이 不言하니 蓋有闕文이라).

[正易原義] · 午는 --와 十字로 이루어 졌으니 十은 土이고 二(--을 말하는 것 같다)는 火니 火生土의 뜻이다. 古支의 명칭은 돈장이니 만물이

왕성하고 씩씩하다는 뜻을 말하고 있다(午는 從ʌ從十이니 十은 土也오 二
는 火也니 火生土之義也라 古支名은 敦牂이니 言萬物盛壯之意也라).

8) 未

未(米)는 味也라 六月에 滋味也라 五行은 木老於未하니 象木重枝葉也라

[번역] 未는 지지의 여덟 번째 자리이고 6월의 월건이다. 6월은 天山
遯(䷠)괘로 4개의 양이 위에 있고 二陰이 아래에 있다. 이때 각종 초
목이 모두 풍성하게 자라고 무성하며 그 열매도 모두 맛이 있어 먹
을 수 있다. 未는 味니 즉 맛이다. 오행설에 따르면 木은 亥에서 生하
니 亥는 북방에 있어 水에 속하고 水는 木을 旺하게 한다. 卯에서 盛
하니 卯는 동방에 있어 木에 속하니 바로 木德이 命을 받는 때이다.
未에서 죽으니 未는 남방에 있어 火에 속하니 火는 나무를 태우고 또
未는 申에 가깝고 申은 金에 속해 金克木하니 가을에 수확한다는 뜻
을 말한다. 이때 초목은 극성했다가 장차 쇠하려 하니 이미 열매를
맺은 것은 늙어 죽는 前兆를 보이는 것이다. 象形字로 木字와 비교해
보면 나무에 가지와 잎이 중첩되어 길게 나온 것을 상징한다.

[段玉裁] · 六月 滋味也 : 「율서」에서 "未는 만물이 다 왕성하게 되어 맛
이 나는 것이다"라고 하였고 『회남자·천문훈』에서 "未는 어둡다"라고
하였고 「율력지」에서 "未에서 가려서 어둡게 된다" 하였으며 『석명』에
서 "未는 어두운 것이니 해가 남중했다가 기울어져 어두움을 향해가
는 것이다"라고 하였고 『광아·석언』에서 "未는 맛이다"라 하였다. 허

신의 설명은 『사기』와 같다(律書曰 未者는 言萬物皆成하야 有滋味也라하고 淮
南 天文訓曰 未者는 昧也라하고 律曆志曰 昧薆於未라하고 釋名曰 未는 昧也니 日中則
昃하야 向幽昧也라하고 廣雅 釋言曰 未는 昧也라하니 許說은 與史記同이라).

· 象木重枝葉也 : 늙으면 가지와 잎이 중첩되기 때문에 그 글자가 이
를 나타낸다(老則枝葉重疊 故로 其字象之라).

[桂馥] · 六月 滋味也 :『백호통』에서 말하였다. 6월의 律을 林鍾이라
하는 것은 어째서인가. 林은 많다는 뜻이니 만물이 성숙하여 종류가
많다는 것이다(白虎通에 六月을 律謂之林鍾은 何오 林者는 衆也니 萬物成熟하야
種類衆多라).

『한서·율력지』에서 말하였다. 林鍾의 林은 君이니 陰氣가 임직을 맡
아 蕤賓함을 도와 군주의 백성을 그로 하여금 크게 자라게 하고 무
성하게 하는 것이다(漢書 律曆志에 林鍾의 林은 君也니 言陰氣受任하야 助蕤賓
하야 君主種物을 使長大楙盛也라).

[王筠] · 六月 滋味也 : 6월의 아래에 빠진 글자가 있는 듯하다. 「율서」
에서 "未는 만물이 다 완성되어 맛이 나는 것이다"라고 하였는데 허
신이 대개 이 문장을 가져다 쓴 것이다(六月之下에 蓋有闕文이라 律書에 未
者는 言萬物皆成하야 有滋味也라하니 許君이 蓋用其文이라).

· 五行 木老於未 :『회남자·천문훈』에서 "木은 亥에서 生하여 卯에서
盛하고 未에서 死한다." 하였는데 허신이 이것을 말한 것은 글자의
뜻은 味이고 글자의 형상은 木이 무성한 모습이기 때문에 이것을 말
하여 그 뜻을 이끌어 낸 것이다(淮南 天文訓에 木生於亥하고 盛於卯하고 死
於未라하니 許君이 言此者는 以字義는 是味오 字形은 是木茂盛之狀故로 言此하야
以引起之라).

[正易原義] · 未는 土와 木이 합해진 글자로 木은 8木이고 土는 10土이

다. 古支의 명칭은 협흡이니 만물이 和合해서 완성되는 것을 말한다
(未는 從土從木하니 木은 八木也오 土는 十土也라 古支名은 協洽이니 言萬物和合而
成也라).

9) 申

申(申)은 神也라 七月에 陰氣成하야 體自申束이라
𠃊𦥑自持也니 吏以餔時에 聽事하야 申旦政也라

[번역] 申은 지지의 아홉 번째 자리이고 7월의 월건이다. 7월은 天地
否(䷋)괘로 三陽이 위에 있고 三陰이 아래에서 생겨 三陰이 坤卦를 이
루어 땅이 되고 三陽인 乾卦의 天과 匹敵之勢를 형성한다. 이때 陽氣
는 法度를 바르게 하여 음기로 하여금 마땅히 손상 시킬 물건을 소
멸하게 하고 뻗어나갈 것은 발전을 촉진시키고 압축해야 할 것은 엄
하게 묶게 하니 일체의 모든 것이 자연적으로 발생하여 알지 못하는
가운데의 神明이 主宰함이 있는 듯하다. 申의 뜻이 神이라는 것이 바
로 이 뜻이다. 指事字로 𦥑는 두 손을 자연스럽게 마주잡은 것이니
협동하는 동작이고 가운데에 위에서 아래로 내려 그은 것은 동작의
대상을 표시한다. 地支도 매일의 시간을 표시할 수 있는데 옛날에
하루를 12時로 나누어 地支로 나타내었는데 申時는 지금의 오후
3~5시를 나타낸다. 옛사람들은 하루에 두 끼를 먹었는데 두 번째 먹
는 끼가 餔로 申時에 해당된다. 관리들은 餔時에 또한 두 번째로 관
아에 앉아 정사를 처리하는데 아침에 첫 번째 사무를 볼 때 發布한
정령의 집행정황을 검토하여 법도를 거듭 밝힌다.

[段玉裁] · 申 神也 : 神은 알 수가 없다. 마땅히 본래 글자인 申으로 해야 되니 "㠯는 已也라"의 例와 같은 것이다.

이 申酉의 篆字는 즉 지금 引申된 뜻(하나의 뜻에서 확대 응용된 뜻)임을 말하는 것이다. 淺人이 그 例를 알지 못하고 망령되이 神으로 고친 것이다.

古說을 살펴보건대 합치되는 것이 없다. 『사기·율서』에서 "申은 陰이 用事하여 거듭 만물을 해치기 때문에 申이라 한다." 하였고 『한서·율력지』에서 "申에서 다시 견고해진다." 하였으며 「천문훈」에서 "申은 늘이는 것이다."라고 하여 모두 申으로 申을 해석했으니 허신이 근본한 것이로되 지금의 『회남자』에서 申之를 고쳐 呻之라고 했으니 한번 웃을만한 일이다. 혹자는 "神은 마땅히 身으로 해야 한다." 하였으니 아래에서 "陰氣成體"라 하였고 『석명』, 『진서·악지』, 『옥편』, 『廣韵』에서 모두 "申은 身也라" 하였다. 허신이 身字에서 "从申省聲" 이라 한 것 등이 모두 그 증거이다. 이 설이 옳은 듯하나 허신의 뜻은 아닌 듯하다(神不可通이라 當是本作申이니 如㠯는 已也之例라 謂此申酉之篆은 卽今引申之義也니 淺人이 不得其例하고 妄改爲神이라 攷諸古說컨대 無有合者라 律書曰 申者는 言陰用事하야 申賊萬物故로 曰申이라하고 律曆志曰 申堅於申이라하고 天文訓曰 申者는 申之也라하니 皆以申釋申이오 爲許所本이로대 而今本 淮南에 改 申之作呻之하니 其可笑一而已라 或曰 神當作身이니 下云陰氣成體라하고 釋名 晉書 樂志 玉篇 廣韵에 皆云申은 身也라하니라 許說身字에 从申省聲이 皆其證이라 此說 近是나 然恐尙非許意라).

[著者注] · 『설문해자』에서 身 자를 찾아보면 从人厂聲이라 하여 段注 의 从申省聲과 다르게 되어 있다.

· 七月 陰氣成 體自申束 : 陰氣成은 三陰이 완성되어 否卦가 된 것이

다. 옛날의 屈伸字는 詘申이라 썼고 또 信이라고 했으니 伸이라 쓴 것은 俗字이다(陰氣成은 謂三陰成하야 爲否卦也라 古屈伸字는 作詘申하고 亦叚信이니 其作伸者는 俗字라).

· 从臼自持也 : 臼는 손을 깍지 낀 것이다. 申과 晨은 같은 뜻이니 의당 丨(音은 신)은 펴는 것을 나타내고 臼는 묶는 것을 나타낸다. 빠진 글자가 있는 듯하다(臼는 又手也라 申與晨은 要同意라 當是从丨은 以象其申하고 从臼는 以象其束이라 疑有奪文이라).

[著者注] · 申과 晨이 같은 뜻이라는 것은 이해가 안 된다. 晨은 寅의 誤가 아닌가 생각된다.

· 吏以餔時 聽事 申旦政也 : 餔는 申時에 밥을 먹는 것이다. 申旦政은 子産이 말한 "아침에 정사를 듣고 저녁에 명령했던 것을 잘 처리한다."는 것이고 公父文伯의 어머니가 이른바 "경·대부는 아침에 그 직책을 살펴보고 저녁에 그 할 일을 계속한다."는 것이니 선비가 아침에 業을 받고 저녁에까지 익히고 반복하는 것이다(餔者는 日加申時에 食也라 申旦政者는 子産 所謂朝以聽政하고 夕以修令이오 公父文伯之母가 所謂卿大夫는 朝攷其職하고 夕序其業이니 士朝而受業하고 夕而習復也라).

[桂馥] · 『백호통』에서 다음과 같이 말하였다. 7월의 律을 夷則이라고 하는 것은 어째서인가. 夷는 상하게 한다는 뜻이고 則은 法이니 만물이 비로소 손상되어 刑法을 받는 것을 말한다(白虎通에 七月을 律謂之夷則은 何오 夷는 傷이오 則은 法也니 言萬物始傷하야 被刑法也라).

· 申 神也 : 『풍속통』에서 "神은 申이다."라고 하였다(風俗通에 神者는 申也라).

· 七月 陰氣成體 : 『한서·율력지』에서 다음과 같이 말하였다. 夷則의 則은 法이다. 陽氣가 법도를 바로잡음에 陰氣로 하여금 마땅히 손상

시킬 물건을 상하게 하는 것이다(漢書律曆志에 夷則의 則은 法也니 言陽氣正法度而使陰氣로 夷當傷之物也라).

『진서·악지』에서 말하였다. 7월은 申이고 申은 身이니 이때 만물의 身體가 다 성취되는 것이다(晉書樂志에 七月은 申이오 申은 身也니 言時萬物身體가 皆成就라).

서개가 말하였다. 7월은 三陰이 되기 때문에 陰氣成이라고 말하였다. 내가 살피건대 서개는 成字에서 끊어서 구두했는데 틀린 것 같다(徐鍇曰 七月에 三陰故로 曰陰氣成이라 馥案컨대 徐讀成字絶句나 似誤라).

· 自申束 : 본서(설문해자)의 竦字 아래에 "束은 스스로 몸을 묶는 것이다."라고 하였다(本書竦下云은 束은 自申束也라하니라).

『석명』에서 다음과 같이 말하였다. 申은 身이니 만물이 모두 그 몸을 이루어 각각 수렴하고 묶어 하여금 완성됨을 갖추는 것이다(釋名에 申은 身也니 物皆成其身體하야 各申束之하야 使備成也라).

[王筠] · 申 神也 : 本注의 神은 身과 같은 뜻이니 精神魂魄의 神이다(本注之神은 與身同義니 蓋精神魂魄之神이라).

· 體自申束 : 字形을 해석하는 것이다. 申束은 수렴한다는 뜻이니 한나라 사람들이 서로 전해온 옛 해석이다(所以起字形也라 申束者는 挈斂之意니 漢人相傳之故訓也라).

『회남자·도응훈』에서 "約車申轅"이라 하였다. 注에서 "申은 묶는다는 뜻이다."라고 하였다. 「내칙」의 鄭玄注에서 "큰 띠로 묶는다는 것은 스스로를 묶는 것이다"라고 했다. 살피건대 紳約은 또한 바로 申束이다(淮南道應訓에 約車申轅이라 注에 申은 束也라하니라 內則 鄭注에 紳大帶는 所以自紳約也라하니라 案紳約은 亦卽申束이라).

· 從臼 自持也 : ㅣ의 音은 失人으로 切이니 '신'이다(失人으로 切이라).

· 吏以餔時 聽事 申旦政也 : 또한 神을 계승해서 말한 것이다(仍承神也

하야 言之라).

[朱駿聲] · 申은 몸을 묶는 것이다. 臼는 스스로 잡고 있는 모습이고

ㅣ은 身이다. 指事字이고 寅과 같은 뜻이다(申은 束身也라 ㅆ臼는 自持也

오 ㅆㅣ은 身也라 指事니 與寅同意라).

[正易原義] · 申은 ☷괘에 중획을 가한 것이니 土生金의 뜻이다. 또 처

음 생겨난 金이 부드러우면서도 강인하기 때문에 납철이라 부르니

그 기운이 사물을 해친다. 古支의 명칭은 군탄(톤탄이라고도 읽는다)이

니 만물이 토해낸 것이 늘어진 모습이니 물체가 퍼지는 것이다(申은

☷加中畫이니 土生金之義라 且始生之金이 柔韌故로 曰납 鐵이니 其氣爲賊物이라 古

支名은 涒灘이니 言垂萬物吐之貌니 即物之舒也라).

[著者註] · '曰납 鐵'은 본문이 이렇게 되어 있다.

10) 酉

酉(丣)는 就也라 八月에 黍成하니 可爲酎酒라 象古文酉之形也

라 丣는 古文酉니 ㅆ丣라 丣爲春門이니 萬物已出하고 丣爲秋門

이니 萬物已入이라 一은 閉門象也라

[번역] 酉는 지지의 열 번째 자리로 8월의 월건이다. 8월은 風地觀(☷☰)

괘니 二陽이 위에 있고 四陰이 아래에 있다. 이때는 수확의 계절로

각종 농작물이 모두 이미 성숙되는데 이중 기장으로 美酒를 양조할

수 있다. 酉는 就의 뜻이고 就는 成의 뜻이니 농작물이 성숙된 것을

말한다. 象形字로 대략 古文의 酉字(丣)의 모습을 나타내고 있다.

丣는 古文의 酉자이다. 指事字이고 丣에서 왔으니 丣는 문이 열린 모습을 나타낸다. 丣는 春門이니 春門이 한번 열리면 만물이 모두 生長하기 시작하고 丣는 秋門이니 陽氣가 閉藏하고 陰氣가 用事하여 각종 농작물 모두가 수확하여 저장된다. 함께 天門이 된다. 옛날에 卯字로 門의 모습을 나타냈다. 春門은 열리고 秋門은 닫히니 따라서 위에 1획을 加하여 閉門의 모습으로 삼았다. 卯, 酉는 古音이 비슷하니 여전히 卯를 聲符로 볼 수 있다.

[著者註]· 酉의 篆文과 古文은 같은 글자가 아니다. 篆文은 술을 담아놓은 그릇을 나타내고 옛글자에서 酒字로 쓰였다. 그리고 酉로 偏旁을 삼은 글자도 대부분 술과 관련이 있다.

[段玉裁]· 酉 就也 : 就는 높다는 뜻이다. 『사기·율서』에서 "酉에서 만물이 늙는다." 하였고 『한서·율력지』에서 "酉에서 잡아 머물게 한다" 하였으며 『회남자·천문훈』에서 "酉는 배부른 것이다."라 하였고 『석명』에서 "酉는 열매 맺는 것이니 열매를 맺는다는 것은 만물이 모두 완성된 것이다."라고 하였다(就는 高也라 律書曰 酉者는 萬物之老也라하고 律曆志曰 留執於酉라하고 天文訓曰 酉者는 飽也라하고 釋名曰 酉는 秀也니 秀者는 物皆成也라하니라).

· 八月黍成 可爲酎酒 : 이것은 一物을 들어서 就를 말한 것이다. 기장은 大暑에 심어 8월이 되면 성숙되니 벼가 8월에 성숙되는 것과 같다. 벼를 말하지 않은 것은 술을 만들 때 흔히 기장을 사용하기 때문이다. 酎는 三重酒이다. 반드시 술을 말한 이유는 옛날에 술은 酉라는 그릇을 써서 만들었다. 그래서 그 뜻이 같아서 就라고 말한 것이다(此는 擧一物以言就라 黍는 以大暑而種하고 至八月而成하니 猶禾之八月而就也라 不言禾者는 爲酒多用黍也라 酎者는 三重酒也라 必言酒者는 古酒可用酉爲之라 故其

義同하야 曰就也라).

· 象古文酉之形也 : 古文의 酉는 丣를 말한다. 丣字의 모습과 비슷하여 酉의 篆字를 만들었다(古文酉는 謂丣也라 仿佛丣字之形而製酉篆이라).

· 丣 古文酉 从丣: 丣에서 왔는데 一은 문을 닫은 것이다(从丣니 一以閉之라).

[桂馥] · 『백호통』에서 다음과 같이 말하였다. 酉는 물건이 늙어 수렴하는 것이다. 또 말하였다. 8월의 律을 南呂라고 하는 것은 어째서인가. 南은 맡는다는 뜻이다. 陽氣가 아직 책임이 있어 냉이와 보리를 生하는 것이다. 따라서 陰이 그것에 저항하는 것이다(白虎通에 酉者는 老物收斂이라 又云八月을 律謂之南呂는 何오 南者는 任也니 言陽氣 尙有任하야 生薺麥也라 故陰拒之也라).

· 『진서·악지』에서 말하였다. 8월은 酉이다. 酉는 繘의 뜻이니 이때가 되면 만물이 모두 수렴되어 繘縮(수축)하게 됨을 말한다(晉書樂志에 八月은 酉니 酉는 繘也니 言時物皆繘縮也라).

· 八月 黍成 可爲酎酒 : 『한서·율력지』에서 말하였다. 南呂의 南은 맡는다는 뜻이니 陰氣가 夷則을 도와 만물을 책임지고 완성하는 것이다(漢書律曆志에 南呂의 南은 任也니 言陰氣旅助夷則하야 任成萬物也라).

『漢舊儀』에서 "8월에 酎酒를 마신다."고 하였다(漢舊儀에 八月飮酎라).

· 『漢書音義』에서 "정월 초하루에 술을 담그면 8월에 익는데 이를 酎라고 부른다."고 하였다(漢書音義에 正月旦作酒면 八月成하니 名曰酎라).

[王筠] · 酉 就也 : 酉는 옛날의 酒 자이다. 따라서 「율력지」에서 "留執於酉"라 하고 「천문훈」에서 "酉者 飽也"라 하였으니 留, 飽는 모두 酉와 疊韻이다. 허신은 사용하지 않았으되 오직 酒의 篆字 아래에 "就也"라고 하여 함께 하나의 의미로 썼으니 족히 그 뜻을 볼 수 있다(酉

는 乃古酒字也라 故로 律曆志曰 留執於酉라하고 天文訓曰 酉者는 飽也라하니 留飽는 皆與酉爲疊韻이라 許君不用而獨與酒篆下에 就也라하야 同用一義니 足見其意矣라).

· 象古文酉之形也 : 酉는 마땅히 丣로 해야 한다(酉當作丣라).

[正易原義] · 酉는 서방의 地支이기 때문에 西에 一획을 加한 것이다. 古支의 명칭은 작악이니 만물이 모두 일어난 모습이니 즉 만물이 늙은 것이다(酉는 西方辰故로 從西加一畫이라 古支名은 作噩이니 言萬物이 皆起之貌니 卽物之老也라).

11) 戌

戌(戌)은 威也라 九月에 陽氣微하고 萬物畢成하며 陽下入地也라 五行에 土生於戊하고 盛於戌이라 从戊一하니 一亦聲이라

[번역] 戌은 지지의 11번째 자리로 9월의 월건이다. 9월은 山地剝(䷖)괘로 一陽이 위에 있고 五陰이 아래에 있어 陰盛陽衰한 모습을 나타낸다. 이때 陽氣는 미약하고 각종 농작물은 모두 이미 성숙하여 수확되었고 초목은 시들어 떨어져 온 천지가 쓸쓸하고 죽이는 氣象이고 양기는 내려가 땅속으로 들어간다. 戌은 없애버린다는 뜻으로 만물이 生機를 잃어버린다.

오행설에 의하면 土는 戊에서 생기는데 戊己는 中宮이고 土德을 얻는다. 一說로는 午에서 생기니 午는 南方과 火에 속하고 火는 土를 生할 수 있다. 戌에서 왕성해지는데 戌은 西方과 金에 속하고 土는 金을 생할 수 있기 때문에 왕성해진다. 會意字로 戊가 一을 품고 있는 것이다. 一은 陽이 되어 生을 主하고 土生金의 뜻을 나타낸다.

[段玉裁] · 戌 威也 九月 陽氣微 萬物畢成 陽下入地也 : 威을 大徐(徐鉉)는 滅이라 했는데 아니다. 火部에서 "威은 滅也라" 했고『毛詩傳』에 근거해보면 "火死於戌"이라 하였다. 陽氣는 戌에 이르러 끝나기 때문에 威은 火와 戌이 결합된 것이니 이것은 威로 戌의 뜻을 해석한 것이다.

「율서」에서 "戌은 만물을 다 滅하게 한다." 하였고『회남자·천문훈』에서 "戌은 滅也라" 하였으며 「율력지」에서 "戌에서 다 들어간다." 하였고『석명』에서 "戌은 불쌍히 여김이니 만물이 수렴을 당해 불쌍히 여긴 것이다."라고 하였다. 9월은 剝卦로 五陰이 方盛하고 一陽이 장차 다 끝나 양이 내려가 땅속으로 들어가기 때문에 그 글자가 土속에 一을 간직하고 있는 것이다(威을 大徐作滅하니 非라 火部曰威은 滅也라하고 本毛詩傳컨대 火死於戌이라하니라 陽氣至戌而盡 故로 威从火戌이니 此以威釋戌之旨 也라 律書曰 戌者는 萬物盡滅이라하고 淮南 天文訓에 戌者는 滅也라하고 律曆志에 畢入於戌이라하고 釋名에 戌은 恤也니 物當收斂하야 矜恤之也라하니라 九月은 於卦 爲剝이니 五陰方盛하고 一陽將盡하야 陽下入地故로 其字가 从土中含一이라).

· 五行 土生於戌 盛於戌 : 戌와 午는 合德한다. 「천문훈」에서 "土는 午에서 생겨나 戌에서 壯하고 寅에서 죽는다."고 하였다(戌午合德이라 天文訓曰 土生於午하고 壯於戌하고 死於寅이라하니라).

· 从戌一 : 戌는 中宮이고 또한 土이다. 一은 一陽이니 戌土 속에 一을 간직한 것이니 회의자이다(戌者는 中宮이니 亦土也라 一者는 一陽也니 戌中含 一이니 會意也라).

[桂馥] ·『백호통』에서 다음과 같이 말하였다. 9월을 律에서 無射이라 하는 것은 어째서인가. 射은 마친다는 뜻이니 만물이 양기를 따라서 마치는 것이다.『한서·율력지』에서 "畢入於戌"이라 하고 또 다음과

같이 말하였다.

無射의 射은 싫어한다는 것이다. 陽氣가 물건에서 사라져 陰氣가 다 양기를 벗기고 떨어지게 했지만 다시 시작하여 그침을 싫어함이 없는 것이다(白虎通에 九月을 律謂之無射은 何오 射者는 終也니 言萬物이 隨陽而終이라 漢書律曆志에 畢入於戌이라하고 又云無射의 射은 厭也니 言陽氣究物而使陰으로 畢剝落之나 終而復始하야 無厭已也라).

『위대방의』에서 고당륭이 말하기를 "土는 처음 未에서 생겨 戌에서 盛하고 辰에서 끝난다."고 하였다(魏臺訪議에 高堂隆曰 土始生於未하야 盛於戌하고 終於辰이라하니라).

[王筠] · 五行生於戊 盛于戌 : 字形을 설명하는 내용이다. 『회남자·천문훈』에서 "土生於午하고 壯於戌하고 死於寅이라" 하고 『위대방의』에서 고당륭이 "土始生於未하고·盛於戌하고 終於辰이라" 하였는데 모두 허신의 설명과는 다르다(爲說字形張本也라 淮南 天文訓에 土生于午하고 壯於戌하고 死於寅이라하고 魏臺訪議에 高堂隆曰 土始生於未하고 盛於戌하고 終於辰이라하니 皆與許說異라).

[正易原義] · 戌은 土生金하여 금이 왕성하게 되어 茂盛했던 만물을 숙살시켜 없애버리는 것이다. 따라서 茂 자와 滅 자가 戌 자와 비슷하다. 古支의 명칭은 엄무니 만물이 모두 위로 나온 것을 잠기게 함을 말한다(戌은 土生金而金旺하야 肅殺茂盛之物而滅之也라 故로 從茂從滅이라 古支名은 閹茂니 言萬物이 皆淹冒也라).

12) 亥

亥(丂)는 荄也라 十月에 微陽起하야 接盛陰이라 从二하니 二는

古文上字也라 一人男 一人女也오 ㅆㄴ하니 象懷子咳咳之形也
라 春秋傳曰亥有二首六身이라하니라 亥爲豕니 與豕同이라 亥
而生子하면 復從一起라

[번역] 亥는 지지의 12번째 자리로 10월의 월건이다. 10월은 重地坤
☷괘로 6陰으로 구성되어 있다. 이때는 陰極陽生하여 微陽이 땅속
에서 일어나 盛陰과 서로 만난다.

陰속에 陽이 있으니 사람이 임신한 것과 같다. 亥는 荄가 되니 荄는
뿌리이고 뿌리는 아래에서 생겨나니 양기가 일어나는 것과 같다. 會
意字로 二가 있으니 二는 古文의 上字로 陰氣가 위에 있는 것을 표시
한다. 아래에 두사람이 있으니 오른쪽의 한사람은 남자이고 왼쪽의
한사람은 배를 두드리니 여자가 된다.

배를 치는 것은 ㄴ 자인데 배를 치는 것을 나타내며 태아가 속에서
몸을 구부린 모습을 나타낸다.『좌전』양공 30년條에서 "亥에는 二
首六身이 있다"고 하였다. 이것은 그 글자가 숫자 二는 머리가 되고
3개의 숫자 六이 글자의 몸을 組成하니 만약 글자 머리의 二와 글자
몸의 3개 六字를 가로로 배열하면 二六六六이 一組가 된 숫자를 組
成한다. 그 당시 晉나라에서 쓰던 亥 자는 구불구불하여 대부분 丁
形이 되고 丁는 산가지에서 六을 표시하기 때문이었다. 12가지 동물
중에서 亥는 돼지이고 字形도 豕와 비슷하다. 12地支는 여기에 이르
러 一周期가 되니 亥의 모습은 임신한 형태이고 亥 다음이 子가 되기
때문이다. 이는 숫자가 10에 이르면 또 1에서 시작하여 순환이 끝이
없는 것과 같다. 이 책의 部首 순서는 一에서 시작하여 亥에서 끝나
는 것이 곧 이 뜻이다.

[段玉裁] · 亥 荄也 十月 微陽起 接盛陰 : 「율력지」에서 "亥에서 다 닫는다." 하였고 「천문훈」에서 "亥는 닫는다는 뜻이다"라 하였으며 『석명』에서 "亥는 核實(일의 실상을 조사함. 또는 씨)이니 모든 물건을 거두어 갈무리하여 그 좋고 나쁘고 참되고 거짓된 것을 살펴서 취하는 것이다(또는 씨앗 속에서 취하는 것이다)."라고 하였다. 허신이 荄라고 한 것은 荄는 뿌리이니 陽氣가 아래에 뿌리를 두고 있는 것이다. 10월은 坤卦가 되고 微陽이 땅속에서 일어나 盛陰을 接하니 곧 壬字의 아래 설명에서 "음이 극성하여 양이 생기기 때문에 『주역』에서 '용이 들에서 싸운다' 하였으니 싸운다는 것이 음양이 만나는 것이다"라고 한 것이다(律曆志曰該閣於亥라하고 天文訓曰亥者는 閣也라하고 釋名曰亥는 核也니 收藏萬物하야 核取其好惡眞僞也라하니라 許云荄也者는 荄는 根也니 陽氣가 根於下也라 十月은 於卦爲坤이니 微陽이 從地中起하야 接盛陰이니 卽壬下所云陰極陽生故로 易曰龍戰於野니 戰者는 接也라).

· 从二 二古文上字也 : 陰이 위에 있는 것을 이른다(謂陰在上也라).

· 一人男 一人女也 : 그 아래에 두 사람이 있으니 한 사람은 남자이고 한 사람은 여자라는 것은 乾道는 成男하고 坤道는 成女한다는 것을 형상한 것이다(其下从二人하니 一人男一人女는 像乾道成男하고 坤道成女라).

· 春秋傳曰亥有二首六身 : 『좌전』 양공 30년에 있는 문장이다. 공영달의 『左傳正義』에서 "2획은 머리가 되고 6획은 몸이 된다."라고 하였다. 살펴보건대 지금의 篆法에 몸에 단지 5획만 있으니 주나라 때 머리가 2획, 아래가 6획으로 되어 있었으니 지금의 篆法과는 같지 않다(左傳 襄三十年文이라 孔氏 左傳正義曰二畫爲首오 六畫爲身이라하니라 按今篆法컨대 身祇有五畫이니 蓋周時에 首二畫이오 下作六畫이니 與今篆法으로 不同也라).

[桂馥] · 『진서·악지』에서 "10월은 亥니 亥는 탄핵한다는 劾이니 음기

가 만물을 쳐서 죽임을 말한다."라고 하였다(晉書 樂志에 十月은 亥니 亥는 劾也니 言陰氣가 劾殺萬物이라).

· 亥 荄也 : 서개가 말하기를 "만물의 뿌리가 모두 움직이는 것을 말하는 것이다"라고 하였다. 范子가 말하였다. 陽은 生하는 것을 주장하니 만물이 여름의 3개월의 때에 大熱하지 않으면 만물이 성숙할 수 없고 음기는 죽이는 것을 주장하니 겨울 3개월의 때에 땅속에 갈무리되지 않으면 뿌리가 완성되지 않아 즉 봄에 싹이 트지 않는다(徐鍇曰言萬物之荄가 皆動也라 范子曰陽者는 主生하니 萬物이 方夏三月之時에 大熱不至하면 則萬物이 不能成하고 陰氣는 主殺하니 方冬三月之時에 地不內藏하면 則根荄不成하야 卽春無生이라).

· 十月 微陽起 接盛陰 : 서개가 말하기를 "10월은 坤卦의 上六爻니 陰極하여 陽이 장차 生하려고 하는 것이다."라고 하였다(徐鍇曰十月은 坤之上六이니 陰極陽將生也라).

『백호통』에서 말하였다. 10월의 律을 應鐘이라 하는 것은 어째서인가. 鍾은 움직이는 것이니 만물이 陽에 應하여 움직이던 것이 아래에 갈무리 되는 것이다(白虎通에 十月을 律謂之應鐘이라하니 何오 鐘은 動也니 言萬物이 應陽而動이라가 下藏也라).

『시위』에서 말하였다. 陽은 酉仲에서 생겨나고 陰은 戌仲에서 생기니 10월 중에는 음양이 함께 있는 것이다(詩緯曰陽生酉仲하고 陰生戌仲하니 是十月中에 兼有陰陽也라).

· 一人男 一人女也 从乚 象懷子咳咳之形 : 二人은 임신한 자식을 나타내니 왼쪽이 남자고 오른쪽이 여자이다(二人은 象所裹之子니 左爲男이오 右爲女也라).

[著者註] · 裹는 懷와 같은 자이다.

서개가 말하였다. 10월의 때에 양기가 싹이 트니 盛陰이 陽을 감응하여 만물을 모두 안에서 머금고 기르니 사람이 아이를 밴 것을 상징한다(徐鍇曰十月之時에 陽氣萌兆하니 盛陰感陽하야 萬物을 皆含育於內하니 象人之懷妊腜兆라).

· 春秋傳曰亥有二首六身 : 字書를 살펴보건대 옛날의 亥字는 글자체가 달라 그렇지 않았다. 대개 춘추시대의 亥字에는 二六의 字體를 가졌으니 古制와는 다른 것이었다. 『설문』은 小篆으로 되어 있으니 또 이것과도 다르다. 내가 살피건대 孔氏가 "별도로 二首六身의 亥字가 있었다"고 하였으니 本書의 小篆을 말하는 것이 아니다(案字書컨대 古之亥字는 體殊不然이라 蓋春秋之時에 亥字는 有二六之體하니 異於古制라 其說文은 是小篆之書니 又異於此라 馥案컨대 孔氏謂別有二首六身之亥라하니 非謂本書小篆이라).

[王筠] · 从乚 象懷子咳咳之形 : 乚은 두 사람의 왼쪽에 있으니 회임한 모습이다(乚在二人之左하니 裹之之狀也라).

咳咳는 거듭 말했으니 자궁 속에서 구부리고 있는 모습을 가리키는 것 같다(咳咳는 重言之하니 似指胞中拳曲之狀이라).

· 亥爲豕 與豕同意 : 亥가 豕가 되는 것은 巳가 蛇가 되는 것과 같은 것이다(亥爲豕는 與巳爲蛇로 同이라).

[正易原義] · 亥는 10월의 월건으로 先天의 純陰의 달이다. 老陰이 交하여 變하고 變의 시작은 陽水가 생겨나는 것이기 때문에 坤의 上六爻에서 "其血玄黃"이라 하였으니 黃은 土의 正色이니 坤土를 이르는 것이고 玄은 水의 正色이니 亥水를 이르는 것이다. 그리하여 글자가 玄과 水의 결합으로 이루어졌다. 또 水가 처음 생겨나는 것이니 얼어서 흐르지 못하는 것이다. 冬이라는 글자는 대개 여기서 취한 것이다. 古支의 명칭은 대연헌이니 크게 만물을 하늘에 드리는 것이니 陽

氣가 아래에 깊이 간직되어 있는 것이다(亥는 十月之建으로 先天純陰之月

이라 老陰交而變하고 變之始則陽水生故로 坤之上六曰其血玄黃이라하니 黃은 土之

正色이니 坤土之謂也오 玄은 水之正色이니 亥水之謂也라 故從玄從水라 且水之始生

이니 凍而未流니 冬之爲字는 盖取諸此라 古支名은 大淵獻이니 言大獻萬物於天이니

陽氣가 深藏於下也라).

3. 考察

10干과 12支는 天地의 變化를 파악하는 중요부호이다. 12支에 대하여 최초로 해설을 한 서적은 『史記·律書』이고 다음은 『漢書·律曆志』이다. 『설문해자』는 기원후 100년경 허신이 지은 최초의 字典으로 이 책은 글자 하나하나에 대해서 설명을 하고 있다. 『설문해자』의 맨 마지막에서 十二地支의 12글자에 대해서 설명을 하고 있는데 12地支를 이해하기 위해서 반드시 알고 있어야 할 내용들이다. 저자는 12地支의 내용을 정확하게 이해하기 위하여 『설문해자』에 있는 12地支의 원문의 내용을 살펴보았고 또 說文四大家의 주석을 통하여 원문에 대한 주석도 살펴보았다. 그리고 十淸 李斯文이 지은 『正易原義』에서 설명한 12地支의 내용도 살펴보았다. 앞에서 살펴본 내용을 고찰하여 요약하면 다음과 같다.

說文解字에서 12地支를 설명하는 구조는 다음과 같다.

첫째, 12地支와 12개월을 배합하여 설명하고 있다. 12地支와 12月의 배합을 月建이라 하는데 북두칠성의 6번째·7번째 별이 초저녁에 가리키는 방위를 기준으로 삼는다. 이에 의거해보면 夏曆(寅月을 歲首로 삼는 것)으로 子월은 11월이 되고, 丑월은 12월이 되고, 寅月은 正月이 되고, 卯월은 2월이 되고, 辰월은 3월이 되고, 巳월은 4월이 되고, 午월은 5월이 되고, 未월은 6월이 되고, 申월은 7월이 되고, 酉월은 8월이 되고, 戌월은 9월이 되고, 亥월은 10월이 된다.

둘째, 12월과 배합된 12地支의 의미를 音이 비슷한 글자를 사용하거나 혹은 직접 그 뜻을 한 글자로 정의를 내리고 있다. 이것은 중국의 훈고학에서 일반적으로 사용하는 聲訓 혹은 義訓의 방식이다. 許愼은 子는 불어나고 자란다는 滋(王筠 보충)라 하였고, 丑은 묶는다는 紐, 寅은 물리친다는 髕, 卯는 힘차게 뚫고 올라온다는 冒, 辰은 움직인다는 震, 巳는 그친다는 已, 午는 거스른다는 啎, 未는 맛을 낸다는 味, 申은 알 수 없는 가운데 조화가 이루어진다는 神, 酉는 성숙된다는 就, 戌은 만물을 滅 한다는 威, 亥는 뿌리 속에 생명을 간직하고 있다는 荄라고 하였다.

셋째, 허신은 12地支와 12個月을 단순하게 배합하는데 그치지 않고 그 地支가 배합된 달에는 陽氣와 陰氣의 出入盛衰에 의해 그 地支에 符合하는 생명현상이 나타난다고 하였다. 즉 子月인 11월에는 陽氣가 動하여 萬物이 땅속에서 滋養되고, 丑月인 12월에는 萬物이 動하여 나오려고 하나 아직 날씨가 추워 묶여(紐)있는 상태이고, 寅月인 3월에는 陽氣가 動하여 땅속에서 위로 올라오려고 하나 陰氣에 의해 배척(髕)을 받고 있고, 卯월인 2월에는 萬物이 땅을 뚫고서(冒) 힘차게 올라오고, 辰월인 3월에는 陽氣가 動하고 천둥번개가 쳐서 만물이나 농민들이 動하여(震) 움직이는 때이고, 巳월인 4월에는 陽氣는 모두 나오고 陰氣는 속으로 들어가 만물이 모두 드러나 문채를 이루는 때이고, 午월인 5월에는 陰氣가 땅을 뚫고 올라와 陽氣와 만나는 때이고, 未월인 6월에는 초목이 성숙하여 열매를 맺어 과일이 고유의 맛을 내는 때이고, 申월인 7월에는 陰氣가 성장하여 身体를 수렴하는 때이고, 戌월인 9월에는 陽氣는 땅속으로 들어가고 陰氣가 만물을 盡滅하는 때이고, 亥월인 10월에는 盛陰의 시기이지만 微陽이 起하여 음속에 陽氣가 潛藏되어 생명을 잉태하는 시기라고 하였다.

넷째, 十干과 비교해보면 十干은 초목의 한살이를 통해 甲, 乙, 丙, 丁, 戊, 己, 庚, 辛, 壬, 癸의 마디마디의 과정을 설명하였지만, 十二支는 陽氣와 陰

氣의 出入盛衰를 특히 강조하였고 人事와 관련시켜 설명한 내용이 많은 것이 차이점이라 할 수 있다. 즉 丑에서 사람이 농사를 준비하는 때라 하였고, 辰에서 백성들이 부지런히 농사에 힘쓰는 때라 하였으며, 申에서 申時의 때에 아침에 命한 정사를 검토하는 때라 하였고, 酉에서 酉月에는 곡식을 추수하여 술을 담그는 때라 하였다. 이는 天生地成하므로 天道의 변화는 추상적이지만 地道의 변화는 땅위에서 구체적으로 이루어짐으로 人事와 직접 관련시킬 수 있기 때문이라고 사료된다.

이어서 12地支 하나하나에 대하여 앞에서 설명한 내용을 고찰하면 다음과 같다. 단『白虎通』과『漢書·律曆志』에서 12律呂를 설명한 내용은 일관성이 없고 견강부회한 듯하여 본 고찰에서 언급하지 않고자 한다. 그리고 李斯文은 古支(歲陰)를 해설하였는데 梁任公이 歲陽·歲名(歲陰)의 명칭은 "衍聲而非衍形也(소리를 적은 것이지 字形을 나타낸 것이 아니다.)"라고 한 말이 타당하다고 생각되어 역시 고찰에서 제외하였다.

子의 本義는 陽氣가 動하여 萬物의 뿌리가 滋養되는 것이고 이를 가차하여 어린애의 뜻으로 쓴다고 하였다. 桂馥이 廣雅의 내용을 인용하여 10干이 日神의 변화이고 12支가 月靈의 변화라고 한 것도 참고할 가치가 있다. 이는 天地의 대행자가 日月이 되기 때문이다. 王筠이 子 다음에 孳也 혹은 滋也를 추가해야 한다고 했는데 좋은 내용이다.

『정역원의』에서 子의 모습을 ☵괘로 보고 坎水 속에 陽이 빠져서 水에 의해 陽이 滋養된다고 본 것도 좋은 의견이라 생각된다.

丑은 만물은 아직 陰氣에 묶여있고 사람들도 농사를 준비하는 때라 하였다. 단옥재가 紐를 묶여있다는 뜻뿐만 아니라 묶인 것이 점차 풀어지는 때라 본 것도 참고할만하다.

『정역원의』에서 丑字를 十과 五의 결합으로 본 것은 丑은 본래 5土이고 그 목적이 10土를 만드는 것이기 때문에 十土의 象이 있고 또 丑은 方位五行이 5土이고 變化五行도 5土여서 합하면 10土가 됨으로 10土의 모습이 있다. 10土와 5土는 土克水하므로 子水의 一陽을 탈출시키는 적격자가 된다.

寅은 陽氣가 動하여 땅속을 떠나 위로 올라오나 陰氣에 막혀 저지당하는 모습이다. 단옥재가 髕을 濱으로 보고 髕寅을 濱濱으로 보아 水脉이 땅속에서 졸졸 흐르는 모습이라고 본 것도 역시 참고할만하다.

桂馥이 寅을 破字하여 人은 陽氣가 上銳하는 陽氣動의 모습이고 宀에 막히고 一에 막히고 다시 臼에 의해 저지당하여 아직 陰尙强하다고 본 것도 좋은 설명이다.

『正易原義』에서는 寅을 屯의 뜻으로 보아 풀이 힘들게 나오는 모습이라 하였다.

卯는 만물이 문을 열어 놓은 것처럼 땅을 뚫고 나와서 싹이 트는 때라고 하였다. 『說文解字』에서는 12지에서 東西에 있는 卯를 春門이라 하고 酉를 秋門이라 하여 日出과 日入을 상징하며, 萬物의 生死가 出入하며 각종 식물의 生長과 閉藏을 주관하는 중요한 門戶라고 하였다. 글자의 모습도 小篆에서는 卯는 夘로 써서 문이 열린 모습을 나타내고 酉의 古文은 丣로 써서 문이 닫힌 모습을 나타내고 있다.

『正易原義』에서는 卯라는 글자 모습이 초목의 뿌리는 땅속에 있지만 지상에서는 줄기가 나온 모습이라 하였다.

辰은 음력 3월에 陽氣가 더욱 動하여 천둥번개가 치고 만물의 싹이 튼 것이 위로 뻗어 자라고 백성들은 부지런히 농사에 힘쓰는 때라고 하였다. 백성들이 농사에 힘쓰는 때는 房星이 남쪽 하늘의 중앙에 나타나는 때인데 房星을 辰星이라고도 부른다 하여 둘의 관련성도 밝히고 있다. 허신은 辰字의 由來도 설명하고 있다. 辰의 小篆(辰)을 보면 二乙匕와 厂으로 구성되어 있다. 二는 古文의 上字인데 단옥재는 房星이 하늘에 있기 때문이라고 말했으나 3월에 陽氣가 위로 올라가기 때문에 초목이 위로 자란다고 보는 것이 더 자연스러운 해석일 듯하다. 乙은 처음 구불구불 싹이 텄던 것을 나타내고 匕는 化의 뜻으로 乙했던 것이 陽氣가 大盛함을 만나 변화되어 가지와 잎이 뻗고 자라는 모습이다. 匕象芒達은 처음 뾰족하고 날카롭게(芒) 나왔던 것이 뻗어 나가는 것(達)을 나타낸다.

厂은 聲符라 했다. 徐鉉은 厂의 音이 '환'으로 辰을 신 또는 진으로 읽는 것과 관련이 없어 聲符가 아니라고 하였다. 이에 대해 王筠은 厂은 厂으로 써야 되고 厂의 音이 '신'이므로 辰의 音이 '신'이라고 밝힌 것은 탁견이다.

『正易原義』에서 辰은 天과 艮이 합한 글자이고 艮의 뜻이 '동방', '그친다'는 뜻이 있으니 하늘에 있는 日月이 合하여 동방에 그쳐있는 뜻이라고 하는 것은 잘 이해가 안 된다.

巳는 4월에 양기는 모두 나오고 음기는 모두 들어가 만물이 모두 드러나서 문채를 나타내는 때라고 하였다. 허신은 巳와 亥에 대해서 巳는 뱀의 모습이고 亥는 돼지의 모습이라고 특별히 말하였다. 12지지는 배속되는 12가지 동물이 있는데 이 巳와 亥는 직접 그 동물을 형상한 것이라고 하였다. 桂馥은 이에 의거하여 나머지 地支도 관련된 동물을 추리할 수 있다고 했지만 쉽지 않은 듯하다.

『正易原義』에서 巳는 火氣가 炎上하는 모습이라고 하였다.

午는 음력 5월로 夏至가 들어 있는 달이다. 夏至에는 一陰이 始生하여 陽과 만나는 때이다. 그리하여 원문에서 陰氣가 땅을 뚫고 나와 陽과 교차하는 것이라 하였다. 徐鍇는 小篆 午(𠂹)에서 人은 陽의 모습이고 一은 땅이고 丨은 陰氣가 땅을 뚫고 나오는 모습이라 했는데 타당한 설명이다.

『正易原義』에서 午는 ••와 十의 결합이고 ••는 火를 나타낸다고 했다. ••

는 離卦의 主爻이고 中爻임으로 火를 나타낸다고 볼 수 있다. ▪▪와 十의 결합을 火生土로 본 것도 대단히 의미 있는 해석이라고 생각되는데 午는 10 未土를 만드는 자리이기 때문이다.

未는 6월이 되면 열매가 맛을 낸다고 하였다. 왕균은 6월 다음에 글자가 빠진 듯하다고 했는데 합리적인 생각이다. 허신은 未의 소전 米의 모습이 木과 비슷하여 五行에서 木은 未에서 늙는다고 하였고 또 소전 米의 모습은 나무에 가지와 잎이 중첩되어 있는 모습이라고 하여 未를 木과 연관 지어 설명하였다.

木의 三合五行은 亥卯未이고 이것이 12胞胎法에서는 生旺葬을 나타낸다. 12胞胎法은 만물의 一週期를 胞胎養生, 浴帶冠旺, 衰病死葬의 12단계로 나타내는데 木은 申에서 胞하고, 酉에서 胎하고, 戌에서 養하고, 亥에서 生하고, 子에서 浴하고, 丑에서 帶하고, 寅에서 冠하고, 卯에서 旺하고, 辰에서 衰하고, 巳에서 病하고, 午에서 死하고, 未에서 葬한다.

허신이 木이 未에서 老한다고 했는데 12胞胎法에서는 葬하는 자리로 실지로 木의 분출력이 끝이 나는 자리이다.

『正易原義』에서 未를 土와 木이 습해진 글자라고 하였는데 未는 8木의 기운은 끝이 나고 10土의 기운이 충만된 자리라고 해석할 수 있다.

申은 神이라 하였고 陰氣가 성장하여 모든 물체가 스스로 성장이 정지된다고 하였다. 또 글자의 모습이 두손으로 대상을 꽉 잡고 있어 움직이지 못하게 한다고 하였다. 그리고 申時에 관리들은 아침에 명했던 일들을 점검하고 검토한다고 하였다.

神에 대해 단옥재는 그 뜻을 알 수가 없다 하였고 申 또는 身으로 바꾸어야 한다고 하였다. 계복도 神을 申의 뜻으로 보았으나 왕균은 그대로 神으로 보았는데 성장이 정지되고 만물이 수렴되는 것은 천지자연의 조화로 神

明의 主宰 아래에서 이루어지는 듯하다고 보는 것이 더 좋을 듯하다.

일반적으로 7월에는 陰氣成하여 體自申束이라고 구두하나 계복은 陰氣成體自申束으로 구두하였다.

申束에 대해 단옥재는 申을 뻗는다는 뜻으로 보고 束을 묶는다는 뜻으로 보았으나 계복과 왕균이 申束을 묶는다는 뜻으로 본 것이 더욱 이치에 합당하다.

주준성이 臼를 잡는 모습으로 보고 丨을 몸으로 보아 申의 때가 되면 만물의 몸을 묶어 정지시킨다고 본 것도 申束을 묶는다는 뜻으로 본 것과 합치된다.

『正易原義』에서 申을 ☷괘에 중획을 가해 土生金의 뜻으로 본 것도 좋다. ☷은 土이고 申은 金인데 저자는 丨을 陽으로 보아 土氣가 陽을 중심에 수렴하면서 金을 생한다고 설명할 수 있기 때문이다.

酉는 8월로 만물이 성숙하고 곡식이 익어 술을 담글 수 있는 달이라고 하였다. 이에 대해 왕균은 酉는 술의 古字이고 就는 술과 관련시켜 해석하여 술을 마신다의 뜻으로 본 듯하다. 이렇게 보면 뒤의 八月黍成 可爲酎酒와는 자연스럽게 연결된다. 酉의 小篆은 酉이고 古文은 丣이다. 소전의 酉는 술을 담는 용기를 나타내기 때문에 酉와 관련된 글자는 모두 술을 나타낸다.

『정역원의』에서 酉는 서방의 地支이기 때문에 서방을 나타내는 西에 一획을 가한 것이라 하였다. 一획은 陽氣를 속에 갈무리 한 것으로 보면 좋을 듯하다.

戌은 만물을 滅하는 때이다. 단옥재는 威字에 火가 들어간 것은 火의 三合五行은 寅午戌로 火는 戌에서 死하므로 (12月胞胎法에서 火는 戌에서 葬한다) 戌과 火가 합하여 威字가 만들어졌다고 하였다. 戌은 一陽이 戊土 속에 간직된 모습이다. 9월에는 陽氣가 미약하여 땅속으로 들어가고 농작물은 이미 수확을 끝내고 음기가 왕성하여 초목을 죽이는 때이다.

본문의 "五行은 土生於戊하고 盛於戌이라" 한 것에 대해 단옥재는 『회남자·천문훈』의 土生於午에 근거하여 戊午合德이라고 해석하였다. 土生於戊는 戊字의 형태를 설명하기 위한 것이고 土生於午는 지지 속에서 土의 내원을 밝힌 것이다.

『정역원의』에서 戌은 土生金하여 金旺하게 되어 무성했던 만물을 숙살지기로 내려쳐 滅하는 때라 하였다. 이는 戌이 土의 자리이기 때문에 土生金이라고 해석한 것이나 논란의 여지가 있다고 보여 진다.

亥를 荄라고 한 것은 뿌리 속에 양기를 간직하고 있다는 뜻이다. 10월에는 음이 왕성한 때이나 微陽이 일어나 盛陰속에 들어가니 임신한 모습이 된다. 그래서 亥의 소전 𦥑에서 二는 위에서 陰氣가 왕성한 모습이고 아래 두 사람은 임신한 태아이고 ㄴ은 임신해서 배가 불룩한 모습이다.『춘추전』에서 亥字에는 二首六身이 있다고 했으나 지금의 亥字에서 二首는 확인되나 亥의 아래 획이 4획이라 古文과 지금의 글자가 다르다는 것을 알 수 있다.

『正易原義』에서 亥는 10월이고 10월은 坤이 배합되며 坤卦는 老陰이라서 變하여 陽水가 처음 생겨나는 때라고 하였다. 이것은 坤의 上六爻에서 其血玄黃이라 했는데 黃은 土이고 亥는 水이니 坤土에서 亥水가 생겨나는 것이라고 하였다.

이상의 내용을 다시 한번 요약해보면 다음과 같다.

10干이나 12支는 1년 속에서 만물의 순환과정을 이야기하고 있다. 10干은 草木의 한살이를 일관성 있게 설명하고 있으나 12支는 언뜻 보면 기후의 變動, 草木의 變化, 人事의 當爲 등을 설명하여 체계와 일관성이 없는 듯하다. 그러나 12支의 설명에서 관통하는 주제는 1년의 기후변화 속에서 陽

氣와 陰氣가 由微而盛하고 由盛而衰하는 陰陽의 消長的變化가 中心主題라고 볼 수 있다. 이를 기준으로 12地支를 다시 설명하면 다음과 같다.

子月(11월)은 地雷復(☷☳)괘로 盛陰속에서 一陽이 始生하여 생명이 땅속에 潛藏했다가 차차 滋生하는 기전이 있고,

丑月(12월)은 地澤臨(☷☱)괘로 二陽이 되어 陽氣가 陰紐를 풀고 땅에서 나올 준비를 하고,

寅月(1월)은 地天泰(☷☰)괘로 三陽이 되어 生氣가 활발하게 꿈틀거리고,

卯月(2월)은 雷天大壯(☳☰)괘로 陽氣가 方盛하여 각종 식물이 땅을 뚫고 나와 싹이 트고,

辰月(3월)은 澤天夬(☱☰)괘로 陽氣가 發泄하여 싹이 튼 것들이 힘차게 뻗어서 자라고,

巳月(4월)은 重天乾(☰☰)괘로 陽氣는 모두 放出되고 陰氣는 완전히 潛藏되어 만물이 다 나와 文彩를 드러내고,

午月(5월)은 天風姤(☰☴)괘로 盛陽속에서 一陰이 始生하여 陰陽이 交하나 만물은 長大하게 자라나고,

未月(6월)은 天山遯(☰☶)괘로 陽氣가 아직 旺盛하여 초목이 풍성하며 열매가 익어 맛이 나고,

申月(7월)은 地天泰(☷☰)괘로 陰氣가 만물을 해치며 수렴시키고,

酉月(8월)은 風地觀(☴☷)괘로 陰氣가 盛하고 陽氣가 衰하여 萬物은 縮縮하며 곡식은 익어 추수하는 때이고,

戌月(9월)은 山地剝(☶☷)괘로 一陽은 陰속에 潛藏되어 用事하지않고 5陰이 萬物을 盡滅하는 때이고,

亥月(10월)은 重地坤(☷☷)괘로 盛陰이 劾殺萬物하고 微陽이 內部에 潛藏하는 때이다.

4. 나오는 말

許愼은 12支를 12달과 배합시키고 12월에 배합된 12支의 의미에 대하여 한글자로 설명을 하였다. 子는 滋, 丑은 紐, 寅은 髕, 卯는 冒, 辰은 震, 巳는 已, 午는 啎, 未는 味, 申은 神, 酉는 就, 戌은 滅, 亥는 荄라 하였는데 12地支가 배합되는 달과 자연의 變化가 잘 일치하고 있다.

十干은 초목의 한살이 과정을 통하여 甲, 乙, 丙, 丁, 戊, 己, 庚, 辛, 壬, 癸의 과정을 설명하여 일관성이 있지만 12支는 天道의 變化에 따른 陽氣와 陰氣의 出入盛衰, 이에 따른 자연기후의 變動과 草木의 변화, 人事의 當爲 등을 설명하여 체계와 일관성이 不足한 듯하나, 1년의 변화 속에서 陽氣와 陰氣가 由微而盛하고 由盛而衰하는 陰陽의 消長的 變化가 중심 주제를 이루고 있다.

陰氣, 陽氣를 中心으로 12支를 설명해보면 子月(11월)에는 盛陰속에서 一陽이 始生하고, 丑月(12월)에는 陽氣가 陰紐를 뚫고 땅속에서 나올 준비를 하고, 寅月(1월)에는 三陽이 구비되어 生機가 활발하게 꿈틀거리고, 卯月(2월)에는 陽氣가 方盛하여 각종 식물이 땅을 뚫고 나와 싹이 트고, 辰月(3월)에는 陽氣가 發泄하여 싹이 튼 것들이 힘차게 자라고, 巳月(4월)에는 陽氣는 모두 放出되고 陰氣는 모두 潛藏되며, 午月(5월)에는 盛陽속에서 一陰이 始生하여 陰陽交하고, 未月(6월)에는 陽氣가 아직 왕성하여 열매가 익어 맛이 나고, 申月(7월)에는 陰氣가 만물을 해치고, 酉月(8월)에는 陰氣가 盛하고 陽氣가 衰하여 萬物은 縮縮하며 곡식은 익어 추수하고, 戌月(9월)에는 一陽은 潛

藏되어 用事하지않고 5陰이 萬物을 盡滅하며, 亥月(10월)에는 盛陰속에 微陽
이 潛藏하여 生을 기다리는 때이다.

許愼이 卯의 小篆 夘를 春門, 酉의 古文 丣를 秋門으로 보아 萬物의 生死
가 出入하는 門으로 보고 巳의 모습은 뱀을, 亥의 모습은 돼지를 형상한 것
이라는 것도 중요 내용이다.

子에서 왕균이 孳也 혹은 滋也를 보충해야 한다 하고, 丑에서 단옥재가
紐를 묶인 것을 푼다라고 볼 수 있다 하고, 寅에서 단옥재가 髕을 濱으로
보고, 辰에서 왕균이 厂(환)을 厂(신)으로 보고, 申에서 계복·왕균이 申束을
묶는다고 보고, 酉에서 왕균이 酉를 옛날의 酒字로 보고, 戌에서 단옥재가
威字를 火死於戌로 해석하고, 亥에서 왕균이 乚를 회임한 모습으로 본 것 등
은 모두 참고할 가치가 있는 좋은 주석들이다.

『正易原義』의 12支에 대한 해석은 기존의 설명에서 벗어나 12地支에 주
역의 괘상과 숫자를 배합하고 五行을 배합하여 해설한 것으로 創意的이고
獨特함으로 역시 참고할 가치가 대단히 크다고 사료된다.

/ 참고문헌 /

- 桂馥撰, 說文解字義證, 濟南, 齊魯書社, 2013.
- 段玉裁注, 說文解字注, 서울, 大星文化社, 1990.
- 王筠撰, 說文解字句讀, 北京, 中華書局, 1988.
- 李景直, 正易原義, 서울, 東文舘, 1913.
- 李恩江 賈玉民主篇, 文白對照說文解字譯述, 鄭州, 中原農民出版社, 2002.
- 任應秋, 運氣學說, 上海, 上海科技出版社, 1982.
- 全廣鎭 編譯, 중국문자훈고학사전, 서울, 東文選, 1993.
- 朱駿聲, 說文通訓定聲, 北京, 中華書局, 1998

제5장

十二地支의
陰陽 五行 六氣 臟腑의
配合 및 相沖 相合

1. 들어가는 말

2. 陰陽配合

3. 方位五行配合

4. 三陰三陽 六氣配合

5. 臟腑配合

6. 相沖

7. 六合

8. 三合

9. 나오는 말

1. 들어가는 말

干支는 天干 地支의 줄인 말로 古代에 하늘과 땅의 변화 질서를 통해 天文, 地理, 曆法, 物候, 醫學, 音律, 哲學 등의 이치를 탐구하는 부호였으며 또한 曆法에서 紀年, 紀月, 紀日, 紀時하는 도구였다. 『素問入式運氣論奧』에서 天干이 10개이고 地支가 12개인 것에 대해서 "甲之干은 乃天之五行을 一陰一陽으로 言之오(갑으로 시작하는 천간은 하늘의 오행을 음양으로 나누어 말한 것이요) 子之支는 以地方隅로 言之라(자로 시작하는 십이지는 땅의 사방의 음양과 四隅를 배합하여 말한 것이다)"라고 하였다.

이 말은 하늘에는 木火土金水의 五行이 있고 五行에 각각 一陰一陽이 있으므로 10개가 되어 十干으로 나타나며 땅은 四方과 四隅의 8方이 있고 四方에 다시 陰陽이 있어 8+4=12로 나타난다는 의미이다. 이에 대해 同書에서는 바로 이어서 "故로 子寅午申은 爲陽이오 卯巳酉亥는 爲陰이오 土居四維하야 王四季之末이라 土有四하니 辰戌은 爲陽이오 丑未는 爲陰故로 其數不同也니라(그러므로 자인오신은 양지가 되고 묘사유해는 음지가 되고 토는 사간방에 거하여 사시의 끝 달에 작용한다. 토는 넷이 있으니 진술은 양토가 되고 축미는 음토가 되기 때문에 그 수가 열둘로 천간의 열과는 다르다)"라고 하였다.

天地의 법도를 天圓地方으로 표현하는데 하늘은 둥글어 五行이 一陰一陽하면서 순환하여 10이 되고 땅은 네모나 東西南北의 四正方은 陰陽으로 구성되고 이를 매개하는 四隅의 四維가 土가 되어 12가 된다는 의미로도 해석할 수 있다.

天干은 土가 2개임으로 氣를 위주로 분열과 통일의 순환과 生작용은 할 수 있으나 成작용은 하지 못한다. 만물의 완성은 땅에서 이루어지고 이를 위해서는 반드시 4개의 土가 작용해야만 한다. 이에 대해 한동석은 "오운은 본중말 운동이 완전하지 못하므로 自化할 수가 없는 것이다. 자화작용은 반드시 土의 작용과 합하여서 이루어지는 것이다. 모든 五運의 경우에 있어서처럼 四元質이 모두 土化作用의 도움을 받지 못하는 경우에는 木火金水는 自化할 수가 없다. 다시 말하면 五運은 다만 甲己土의 變化作用에만 依存하는 것인즉 方位는 네 개 처인데 土는 두 개가 不足하여서 方位가 各各 自己의 土를 가지고 있지 못하므로 自化作用을 못하는 것이다. 그러나 六氣에는 土가 네 개 있으므로 自化할 수 있는 것이다. 그런즉 六氣는 五運처럼 對化도 하며 또 自化도 하는 것이므로 여기에 이르러서 完全한 變化가 일어나는 것이다."라고 하였다. 이는 四方位에 각각 土가 있어야만 本中末 운동이 완성되어 완전한 변화가 일어나고 물질을 生化할 수 있다는 의미인 것이다. 10천간과 함께 12개로 이루어진 12地支는 오운육기를 위시하여 동양의 학문을 연구하기 위해서는 깊이 있는 연구가 이루어져야 한다. 이에 논자는 12지지의 음양배합, 오행배합, 육기삼음삼양배합, 장부배합, 相沖, 六合, 三合 등에 대한 연구를 진행하였다. 특별히 12지지와 三陰三陽의 배합에 대하여 상세한 설명을 加하였는데 12지지는 땅의 변화질서를 나타내고 땅은 물질을 化生하는 곳이며 三陰三陽은 六氣의 標氣로서 事物化生의 개념을 나타내고 있기 때문이다. 그리고 相沖과 六合, 三合 등에 대해서는 地藏干의 이론을 援用하여 그렇게 되는 이유를 살펴보았다.

2. 陰陽配合

　子·丑·寅·卯·辰·巳·午·未·申·酉·戌·亥의 12지지는 그 순서가 子1·丑2·寅3·卯4·辰5·巳6·午7·未8·申9·酉10·戌11·亥12로 되어 있다. 그리고 12지지는 斗綱이 가르키는 방향에 의해 12달과 배합되는데 正月은 寅, 2월은 卯, 3월은 辰, 사월은 巳, 5월은 午, 6월은 未, 7월은 申, 8월은 酉, 9월은 戌, 10월은 亥, 11월은 子, 12월은 丑에 배합한다.

　12지지의 음양배합은 陽先陰後, 陽奇陰偶의 원리에 의해 1, 3, 5, 7, 9, 11번째에 위치하는 子·寅·辰·午·申·戌은 陽이 되어 陽支가 되고 2, 4, 6, 8, 10, 12번째에 위치하는 丑·卯·巳·未·酉·亥는 陰이 되어 陰支가 된다. 마찬가지로 1, 3, 5, 7, 9, 11월에 배합되는 地支(寅·辰·午·申·戌·子)는 陽支가 되고 2, 4, 6, 8, 10, 12월에 배합되는 地支(卯·巳·未·酉·亥·丑)는 陰支가 된다.

　12지지의 陰陽구분은 위의 내용뿐만 아니라 한 가지가 더 있다. 우리가 하도는 生成으로 分陰陽하여 1, 2, 3, 4, 5의 生數를 陽으로 삼고 6, 7, 8, 9, 10의 成數를 陰으로 삼으며 낙서는 倚偶로 分陰陽하여 1, 3, 5, 7, 9의 奇數를 陽으로 삼고 2, 4, 6, 8의 偶數를 陰으로 삼듯이 子·丑·寅·卯·辰·巳의 전반기 과정을 陽化로 보아 陽으로 삼고, 午·未·申·酉·戌·亥의 후반기 과정을 陰變으로 보아 陰으로 삼을 수 있다. 이는 甲·乙·丙·丁·戊를 陽으로 삼고 己·庚·辛·壬·癸를 陰으로 삼는 것과 동일한 내용이라 할 수 있다.

3. 方位五行配合

『類經圖翼·五行統論』에서 "十二支以應月하니 地之五行也라 子陽亥陰曰水
오 午陽巳陰曰火오 寅陽卯陰曰木이오 申陽酉陰曰金이오 辰戌陽丑未陰曰土
라" 하였다. 위의 내용은 오행에서 亥子는 水에 속하고 巳午는 火에 속하고
寅卯는 木에 속하고 申酉는 金에 속하고 辰戌丑未는 土에 속한다는 것이다.

천간과 지지의 배열순서는 모두 生物이 生長化收藏하는 의미를 가지고
있는데 이는 事物이 誕生, 發展, 壯大, 衰弱, 消滅, 更生의 완전한 과정을 설
명하고 있다. 이를 구체적으로 살펴보면 다음과 같다.

子는 孳生의 뜻이다. 一陽이 發動을 시작하는 것으로 초목의 종자가 흙속
의 水分을 흡수하여 孳生하는 것과 같다.

丑은 꾸불꾸불 싹이 튼다는 뜻이다. 陽氣가 점차 자라서 종자에서 이미
싹이 나서 땅을 뚫고 지상으로 나오려고 하는 것이다.

寅은 꿈틀거리며 움직이고 演申(커나가다)하는 뜻이다. 陽氣가 점차 왕성해
져서(三陽開泰) 에너지가 충족되어 싹이 지상으로 뻗어 나와 자라는 것이다.

卯는 무성하다는 뜻이다. 태양이 동방을 비춤에 生氣가 왕성해져서 초목
이 무성하게 자라기 시작하는 것이다.(卯는 만물이 무성하게 자라는 春門이 된다)

辰은 베풀어 배열되고 아름다움을 떨친다(陳列振美)는 뜻이다. 양기의 발
생이 이미 최적의 상태에 이르러 초목이 꽃피기 시작하여 아름다움을 드러
내는 것이다.

巳는 盛滿하고 完美하다는 뜻이다. 陽이 外部에서 가장 왕성하고 陰이 안

에서 잠복되어 있는 모습이다.

午는 서로 교차한다는 뜻이다. 양기가 극성할 때 음기가 땅을 뚫고 올라와 음양이 相交하는 때이다.

未는 맛을 낸다(滋味)는 뜻이다. 양기는 점차 물러가고 음기는 점차 올라와서 과실이 성숙하여 이미 맛이 있게 되는 것이다.

申은 身體의 뜻이고 수확의 뜻이다. 양기가 이미 물러가고 음기가 일어나 用事하여 이미 몸을 이룬 물건(成身之物)을 해치는 것(申賊)이다.

酉는 늙고 성숙하여 저장하고 보존한다는 뜻이다. 陰氣가 주도적으로 작용하여 만물이 이미 성숙하여 이를 수확하여 창고 속에 저장하는 것이다(酉는 만물이 들어가는 秋門이 된다)

戌은 滅 또는 畢의 뜻이다. 양기가 미약해지고 만물이 다 완성됨에 양기가 내려가 땅속으로 들어가 잠복하는 것이다.

亥는 劾殺의 뜻이다. 음기가 이미 극도에 이르러 만물이 다 죽고 양기가 아래에 잠복하여 나오려고 하는 것이다.

위의 내용으로 보더라도 싹이 땅 위로 나와(寅) 무성하게 자라는(卯) 寅卯는 木이 될 것이고, 陽이 외부에서 왕성하고(巳) 더욱 극성해져서 음기와 교차하는(午) 巳午는 火가 될 것이고, 가을걷이를 하고(申) 이를 저장하고 보존하는(酉) 申酉는 金이 될 것이고, 음기가 극성하여 만물을 다 죽이고(亥) 陰極陽生하여 一陽이 始生하는(子) 亥子는 水가 될 것이다.

또 12지지를 달과 배합할 때 亥子는 음력 10월, 11월에 배합하니 겨울에 속함으로 水가 되고 寅卯는 음력 1월, 2월에 배합하니 봄에 속함으로 木이 되고 巳午는 음력 4월, 5월에 배합하니 여름에 속함으로 火가 되고 申酉는 음력 7월 8월에 배합하니 가을에 속함으로 金이 된다.

또 계절과 배합시키면 1, 2, 3월에 배합되는 寅卯辰은 봄이 되고 4, 5, 6

월에 배합되는 巳午未는 여름이 되고 7, 8, 9월에 배합되는 申酉戌은 가을이 되고 10, 11, 12월에 배합되는 亥子丑은 겨울이 된다.

이 중 辰戌丑未는 四維에 자리잡아 하나의 계절을 끝내고 새로운 계절이 시작하는 것을 매개하고 조화시키는 土用의 역할을 한다. 특히 未土는 전반기의 生의 과정을 매듭짓고 후반기의 成의 과정을 시작하는 것을 매개함으로 土中之王이 되고 辰土가 木生火를 매개하고 戌土가 金生水를 매개하고 丑土가 水生木을 매개하여 相生을 매개하는 것과는 달리 여름의 火에서 가을의 金으로 火克金을 매개함으로 그의 역할이 중요하면서도 힘든 과정에 속한다. 土는 시간의 질서가 영원히 순환하도록 만드는 힘의 근원이 된다.

4. 三陰三陽 六氣配合

『素問』의 「天元紀大論」에 "子午之歲에 上見(현)少陰하고 丑未之歲에 上見太陰하고 寅申之歲에 上見少陽하고 卯酉之歲에 上見陽明하고 辰戌之歲에 上見太陽하고 巳亥之歲에 上見厥陰하니 少陰이 所謂標也오 厥陰이 所謂終也라 厥陰之上에 風氣主之하고 少陰之上에 熱氣主之하고 太陰之上에 濕氣主之하고 少陽之上에 相火主之하고 陽明之上에 燥氣主之하고 太陽之上에 寒氣主之라" 하였고 「五運行大論」에서는 "子午之上에 少陰主之하고 丑未之上에 太陰主之하고 寅申之上에 少陽主之하고 卯酉之上에 陽明主之하고 辰戌之上에 太陽主之하고 巳亥之上에 厥陰主之라" 하였다. 위의 내용은 子午年에는 少陰이 사천하고 少陰은 熱氣(君火)를 주장하며, 丑未年에는 太陰이 사천하고 太陰은 濕氣를 주장하며, 寅申年에는 少陽이 사천하고 少陽은 相火를 주장하며, 卯酉年에는 陽明이 사천하고 陽明은 燥氣를 주장하며, 辰戌年에는 太陽이 사천하고 太陽은 寒氣를 주장하며, 巳亥年에는 厥陰이 사천하고 厥陰은 風氣를 주장한다는 것이다. 이를 간략하게 子午少陰君火, 丑未太陰濕土, 寅申少陽相火, 卯酉陽明燥金, 辰戌太陽寒水, 巳亥厥陰風木이라 부른다. 오운은 甲己土, 乙庚金, 丙辛水, 丁壬木, 戊癸火와 같이 五行의 변화개념만 배속하였지만 육기에는 三陰三陽이라는 本中末과 始中終을 구비한 事物化生의 명칭을 부여한 것이다.

天干은 天幹이란 뜻으로 天氣가 운행하는 줄거리이고 地支는 地枝로 天氣가 땅에서 작용하여 완성된 것이다. 天干으로 오운을 파악하고 地支로 육기를 파악하는데 오운은 육기에 비해 一氣가 不足하여 완전한 음양을 이루지 못하고 있다.

다시 말해 하늘에서 작용하는 오운은 生작용만 하고 땅에서 작용하는 육기에 이르러야 완전한 成작용을 이루게 된다. 육기는 四方의 마디마다 土를 가지고 있기 때문에 사물을 化生하며 사물을 완성할 수가 있다. 따라서 육기에만 事物化生의 명칭인 三陰三陽의 개념을 부여할 수 있다.

『우주변화의 원리』에서 三陰三陽과 地支를 배합한 내용을 풀어서 설명하고 요약해서 살펴보면 다음과 같다.

厥陰은 巳亥와 배합되고 風木이 된다.

厥陰이란 말은 物이 生하려고 하지만 力不足하여서 生하지 못하는 것을 말한다. 厥字의 뜻에는 '짧다(短)', '부족하다'의 뜻이 있다. 그런즉 궐음이란 그 기운이 不足하여 아직 生하지 못하는 것이다. 厥字의 象을 살펴보면 从厂从屰从欠으로 이루어져 있다. 厂은 굴바위, 屰은 逆, 欠은 '결핍할 흠'의 뜻이 있으니 이것은 物이 나오려고(逆出) 하지만 굴바위 아래와 같은 응고가 심한 곳에 있어서 그 힘이 不及함으로 生할 수가 없는 것을 厥이라고 한다. 巳亥와 厥의 개념은 동일하다. 亥는 본래 6水였다. 6水가 속에서 木이 나오려고 하나 水中之木이 되어 그 氣가 不及하여서 나올 수 없는 것이 亥木이다. 亥木이 싹이 터서 자라서 巳에 이르면 木氣의 특징을 잃게 된다. 巳는 2火이기 때문에 木氣의 강력하게 솟구치는 기능을 상실한다. 厥陰을 巳亥라고 하는 것은 이 때문이며 風木이라 하는 것은 木氣에는 바람처럼 動하는 象이 있기 때문이다.

少陰은 子午와 配合되고 君火가 된다.

君火라는 것은 少陰 속에서 자라는 火이다. 君字는 从尹从口로 口는 氣가 출입하는 것을 말하고 尹은 사물을 마음대로 할 수 있는 상태를 말한다. 즉 君은 힘을 마음대로 구사할 수 있는 실력 있는 자리에 있는 자이다. 지지에서 보면 君火는 子位에서 午位에 이르는 사이의 火이다. 子는 水中之火이고 午는 本位之火이다. 子에서 午에 이르는 火는 실력이 충분하나 아직 맹위를 발하지 못하는 火이다. 이는 水中之火는 陰中之火로 아직 陰性이 많이 작용하는 火이기 때문이다. 이러한 象이 君火의 象이고 少陰의 象이니 巳亥의 厥陰을 계승하여 활동하는 모습을 표시한 것이다. 子火는 내면의 힘은 강하지만 火의 外形을 갖추지 못해 외면의 힘은 약하였고 午火는 火의 外形을 갖추어 외면의 힘이 강해지면서 내면의 힘이 점차 쇠약해지게 된다.

太陰은 丑未와 배합되고 濕土가 된다.

太字의 뜻은 지극히 작으면서도 지극히 큰 것을 말한다. 亥에서 厥陰이 시작되어 子에서 少陰만큼 자라고 丑에서 가장 큰 陰인 太陰이 되는데 만물이 현실적으로 陰을 生하는 기본점이 된다. 物의 太少라는 것은 陰인 形에서 규정되는 것이다. 太陰은 三陰의 말단이면서 事實上의 形인 寅卯辰의 기본이다. 三陰은 亥子丑을 本으로 삼고 寅卯辰을 中으로 삼고 巳午未를 末로 삼아 形을 만든다. 丑은 기본으로서의 말단임으로 形을 生하는 기본점이 되어 形이 가장 작은 곳이고 未는 形이 가장 크게 자라 성장이 정지된 곳이다.

濕土라고 한 것은 濕은 水火의 중간점이다. 응고하면 水의 형태를 나타내고 분열하면 火의 象을 나타낸다. 丑에서 생한 形이 未에 와서 消滅되고 다시 有가 생기는 象을 濕土라고 하는 것이다. 이것을 丑未라고 하는 바 太陰과 濕土라는 개념은 丑未의 보조 개념에 불과한 것이다.

少陽은 寅申에 배합되고 相火가 된다.

相火는 寅에서 시작하여 君火와 濕土를 거쳐 申에서 완성된다. 君火는 실력은 있지만 外勢는 약하였는데 상화에 이르게 되면 실력은 약화되었지만 외세는 가장 왕성한 火로 변한다. 천도는 三陰과정에서 陽을 전부 발산하였으므로 삼양과정에서 다시 종합하여야 한다. 申소양은 종합의 최초의 단계임으로 少字를 놓은 것이며 陽의 창조과정을 표준으로 少陽이라고 한 것이다. 相火라는 것은 君火를 도와주는 火란 뜻이다. 君火는 발산을 위주로 함으로 火를 종합하는 것이 君火를 보조하는 역할이 된다. 그런 즉 소양과 상화라는 개념은 寅申의 보조 개념이다. 寅申은 寅에서부터 申사이에서 이루어져서 少陽작용과 相火작용을 하기 위한 존재인 것이다.

陽明은 卯酉에 배합되고 燥金이 된다.

陽明은 日月이 합하여 明을 이루었다는 뜻도 있고 一陽인 少陽과 三陽인 太陽이 합하여 明을 이루었다는 뜻도 있다. 燥金이라고 한 것은 未에서 濕이 生하고 申에서 濕이 수렴되기 시작하고 酉에서 완전히 燥하게 되는 것을 말한다. 陽明은 물질면에서 보면 수렴하여서 燥하게 하는데 불과하지만 정신면에서 보면 사욕과 사악의 발동을 버리고 정신을 수렴하는 것이므로 여기서 明이 生하는 것이다. 그런 즉 양명이나 조금이라는 개념은 卯酉의 보조 개념에 불과한 것이다.

太陽은 辰戌과 배합되고 寒水가 된다.

태양이란 말은 본체면에서 보면 가장 작은 陽이지만 현상면에서 보면 가장 큰 陽이라는 의미이다. 辰戌은 水이나 동남방인 辰의 때에서 본즉 辰은 물이 최대분열을 일으켜 가장 큰 陽으로 보이는 것이다. 戌은 서북방에 있는 水이다. 이것은 辰의 큰 陽이 수축되어서 戌에 와서 陽이 가장 깊은 곳으로 수렴되어 머물고 있기 때문에 작게 보일 뿐이고 사실은 그 실력이 가장 큰 陽이다. 그러므로 太陽이라고 한 것이다. 寒水라고 하는 것은 水의 본성이 응고한다는 뜻이다. 水가 辰에 이르면 그 象이 비록 가장 큰 양으로 보이지만 그 본성은 寒水 즉 응고하는 水라는 것을 표현한 것이다.

12地支와 三陰三陽에 대하여 좀 더 부연설명하면 다음과 같다.

12지지의 6기운동은 사물화생의 과정을 설명한다. 天生地成함으로 6기의 운동은 땅에서 이루어진다. 12地支를 춘하추동의 四季節로 나누면 한 계절에 3개의 지지가 배합된다. 겨울은 亥子丑, 봄은 寅卯辰, 여름은 巳午未, 가을은 申酉戌이 배합된다. 각 계절은 3개의 지지가 있어 本中末과 始中終의 自化운동을 할 수 있다.

겨울의 亥子丑과정에 왜 궐음, 소음, 태음의 三陰을 붙이고 봄의 寅卯辰과 정에 왜 소양, 양명, 태양의 三陽을 붙였는가. 우주운동은 본질과 현상이 相反된 象을 나타내면서 음양일체 운동을 한다. 厥陰風木, 少陰君火, 太陰濕土의 본질적 운동은 木火土의 양운동이나 현상적으로는 궐음, 소음, 태음의 물질을 化生하는 운동을 한다. 少陽相火, 陽明燥金, 太陽寒水의 본질적 운동은 相火, 金 水의 음운동이나 현상적으로는 소양, 양명, 태양의 陽의 분산과 통일운동을 한다. 亥子丑은 6기운동에서 木火土의 양운동을 한다. 양운동은 이면에서 양이 분산작용을 한다는 것이다. 본질이 양운동이면 음양일체 운동의 원리에 의해 현상계는 陰운동을 함으로 三陰의 本이 되어 궐음, 소음, 태음의 삼음을 배합하여 物質化生의 준비과정이 됨을 표현했다. 巳午未도 6기운동에서 木火土의 운동을 함으로 三陰의 末이 되어 물질이 최대한으로 성장한 단계를 표시하였다.

寅卯辰은 봄을 맞이하여 내부의 양이 분열하면서 만물이 성장하는 때이다. 이면에서 분열하는 陽의 강도에 따라 각각 소양, 양명, 태양을 배합한 것이다. 申酉戌은 가을이 되어 외면의 성장은 정지되고 분열되었던 양이 수렴되고 통일되는 시기이다. 申의 상화과정에서 陽의 수렴이 시작됨으로 소양이라 하고, 酉의 조금과정에서 양이 더욱 수렴되어 양명이라 하고, 戌의 과정에서 양이 완전히 수렴 통일되어 태양이라 하는 것이다.

三陰은 陰인 물질을 창조하는 것을 기준하여 명명한 것이고 三陽은 陽인 정신의 분열(寅卯辰)과 통일(申酉戌)을 기준하여 명명한 것이다.

亥子丑은 三陰의 本이 되어 水中之木과 水中之火를 거쳐 땅속의 씨앗에서 싹이 트는 것을 기준하여 궐음, 소음, 태음이라 했고(음양일체운동을 함으로 이 때 陽의 발동으로 이러한 현상이 일어난다) 寅卯辰은 밖으로 싹이 터올라 자라는 三陰의 中(亥子丑을 本, 巳午未를 末로 본 것이다)이 되지만 三陽의 本(三陽은 寅卯辰이 本이 되고 巳午未가 中이 되고 申酉戌이 末이 된다)이 되어 3단계로 내부에서 양의 분열작용이 일어나고 巳午未는 三陰의 末이 되어 만물이 최대로 성장하고 申酉戌은 三陽의 末이 되어 분열되었던 양이 3단계를 거쳐 완전히 수렴 통일된다. 이것이 12지지와 배합된 6기의 三陰三陽운동인 것이다.

5. 臟腑配合

    12지지와 장부의 배합은 子와 膽, 丑과 肝, 寅과 肺, 卯와 大腸, 辰과 胃, 巳와 脾, 午와 心, 未와 小腸, 申과 膀胱, 酉와 腎, 戌과 心包, 亥와 三焦를 서로 배합한다. 이를 『針灸大成』에서는 외우기 쉽게 "肺寅大卯胃辰宮이오 脾巳心午小未中이라 申胱酉腎心包戌이오 亥焦子膽丑肝通이라" 하였다. 지지와 장부의 배합은 12時와 12경맥의 經氣流注와 관련되어 확립된 것이다. 平旦인 寅時에 營氣가 中焦에서 시작되어 위로 올라가 手太陰肺經에서 시작됨으로 寅과 肺를 배합한 것이다. 많은 사람들이 寅時의 肺를 이어 卯時에는 대장경을 운행하고 辰時에는 위경을 운행함으로 卯와 대장이 배합되고, 辰과 위가 배합된다고 하나 이는 잘못된 해석이다. 『靈樞·五十營』을 보면 28脈(12경맥의 좌우를 합하여 24맥, 임맥, 독맥, 교맥2개-남자는 양교맥, 여자는 음교맥으로 계산한다)의 길이가 16丈 2尺이고 이를 하루에 50回를 돌아 모두 810丈을 돈다고 하였다. 하루 24시간을 分으로 환산하면 1,440분이 되고 이를 50으로 나누면 영기가 16丈2尺의 28맥을 한바퀴 도는데 28분 48초가 걸린다. 寅時 卯時 등은 지금의 시간으로 120분이 됨으로 이 시간에 28맥을 거의 4바퀴 가까이 돌게 된다. 따라서 子와 膽을 배합하는 것은 子時에 담과 담경맥의 기능이 가장 왕성하고 丑時에 간과 간경맥의 기능이 가장 활성화 된다고 이해하는 것이 합리적이라고 사료된다.

6. 相沖

相沖은 동서남북처럼 맞은편에서 서로 충돌하는 경우를 말한다.

五行에서 木金과 水火가 相沖하는데 天干에서는 甲과 庚, 乙과 辛, 丙과 壬, 丁과 癸가 相沖한다. 地支에서는 子午相沖, 丑未相沖, 寅申相沖, 卯酉相沖, 辰戌相沖, 巳亥相沖한다. 이것은 위에서 설명한 子午少陰君火, 丑未太陰濕土, 寅申少陽相火, 卯酉陽明燥金, 辰戌太陽寒水, 巳亥厥陰風木과 배합되는 것은 같으나 術家에서 활용하는 이론이다.

『淮南子』에서는 이를 六合이라고 하였다.

"6합은 맹춘과 맹추가 합이 되고 중춘과 중추가 합이 되고 계춘과 계추가 합이 되며 맹하와 맹동이 합이 되고 중하와 중동이 합이 되고 계하와 계동이 합이 된다."고 하였다. 여기서의 합은 12개월의 대응관계로 반대쪽에 자리하여 서로 制約한다는 의미가 있다. 12개월의 대응관계를 살펴보면 첫째는 봄과 가을, 여름과 겨울의 음과 양의 대응관계가 있고 둘째는 奇數는 奇數와 대응하고 偶數는 偶數와 대응한다. 즉 맹춘인 1월(寅)은 맹추인 7월(申)과 대응하고, 중춘인 2월(卯)은 중추인 8월(酉)과 대응하고 계춘인 3월(辰)은 계추인 9월(戌)과 대응하며, 맹하인 4월(巳)은 맹동인 10월(亥)과 대응하고, 중하인 5월(午)은 중동인 11월(子)과 대응하고, 계하인 6월(未)은 계동인 12월(丑)과 대응한다. 여기에서는 대응함과 상합함을 중시하여 6합이라는 명칭을 사용하였다.

12지相沖은 6자리를 지나서 相沖관계가 성립하는데 6자리를 지나면 2개의 지지의 위치가 相對하게 되고 2개 지지의 오행이 相克하게 되며 소속된 음양도 같아서 相斥하게 되어 相對, 相克, 相斥하게 됨으로 相沖이 일어난다. 이를 구체적으로 살펴보면 다음과 같다.

子는 북쪽에 있고 水이며 陽支이고 午는 남방에 있고 火이며 陽支임으로 子午가 相沖한다.

丑은 북동쪽에 있고 土이며 陰支이고 未는 남서쪽에 있고 土이며 陰支라서 표면적으로는 相克하지 않는 듯하나 地藏干이 서로 相沖하고 있다. 이에 관해서는 후술한다.

寅은 동북쪽에 있고 木이며 陽支이고 申은 서남쪽에 있고 金이며 陽支임으로 寅申이 상충한다.

卯는 正東에 있고 木이며 陰支이고 酉는 正西에 있고 金이며 陰支임으로 卯酉가 상충한다.

辰은 동남쪽에 있고 土이며 陽支이고 戌은 서북쪽에 있고 土이며 陽支라서 표면적으로 상충하지 않는 듯하나 地藏干이 서로 상충하고 있다.

巳는 남동쪽에 있고 火이며 陰支이고 亥는 북서쪽에 있고 水이며 陰支임으로 巳亥가 상충한다.

지지의 상충을 더 깊이 있게 설명하기 위해서는 地藏干에 대한 이해가 필요한데 地藏干은 地支 속에 숨겨져 있는 天干을 말한다. 이를 도표로 그리면 다음과 같다.

지지		자 (子)	축 (丑)	인 (寅)	묘 (卯)	진 (辰)	사 (巳)	오 (午)	미 (未)	신 (申)	유 (酉)	술 (戌)	해 (亥)
지장간	餘氣	壬	癸	戊,己	甲	乙	戊	丙	丁	戊,己	庚	辛	戊
	中氣		辛	丙		癸	庚	己	乙	壬		丁	甲
	正氣	癸	己	甲	乙	戊	丙	丁	己	庚	辛	戊	壬

표 1. 지지 속에 숨어 있는 천간

지장간의 相沖을 통해 地支相沖을 살펴보면 다음과 같다.

子속에는 壬癸가 있고 午 속에는 丙己丁이 있어 丙壬相沖하고 丁癸相沖함으로 子午相沖한다.

丑속에는 癸辛己가 있고 未 속에는 丁乙己가 있어 乙辛相沖하고 丁癸相沖함으로 丑未相沖한다.

寅속에는 戊己丙甲이 있고 申 속에는 戊己壬庚이 있어 甲庚相沖하고 丙壬相沖함으로 寅申相沖한다.

卯속에는 甲乙가 있고 酉 속에는 庚辛이 있어 甲庚相沖하고 乙辛相沖함으로 卯酉相沖한다.

辰속에는 乙癸戊가 있고 戌 속에는 辛丁戊가 있어 乙辛相沖하고 丁癸相沖함으로 辰戌相沖한다.

巳속에는 戊庚丙이 있고 亥 속에는 戊甲壬이 있어 甲庚相沖하고 丙壬相沖함으로 巳亥相沖한다.

7. 六合

여기서의 六合은 『淮南子』의 六合과는 다른 개념이다. 여기서의 六合은 子丑合, 寅亥合, 卯戌合, 辰酉合, 巳申合, 午未合이다. 이에 대한 이유를 먼저 천문학적으로 살펴보면 다음과 같다.

『書經·堯典』에서 "曆象日月星辰하야 敬授人時하시다(해와 달과 星辰을 책력으로 관찰하고 觀象하는 기구로 관찰(曆象)하여 백성의 농사철(人時)을 공경히 주게 하셨다)" 라고 하였고 注에서 "辰은 以日月所會로 分周天之度하야 爲十二次也라(辰은 해와 달이 만나는 곳으로 周天의 度數를 나누어 12次를 만든 것이다)"라 하였다. 즉 태양이 지나는 황도대를 12자리로 나누어 恒星인 28宿와 12지지를 배합하여 명칭을 붙였는데 그 내용은 다음과 같다.

> "東方의 角·亢·氐 세 별을 壽星이라 하는데 방위로는 辰이 되고, 房·心·尾 세 별을 大火라 하는데 방위로는 卯가 되고, 箕를 析木이라 하는데 방위로는 寅이 되며, 北方의 斗·牛·女 세 별을 星紀라 하는데 방위로는 丑이 되고, 虛·危 두 별을 玄枵라 하는데 방위로는 子가 되고, 室·壁 두 별을 娵訾라 하는데 방위로는 亥가 되며, 西方의 奎·婁·胃 세 별을 降婁라 하는데 방위로는 戌이 되고, 昴·畢 두 별을 大梁이라 하는데 방위로는 酉가 되고, 觜·參 두 별을 實沈이라 하는데 방위로는 申이 되며, 南方의 井·鬼 두 별을 鶉首라 하는데 방위로는 未가 되고, 柳·星·張 세 별을 鶉火라 하는데 방위로는 午가 되고, 翼·軫 두 별을 鶉尾

라 하는데 방위로는 巳가 되는바, 별과 별 사이에는 완전히 한계가 그
어지지 않고 항상 앞부분과 뒷부분이 서로 맞물리게 된다"

子月인 11월에는 日月이 星紀 丑宮에서 만나고 丑月인 12월에는 日月이
玄枵 子宮에서 만나므로 子丑이 合한다.

寅月인 정월에는 日月이 娵訾 亥宮에서 만나고 亥月인 10월에는 日月이
析木 寅宮에서 만나므로 寅亥가 合한다.

卯月인 2월에는 日月이 降婁 戌宮에서 만나고 戌月인 9월에는 日月이 大
火 卯宮에서 만나므로 卯戌이 合한다.

辰月인 3월에는 日月이 大梁 酉宮에서 만나고 酉月인 8월에는 日月이 壽
星 辰宮에서 만나므로 辰酉가 合한다.

巳月인 4월에는 日月이 實沈 申宮에서 만나고 申月인 7월에는 日月이 鶉
尾 巳宮에서 만나므로 巳申이 合한다.

午月인 5월에는 日月이 鶉首 未宮에서 만나고 未月인 6월에는 日月이 鶉
火 午宮에서 만나므로 午未가 合한다.

이를 도표로 나타내면 다음과 같다.

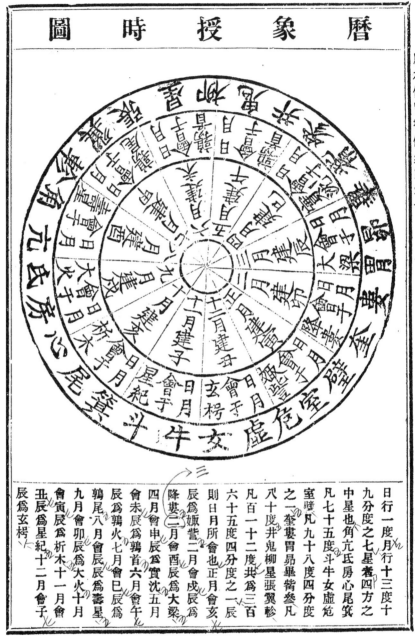

그림 1. 책력과 천상을 통해 농사철을 알려주는 그림

앞서 살펴보았듯이 子·寅·辰·午·申·戌은 陽支에 속하고 丑·卯·巳·未·酉·亥는 陰支에 속한다.

陰陽의 속성은 陽과 陽, 陰과 陰은 서로 배척하고 陽과 陰, 또는 陰과 陽은 서로 끌어당긴다. 위에서 설명한 六合은 모두 陰과 陽 또는 陽과 陰의 관계임으로 相合관계를 이루게 된다.

이 六合관계는 地藏干을 통해서도 설명할 수 있다.

子속에는 壬癸가 있고 丑속에는 癸辛己가 있는데 모두 癸水가 있어 相合한다.

寅속에는 戊己丙甲이 있고 亥속에는 戊甲壬이 있는데 모두 戊甲이 있어 相合한다.

巳속에는 戊庚丙이 있고 申속에는 戊己壬庚이 있는데 모두 戊庚이 있어 相合한다.

午속에는 丙己丁이 있고 未속에는 丁乙己가 있는데 모두 丁己가 있어 相合한다.

陽支속의 지장간이 陰支속의 지장간을 生하거나 혹은 陰支속의 지장간이 陽支속의 지장간을 生하는 경우도 相合과 연계시킬 수 있는데 卯戌合은 卯속의 乙木이 戌속의 丁火를 生하고, 辰酉合은 辰속의 戊土가 酉속의 庚金, 辛金을 生하고 庚金, 辛金이 辰속의 癸水를 生하기 때문이다.

8. 三合

    12支의 三合은 申子辰, 巳酉丑, 寅午戌, 亥卯未가 각각 三合을 이룬다. 三合을 이루는 첫 번째 이유는 이들 3개의 해에 六氣의 氣交가 同一하기 때문이다. 六氣에서 主氣는 初之氣가 厥陰風木, 二之氣가 少陰君火, 三之氣가 少陽相火, 四之氣가 太陰濕土, 五之氣가 陽明燥金, 終之氣가 太陽寒水이고 客氣는 地之左間이 初之氣이고, 天之右間이 二之氣이고 司天이 三之氣이고 天之左間이 四之氣이고 地之右間이 五之氣이고 在泉이 終之氣가 된다. 主氣는 木火土金水의 순서로 돌고 客氣는 厥陰 少陰 太陰 少陽 陽明 太陽의 순서로 순환한다. 이들 각각은 60일 87刻半을 지배하고 나면 다음의 氣로 옮겨간다.

    이에 대해 『素問·六微旨大論』에서는 다음과 같이 기술하고 있다.

> 甲子之歲에 初之氣는 天數 始於水下一刻하고 終於八十七刻半하며 二之氣는 始於八十七刻六分하고 終於七十五刻하며 三之氣는 始於七十六刻하고 終於六十二刻半하며 四之氣는 始於六十二刻六分하고 終於五十刻하며 五之氣는 始於五十一刻하고 終於三十七刻半하며 六之氣는 始於三十七刻六分하고 終於二十五刻하니 所謂初六 天之數也라

> 乙丑歲에 初之氣는 天數 始於二十六刻하고 終於一十二刻半하며 二之氣는 始於一十二刻六分하고 終於水下百刻하며 三之氣는 始於一刻하고 終

於八十七刻半하며 四之氣는 始於八十七刻六分하고 終於七十五刻하며
五之氣는 始於七十六刻하고 終於六十二刻半하며 六之氣는 始於六十二
刻六分하고 終於五十刻하니 所謂六二 天之數也라

丙寅歲에 初之氣는 天數 始於五十一刻하고 終於三十七刻半하며 二之氣
는 始於三十七刻六分하고 終於二十五刻하며 三之氣는 始於二十六刻하
고 終於一十二刻半하며 四之氣는 始於一十二刻六分하고 終於水下百刻
하며 五之氣는 始於一刻하고 終於八十七刻半하며 六之氣는 始於八十七
刻六分하고 終於七十五刻하니 所謂六三 天之數也라

丁卯歲에 初之氣는 天數 始於七十六刻하고 終於六十二刻半하며 二之
氣는 始於六十二刻六分하고 終於五十刻하며 三之氣는 始於五十一刻하
고 終於三十七刻半하며 四之氣는 始於三十七刻六分하고 終於二十五刻
하며 五之氣는 始於二十六刻하고 終於一十二刻半하며 六之氣는 始於
一十二刻六分하고 終於水下百刻하니 所謂六四 天之數也라 次戊辰歲에
初之氣는 復始於一刻하니 常如是無已하야 周而復始라

옛사람들은 하루를 12시간으로 나누고 또한 100각으로 계산하였다. 그
리고 1각을 다시 60분으로 나누었으므로 1시간은 8각 20분이 된다. 이를
다시 4각 10분씩 둘로 나누어 각각 前刻, 後刻 또는 初刻, 正刻이라 불렀다.
위의 내용을 도표로 그리면 다음과 같다. 원문에서는 終하는 시간과 始하
는 시간을 달리 표현하였으나 같은 시간이므로 도표에서는 始하는 시간만
을 표시한다.

	初六	六二	六三	六四
三合	申子辰年	巳酉丑年	寅午戌年	亥卯未年
初之氣始	대한일 1각 (오전 3시)	대한일 25각 (오전 9시)	대한일 50각 (오후 3시)	대한일 75각 (오후 9시)
二之氣始	춘분일 87각반 (밤 12시)	춘분일 12각반 (오전 6시)	춘분일 37각반 (낮 12시)	춘분일 62각반 (오후 6시)
三之氣始	소만일 75각 (오후 9시)	소만일 1각 (오전 3시)	소만일 25각 (오전 9시)	소만일 50각 (오후 3시)
四之氣始	대서일 62각반 (오후 6시)	대서일 87각반 (밤 12시)	대서일 12각반 (오전 6시)	대서일 37각반 (낮 12시)
五之氣始	추분일 50각 (오후 3시)	추분일 75각 (오후 9시)	추분일 1각 (오전 3시)	추분일 25각 (오전 9시)
終之氣始	소설일 37각반 (낮 12시)	소설일 62각반 (오후 6시)	소설일 87각반 (밤 12시)	소설일 12각반 (오전 6시)

표 2. 12지의 삼합도

위의 내용을 다시 한번 설명하면 다음과 같다.

甲子年의 六步의 氣交시간은 초지기가 대한일 寅時(오전 3시)에 시작되어 60일87각반씩 차례로 지배하면 終之氣는 소설일37각반(낮 12시)에서 시작하여 대한일25각(오전 9시)에 마치게 되어 태양이 1번의 공전을 마치게 된다.(日行一周)

乙丑年의 六步의 氣交시간은 초지기가 대한일25각(오전 9시)에 시작되어 60일87각반씩 차례로 지배하면 終之氣는 소설일62각반(오후 6시)에서 시작하여 대한일50각(오후 3시)에 마치게 되어 태양이 2번의 공전을 마치게 된

다.(日行二周)

丙寅年의 六步의 氣交시간은 초지기가 대한일50각(오후 3시)에 시작되어 60일87각반씩 차례로 지배하면 終之氣는 소설일87각반(밤 12시)에서 시작되어 대한일75각(오후 9시)에 마치게 되어 태양이 3번의 공전을 마치게 된다.(日行三周)

丁卯年의 六步의 氣交시간은 초지기가 대한일75각(오후 9시)에 시작되어 60일87각반씩 차례로 지배하면 終之氣는 소설일12각반(오전 6시)에 시작되어 대한일1각(오전 3시)에 마치게 되어 태양이 4번의 공전을 마치게 된다.(日行四周)

태양이 5번째의 공전을 시작하는 戊辰年에는 甲子年과 동일하게 氣交하고, 己巳年은 乙丑年과 동일하고, 庚午年은 丙寅年과 동일하고, 辛未年은 丁卯年고 동일하게 된다. 다시 壬申年은 甲子年과 동일하고 癸酉年과 乙丑年과 동일하고 甲戌年은 丙寅年과 동일하고 乙亥年은 丁卯年과 동일하게 된다.

이렇게 놓고 보면 申子辰年에 歲氣가 會同하고 巳酉丑年에 歲氣가 會同하고 寅午戌年에 歲氣가 會同하고 亥卯未年에 歲氣가 會同하게 되어 三合을 이룬다. 위에서 初六이란 六氣가 一周를 마쳤다는 뜻이고 六四는 六氣가 四周를 마쳤다는 뜻으로 4년이 지나게 된다. 四周를 마치면 初六과 동일하게 다시 시작함으로 甲子, 乙丑, 丙寅, 丁卯의 4년씩을 묶어 一紀라고 부른다.

三合의 五行에 대해 살펴보면 다음과 같다.

寅午戌의 三合은 火局을 이룬다. 寅은 木에 속하여 火를 生하고 寅속에는 또 지장간으로 天干의 丙火之氣가 있다. 午는 본래 火에 속하고 午속에도 天干의 丙丁火가 들어있다. 戌은 土에 속하지만 戌속에는 丁火之氣가 있기 때문에 三支는 相合하여 火가 된다.

巳酉丑의 三合은 金局을 이룬다. 巳속에는 지장간으로 庚金이 들어있고 丑속에 辛金이 있으며 酉는 본래 金에 속하고 酉속에는 또 庚辛의 金이 있어 三支는 相合하여 金이 된다.

亥卯未의 三合은 木局을 이룬다. 亥는 水에 속하여 木을 生하고 亥속에는 甲木이 들어있다. 卯는 본래 木에 속하고 卯속에는 또 甲乙木이 들어있다. 그리고 未속에는 乙木이 들어있기 때문에 이 셋이 相合하여 木이 된다.

申子辰의 三合은 水局을 이룬다. 申은 金에 속하여 水를 生하고 申속에는 또 壬水가 들어있다. 子는 본래 水에 속하고 子속에는 또 壬癸水가 들어있다. 辰속에도 癸水가 들어있기 때문에 申子辰이 相合하여 水가 된다.

9. 나오는 말

子·寅·辰·午·申·戌은 陽數번째 위치하여 陽支가 되고 丑·卯·巳·未·酉·亥는 陰數번째 위치하여 陰支가 되며 또 子·丑·寅·卯·辰·巳는 사물을 化生함으로 陽이 되고 午·未·申·酉·戌·亥는 사물을 變成함으로 陰이 된다.

寅은 초목이 싹이 터 땅위로 나오는 뜻이 있고 1월에 배합하며 卯는 초목이 무성하게 자라기 시작하는 뜻이 있고 2월에 배합되어 木이 된다.

巳는 양이 외부에서 가장 왕성한 때이고 4월에 배합하며 午는 양이 극성하고 이때 음기가 땅을 뚫고 올라오며 5월에 배합되어 火가 된다.

申은 사물을 수확하는 때이고 음기가 만물을 해치는 때이며 7월과 배합하고 酉는 사물을 저장하여 보존하는 때이고 8월에 배합됨으로 金이 된다.

亥는 만물이 刻殺되어 다 죽는 때이고 10월과 배합되며 子는 一陽이 動하여 초목이 孶生하기 시작하는 때이고 11월에 배합되어 水가 된다.

辰은 3월에 배합되어 봄과 여름을 매개하고 未는 6월에 배합되어 여름과 가을을 매개하고 戌은 9월에 배합되어 가을과 겨울을 매개하고 丑은 12월에 배합되어 겨울과 봄을 매개함으로 土가 된다.

亥는 水中之木으로 안에서 양기가 동하기 시작하여 물질의 化生이 시작되고 子는 水中之火로 양기가 더욱 분열하고 丑은 땅속에서 싹이 트는 때임으로 각각 궐음, 소음, 태음이 된다. 寅은 싹이 땅밖으로 나와 양기의 활동이 드러나고 卯는 무성하게 자라는 때이며 辰은 양기의 활동이 크게 떨치는 때가 됨으로 각각 소양, 양명, 태양이 된다.

巳午未는 본질적으로 작용하는 木火土가 최대 분열하고 이에 따라 초목이 가장 무성하게 자라는 때임으로 각각 궐음, 소음, 태음이 된다.

申酉戌은 분열되었던 陽氣를 상화에서부터 수렴하기 시작하여 酉金의 단계에서 더욱 수렴하며 戌자리에서 양기를 완전히 수렴하여 통일시킴으로 각각 소양, 양명, 태양이라 한다.

子와 膽, 丑과 肝, 寅과 肺, 卯와 大腸, 辰과 胃, 巳와 脾, 午와 心, 未와 小腸, 申과 膀胱, 酉와 腎, 戌과 心包, 亥와 三焦를 배합하는데 이는 그 시간에 그 장부와 경맥의 기능이 가장 왕성하고 활성화됨을 의미한다.

子午相沖, 丑未相沖, 寅申相沖, 卯酉相沖, 辰戌相沖, 巳亥相沖한다. 相沖하는 2개의 지지는 반대쪽에 있어 相對하고 相克의 관계가 있고 음음 양양으로 相斥함으로 相沖이 일어나며 地藏干속에서도 甲庚相沖, 乙辛相沖, 丙壬相沖, 丁癸相沖의 관계가 성립한다.

六合은 子丑合, 寅亥合, 卯戌合, 辰酉合, 巳申合, 午未合이다. 천문학적으로 子월에는 日月이 星紀 丑宮에서 合하고 丑월에는 玄枵 子宮에서 합하며, 寅월에는 日月이 娵訾 亥宮에서 合하고 亥월에는 析木 寅宮에서 합하며, 卯월에는 日月이 降婁 戌宮에서 合하고 戌월에는 大火 卯宮에서 합하며, 辰월에는 日月이 大梁 酉宮에서 合하고 酉월에는 壽星 辰宮에서 합하며 巳월에는 日月이 實沈 申宮에서 合하고 申월에는 鶉尾 巳宮에서 합하며, 午월에는 日月이 鶉首 未宮에서 合하고 未월에는 鶉火 午宮에서 합하기 때문이다. 또 지장간을 살펴보더라도 합하는 지지 속에는 같은 天干이 들어있거나 상생하는 관계가 성립한다.

三合은 申子辰, 巳酉丑, 寅午戌, 亥卯未가 각각 三合을 이룬다. 이는 이 세 해에 主氣와 客氣의 交司日時가 동일하기 때문이다. 또 寅午戌은 火局을 이루고 巳酉丑은 金局을 이루고 亥卯未는 木局을 이루고 申子辰은 水局을 이루는데 지장간의 五行을 살펴보면 이들이 각각 동일한 오행의 특징을 가지고 있다는 것을 알 수가 있다.

/ 참고문헌 /

• 성백효 역주, 현토완역서경집주(上), 서울, 전통문화연구회, 1998.

• 염균천, 운기촬요, 태원, 산서과학기술출판사, 2015.

• 유안 원저 허광일 역주, 회남자전 역, 귀양, 귀주인민출판사, 1995.

• 유온서 원저, 장립평교주, 소문운기론오교주, 북경, 학원출판사, 2010.

• 이태호 편저, 침구대성, 서울, 행림출판사, 1977.

• 장개빈, 유경도익, 서울, 성보사, 1982.

• 한동석, 우주변화의 원리, 서울, 대원출판, 2001.

• 홍원식, 정교황제내경, 서울, 동양의학연구원, 1981.

제6장

數理를 통해 살펴본
十干과 十二支의 종합적 개념

1. 들어가는 말
2. 동양과 서양에서 바라본 수의 가치와 중요성
3. 天干과 數의 배합
6. 地支와 數의 배합
5. 干支의 合數 60
6. 나오는 말

1. 들어가는 말

  우주는 한순간도 쉬지 않고 변화하고 있다. 무엇이 우주를 역동적으로 변화하게 하는가. 이것을 동양의 철인들은 우주변화의 力源으로 무극, 태극, 황극의 三極을 이야기 하였고, 또한 순수음양인 律呂가 우주생명인 氣를 律動시키고 呂靜시킨다고도 이야기 하였다. 우주의 운동은 쏘아 놓은 화살처럼 미래를 향해 직선적으로 흐르는 것이 아니라 순환운동을 하고 있다. 우리는 시계를 통해서도 확인할 수 있는데 1초가 60회 순환하여 1분을 이루고, 1분이 60회 순환하여 1시간을 이루고 1시간이 24회 순환하여 하루를 이루고 있다. 또 하루가 순환하여 1달을 이루고 1달이 순환하여 1년을 이루고 1년이 순환하여 소강절이 처음으로 밝힌 元會運世의 대주기 순환을 이루고 있다. 그리고 순환의 과정은 陽운동의 분열과정과 陰운동의 통일과정을 반복하면서 질서정연하게 운동하고 있는데 이를 『주역』「계사전」에서는 '一陰一陽之謂道'라고 하였다. 이 말의 뜻은 우주는 한번 陰이 되고 한번 陽이 되는 陰陽의 순환 반복운동을 영원히 지속하고 있는데 이렇게 추진하는 근본적인 힘이 道이고 이것이 또한 태극이라고 설파하였다. 분열과 통일의 음양 운동을 더욱 구체적으로 살펴보면 木火의 陽운동과 金水의 陰운동으로 나누어지고, 이것이 차질없이 순환할 수 있도록 土가 매개하고 조화하여 순환 질서의 틀을 유지하고 있는데 이것이 오행의 운동이다. 이것을 주염계는 「태극도설」에서 "陽變陰合하야 而生水火木金土하고 五氣順布에 四時行焉이라(木火의 陽이 변화시키고 金水의 陰이 통일작용을 하여 水火木

金土의 오행이 생겨나고 木氣, 火氣, 土氣, 金氣, 水氣의 오행기운이 순조롭게 펼쳐짐에 춘하추동의 4계절이 운행하게 된다.)"고 하였다. 그리고 주염계는 '無極而太極'이라고 하여 현실세계가 이렇게 陰陽운동을 하게 되는 것은 우주의 본체인 太極의 원리가 主宰하기 때문이고 이 태극은 또한 우주의 본원인 無極에 뿌리를 두고 있다고 하였다. 따라서 우주의 운동을 고찰해보면, 본체에 뿌리를 두고 작용이 변화 발전하는 원리는 '무극 → 태극 → 음양 → 오행'이며, 작용이 본체로 귀납, 환원하는 원리는 '오행 → 음양 → 태극 → 무극'이다.

현실세계의 음양오행 운행을 우리는 사계절의 순환에서 살펴볼 수 있는데, 이 또한 단순한 木火土金水의 운동으로만 이해하기에는 너무도 복잡한 매커니즘이 작용하고 있다. 우주 변화의 근본주체는 坎離의 水火운동이고 이를 보조하는 중간과정이 木金의 작용이다. 그리하여 『소문·천원기대론』에서 "水火者는 陰陽之徵兆也오 金木者는 生成之終始也라"고 하였다. 위와 같이 단순히 木火土金水의 五氣가 순차적으로 운행하는 것은 하늘의 운행으로 이를 파악하기 위해서 甲, 乙, 丙, 丁, 戊, 己, 庚, 辛, 壬, 癸의 10개의 명칭을 설정하였는데 이것이 10天干이다. 그리고 水에서 木으로 전환할 때도 土가 매개하고 木에서 火로 바뀔 때도 土가 또한 매개하며 木火의 전반기 전과정을 金水의 후반기 과정으로 매개할 때는 가장 중요한 10土가 매개를 하여 火生土 土生金한다. 또 金에서 水의 과정으로 바뀔때도 土가 매개하여 木火金水의 사이사이마다 土가 매개하여 변화가 정상적으로 순환하도록 조절하는데, 이것은 땅에서의 변화로 이를 파악하기 위하여 子, 丑, 寅, 卯, 辰, 巳, 午, 未, 申, 酉, 戌, 亥의 12개의 명칭을 설정하였는데 이것이 12地支이다. 우리는 干支를 통해 비로소 음양오행의 단순한 변화원리를 넘어서, 우주가 자신의 목적을 실현하는 3대 과정인 토화작용, 소양상화작용, 금화교역의 원리를 파악할 수 있고 더 나아가 변화 속에 존재하는 우주본체인 무극, 태극, 황극의 모습도 읽어낼 수가 있다. 그러나 이러한 변화의 모습과 진리의 핵심을 더욱 심도있게 정확하게 파악하기 위해서는 10干과 12支에 숫자를 배합하여 함께 연구하여야 한다. 干支의 德性과 숫자의 정직성이 결합될 때 우주의 변화는 자신의 본 모습을 남김없이 드러내게 될 것이고 우리는 진리의 참모습을 더욱 입체적으로 파악하게 될 것이다. 본 논문에서는 먼저 동양과 서양에서 數의 가치를 얼마나 중시하였는가에 대해서 살펴보고 하도낙서의 기본수인 1, 2, 3, 4, 5, 6, 7, 8, 9, 10의 이치와 철학적 개념을 고찰하였다. 이어서 天干의 방위오행과 변화오행에 따른 숫자의 배합 그리고 이들의 對化作用과 自化作用의 종합적인 모습, 地支의 방위오행과 변화오행에 따른 숫자의 배합 그리고 이들의 對化作用과 自化作用의 종합적인 모습을 살펴보고자 한다.

2. 동양과 서양에서 바라본 수의 가치와 중요성

1) 동양에서 본 수의 가치와 중요성

한동석은 그의 저서 『우주변화의 원리』에서 "數라는 것은 일반적인 의미에서 보면 사물의 질량을 계산하며 측정하는 수단과 방법일 것이다. 그러나 이것을 철학적으로 고찰해보면 數는 사물의 機微이며 또한 有와 無의 변화하는 象이며 單과 多의 운동현상인 것이다."라고 정의하였다. 여기서 사물의 기미라는 것은 생명의 율동하는 모습인 象속에 內在하여 그의 본질을 나타내는 기미가 數의 本源이고 數의 창조점이라는 의미이고 有와 無의 陰陽의 分合과 單과 多의 五行의 변화가 모두 數의 본원인 기미에서 일어나는 조화라고 부연설명하고 있다.

張閎中(장굉중)의 '易之義가 본래 數에서 시작되었는가'라는 질문에 답하면서 程子는 易속에서의 理와 象과 數의 관계를 다음과 같이 설명하고 있다.

易義가 數에서 시작되었다고 하는 것은 잘못된 것이다. 이치가 있은 뒤에 象이 있고 象이 있은 뒤에 數가 있으니 易은 卦象을 통해 數를 아니 易의 의미를 터득하기만 하면 易象과 易數는 그 속에 있는 것이다. (謂義起於數則非也니 有理而後에 有象하고 有象而後에 有數니 易은 因象以知數니 得其義則象數는 在其中矣라)

이치는 형체가 없다. 따라서 卦象을 통해 이치를 알 수 있으니 이치는 괘사 효사에서 나타난다. 즉 괘사, 효사로 말미암아 卦象을 관찰하기 때문에 그 의미를 터득하기만 하면 象과 數는 그 속에 있다고 말한 것이다.

(理는 無形也라. 故로 因象以明理하나니 理見乎辭矣라. 則可由辭以觀象故로 曰得其義則象數는 在其中矣니라)

위의 내용은 象과 數가 理속에 포함되어 있음을 밝히고 있는 내용이다. 朱子는 이와 관련하여 다음과 같이 설명하고 있다.

성인이 易을 처음 지을 때에 하늘을 우러러보고 땅을 구부려 살펴 천지 사이에 가득 찬 것이 一陰一陽의 이치가 아닌 것이 없음에 알게 되었다. 이러한 이치가 있으면 이러한 象이 있고 이러한 象이 있으면 그 數가 곧 저절로 이 속에 있게 된다.

(聖人이 作易之初에 蓋是仰觀府察하야 見得盈乎天地之間이 無非一陰一陽之理라 有是理 則有是象이오 有是象 則其數가 便自在這裏라

이치가 있으면 氣가 있고 氣가 있으면 數가 있게 된다.

(有是理면 便有是氣오 有是氣면 便有是數라)

이상의 내용을 요약하면 理(氣) → 象 → 數의 관계가 성립함을 살펴 볼 수 있다. 반대로 우리는 진리를 파악하기 위해서는 먼저 숫자를 통해 象을 파악하고 象을 통해 진리에 접근해 갈 수 있는데 주역점을 칠 때 撰蓍(설시)를 통해 卦象을 정하고 卦를 통해 吉凶의 이치를 판단한다. 撰蓍의 과정은 50

개의 蓍草(시초)를 가지고 策數를 통해 卦象을 확정하게 됨으로 數 → 象 → 理의 관계도 성립하게 된다.

이처럼 數는 象에서 나오고 象을 파악할 수 있으므로 象數라고도 불리었고, 이치를 파악할 수 있으므로 理數라고도 불리었으며, 만물의 법칙을 담고 있으므로 法數라고도 불리었다. 程伊川은 易傳序에서 "지극히 은미한 것은 이치이고 지극히 드러난 것은 象이다(至微者는 理也오 至著者는 象也라)"라고 하였고 象은 이치를 밝히는 주체(明理者象)가 됨으로 이를 중시하였으나 象의 可否판단에는 주관이 개입되어 혼란이 일어날 수 있기 때문에 象의 판단에 객관성을 보증하기 위해서 數를 또한 중시하였다. 수의 정직성과 명확성 및 공정성은 객관성을 드러내는데 가장 적합하기 때문이다. 따라서 象數라는 개념 속에는 象은 數를 결정하는 주체가 되고(象以定數) 數는 象의 의미를 밝혀주며 또 그의 내용을 증명해주기도 한다.(數以證象)는 상호보완적인 의미가 있다.

남송시대의 蔡沈(1167~1230)은 『洪範皇極內篇』을 지어서 數가 天地萬物의 중심에 자리잡고 있다는 數根本論을 주장하였다.

그가 주장하는 數의 가치와 중요성에 대한 내용을 살펴보면 다음과 같다.

> 천지를 비롯되게 하는 것도 수이고, 인간과 만물을 생하게 하는 것도 수이고, 만물의 득실이 있게 하는 것 역시 수이다. 수의 體는 形에서 드러나고, 수의 用은 理에 있어서 오묘하다.
> (天地之所以肇者는 數也오 人物之所以生者는 數也오 萬物之所以失得者도 亦數也니 數之體는 著于形하고 數之用은 妙乎理라)

사물에는 그 법칙이 있는데, 數가 세상에 있는 사물의 법칙을 다한다. 또한 일에는 그 理가 있는데, 수가 세상에 있는 일의 理를 다한다. 수를 얻으면 그 속에 사물의 법칙과 일의 理가 존재하지 않음이 없다.

(物有其則하니 數者는 盡天下之物則也오 事有其理하니 數者는 盡天下之事理也라 得乎數면 則物之則과 事之理가 無不在焉이라)

어둡고 아득한 가운데 먼저 조짐이 있는 것은 數의 근원이다. 儀(양의)가 있고 象(사상)이 있어 하나가 갈라져 둘이 되는 것은 數의 나뉨이다. 일월성신이 위에서 드리우고, 산악과 내와 연못이 아래에서 자리 잡은 것은 數의 드러남이다. 사계절이 번갈아 운행하여 다함이 없고, 五氣가 순서대로 유통하며, 바람과 우레는 헤아릴 수 없고, 비와 이슬이 윤택하게 하고 만물이 形色을 갖추는 것은 數의 化함이다. 성인이 세상을 이어 천지를 다스려 人極을 세우고 사물을 저울질하여 고르게 베풀며 父子는 친함으로 하고, 군신은 의리로, 부부는 분별로, 長幼는 순서로, 친구는 믿음으로 하는 것은, 數의 가르침이다. 하늘을 나누어 아홉 분야를 만들고, 땅을 분별하여 구주를 만들며 …[중략]… 수의 법도이다.

(溟漠之間에 兆朕之先은 數之原也오 有儀有象하야 判一而兩은 數之分也오 日月星辰이 垂於上하고 山嶽川澤이 奠于下는 數之著也오 四時迭運而不窮하고 五氣以序而流通하며 風雷不測하고 雨露之澤과 萬物形色은 數之化也오 聖人繼世하야 經天緯地하야 立玆人極하고 稱物平施하며 父子以親하고 君臣以義하고 夫婦以別하고 長幼以序하고 朋友以信은 數之教也오 分天爲九野하고 別地爲九州하며 …[중략]… 數之度也라)

위의 내용을 요약해보면 천지의 창조, 인물의 생성, 만물의 변화가 모두 수의 원리를 근거로 하여 펼쳐지고 있으며 또한 만물의 법칙, 사물의 이치 속에도 數理가 內在해 있다는 것이다. 그리고 적막무침한 혼돈의 상태(무극 또는 태극)는 수의 근원이고 兩儀, 四象은 수가 나누어진 것이며 일월성신, 산악천택은 수가 드러난 것이고 사시의 운행, 오기의 順布, 風雷雨露의 현상, 만물의 형태와 색깔 등도 모두 수의 조화로 이루어진다는 것이다. 더 나아가 성인이 천지를 다스려 人極을 세우고 고르게 베풀며 五倫으로 다스리는 것도 수의 교화이고 하늘을 九野로 나누고 땅을 九州로 나눈 것 등도 모두 수의 法度로 이루어진 것이라 하여 理가 있는 곳에는 數가 있어 理와 數는 서로 분리될 수 없는 존재라 하였다.

2) 서양에서 본 수의 가치와 중요성

서양의 학자들도 동양사람 못지않게 數를 중요시하였다. 피타고라스는 "만물은 수로 구성되어 있고 우주만물의 본질은 수"라고 하였다. 또 수의 이치와 정신을 깨달아야 인간이 만물과 조화되어 의식을 정화할 수 있다고 하였고 "수학은 눈에 보이는 세계와 보이지 않는 세계 사이에 놓여진 다리 이다."라고 하였다. 그는 자연을 이해하고 다루기 위해서 뿐만 아니라 눈으로 보이는 물리적인 세계로부터 영구불변하게 존재하는 세계로 사람들의 마음을 돌리기 위해서도 수학을 이용했고 수를 통한 영혼의 정화를 주장하였다. 그는 특별히 1(Monad), 2(Dyad), 3(Triad), 4(Tetrad), 5(Pentad), 6(Hex-ad), 7(Heptad), 8(Octad), 9(Ennead), 10(Decad)까지의 수에 대하여 특별한 철학적 상징적 의미를 부여하고 이에 대하여 상세한 설명을 하였다.

피타고라스의 말을 빌리지 않더라도 수는 인간의 일상생활에 있어서 뗄

레야 뗄 수 없는 필수불가결의 요소이고 수학이 없었다면 인간은 현대문명을 이뤄내지 못했을 것이다. 수는 우리의 생활과 학문 그리고 문명의 전반에 깊숙이 관여하고 있다. 그리하여 데카르트는 "수학은 인간이 얻을 수 있는 그 어떤 도구보다도 더 강력한 知的도구"라 하였고 갈릴레이(1564~1642)는 "자연이라는 거대한 책은 수학의 언어로 저술되었고 그 알파벳은 삼각형, 원등 여타의 기하학적 數式으로서 그것들 없이는 우주의 단 한 단어도 인간에게 이해될 수 없다"라고 하여 자연을 수학이라는 언어로 저술된 책이라 하였다. 그리고 뉴욕대학교 명예교수 모라스 클라인은 『수학, 문명을 지배하다』에서 다음과 같이 역설하고 있다.

> "수학은 인간이 자연을 이해하고, 물리적 세계에서 일어난 혼란스런 사건들에 질서를 부여하고, 아름다움을 창조하고, 스스로 활동하고자 하는 건강한 두뇌의 자연적 성향을 만족시키고자 하는 인간의 노력으로부터 정확한 사고가 추출해낸 최고 순도의 증류수다. 수학 덕분에 존재하게 된 위대한 업적들로 다른 문명과 구분되는 바로 이 문명에 살고 있는 우리가 이러한 진술의 증인일 것이다."

3) 1에서 10까지 자연수의 특징

數자체가 진리를 상징하고 있다는 전통은 그 뿌리가 유구하다. 최치원이 漢譯하여 전하는 天符經은 81자 가운데 31자가 數로 되어 천지인의 탄생과 변화를 수로 설명하고 있고 천지만물의 생성과 변화를 나타내고 있는 河圖와 洛書는 모두 白圈과 黑圈의 數로 이루어져 있다.

劉歆은 하도를 보고서 八卦를 그렸고 낙서를 보고서 洪範九疇를 연역하

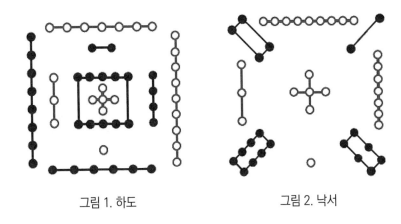

그림 1. 하도   그림 2. 낙서

였다고 하였으니 數는 모든 진리의 근원이 된다고도 말할 수 있다. 그리하
여 공자는 『주역』 「계사전」에서 1에서 10까지의 자연수의 중요성을 다음과
같이 강조하고 있다.

하늘 하나, 땅 둘, 하늘 셋, 땅 넷, 하늘 다섯, 땅 여섯, 하늘 일곱, 땅
여덟, 하늘 아홉, 땅 열이니, 하늘 수가 다섯이요 땅의 수가 다섯이니,
다섯 位가 서로 얻으며 각각 합함이 있으니, 천수는 25요 지수는 30
이라. 무릇 천지의 수가 55니, 이것으로써 변화를 이루며 귀신을 행하
느니라.

(天一 地二 天三 地四 天五 地六 天七 地八 天九 地十이니 天數 五오 地數 五
니 五位相得하며 而各有合하니 天數 二十有五오 地數 三十이라. 凡天地之數
가 五十有五니 此所以成變化하며 而行鬼神也라.)

여기에서 10干과 12支를 숫자로 살펴볼 때 이해를 돕기 위하여 1과 10까
지 數의 특징에 대해서 간략하게 살펴보면 다음과 같다.

1은 전체를 나타내며 모든 수를 창조하는 수이며 하늘을 상징하고 만물

이 태어나는 근원으로서 태극을 상징하여 1태극이라고 한다. 1은 기하학도형에서 점(·) 또는 원(○)을 상징하고 하늘을 상징하며 첫 출발을 나타낸다. 1이 전체를 나타낸다고 하는 것은 어떤 수에다가 1을 곱해도 그 수가 변하지 않는데 이는 모든 만물 속에 1이 內在해 있는 것을 나타낸다. 또 1은 분열되었던 생명이 통일된 것(unity) 하나됨(oneness)을 나타내고 2라는 수를 잉태하고 있다. 이것은 1태극이 음양운동을 할 수 있는 조건을 가지고 있는 것을 나타내는데 서양의 학자들도 "하나는 모나스monas 혹은 단일이며 남성이면서 여성이며 홀수이면서 짝수이다"라고 하였다. 사상에서는 太陽의 位數이고 오행에서는 水의 生數이다.

2는 1이 음양운동을 하는 음양수로 兩極性(polarity)을 가지고 있으므로 기하학의 도형에서 양끝을 가진 線分 또는 方(□)을 상징하고 땅을 상징한다. 방(□)이 4개의 선으로 이루어져 있지만 음은 2개를 하나로 씀으로(예를 들어 젓가락은 2개가 한 짝이 되고 신발도 2개가 한 켤레가 되고 음효(⚋)는 2개가 1개의 효를 이룬다.) 4÷2=2가 되어 방(□)의 수는 2가 된다. 동양에서 1과 2는 모든 수를 낳는 근원이 됨으로 天地父母數라고 하는데 마이클 슈나이더도 "옛 사람들은 모나드와 디아드를 수가 아니라 수들의 부모로 생각했다. 양자의 결합 즉 1과 2, 점과 선, 통일성과 차이라는 원리들의 융합은 그 다음에 잇따르는 모든 원형적 원리를 낳으며 그것들은 수로 나타나고 숫자로 상징화되고 자연 속의 모양들로 관찰된다. 여기서 디아드는 一者와 多者를 잇는 통로이다."라고 하여 동서양의 사고가 동일했음을 나타내고 있다. 2는 四象에서 少陰의 位數이고 오행에서는 火의 生數가 된다.

3의 유래는 2가지로 설명할 수 있다.

첫째 1이 伸長되어 형성되었다는 것이다. 다시 말해 1이라는 본체가 작용할 때 3으로 드러난다는 것이다. 이것을 원(○)으로 설명해보면 지름과 원주의 비율이 1:3(3.14이나 철학적으로는 3으로 계산한다)이라는 것에서 나타나며 양효(—)와 음효(‐‐)의 비율이 3:2라는 것에서도 나타난다.

　마이클 슈나이더는 3인 트리아드에 대해 "트리아드는 모든 수를 능가하는 특별한 아름다움과 공정함을 가지고 있는데 그 주된 이유는 트리아드는 모나드의 잠재성이 최초로 현실화된 것이기 때문이다"라고 하였다.

　둘째 天一과 地二가 합하여 人三이 되었다는 것이다. 이는 한자의 三을 一加於二(1에 2를 더한 것이다)라고 설명한 데서도 드러난다. 一水와 二火의 음양이 결합하여 三木에서 만물이 화생됨을 상징한다. 즉 3은 천지인 三才의 구성을 나타냄으로 만물구성의 기본수(원자가 양성자, 전자, 중성자로 구성된 것 등이다.)가 되고 기하학의 도형에서 각(△)을 상징하고 인간을 상징하며 시간적으로 生長成의 변화를 나타낸다. 피타고라스는 3은 균형과 구조의 원리를 나타낸다고 하였다. 사상에서는 少陽의 位數가 되고 오행에서는 木의 生數가 된다. 2와 3은 음양의 기본수가 되는데 2는 음의 기본수가 되고 3은 양의 기본수가 된다.

　4는 만물 구조의 기본을 나타내는 2가 2차 분화(2²)하여 생긴 수이므로 공간으로는 四方, 시간으로 춘하추동의 4계절을 나타내며 기본적인 구조와 변화의 틀이 완성됨을 나타낸다. 주역 64괘의 기본은 乾坤坎離인데 이것은 天地日月로 자연질서의 기본틀을 구성하며 오행에서 土를 뺀 四象이 구조와 변화의 기본틀을 형성하며, 사람을 4종류로 구분하는 四象醫學도 여기에 근거를 두며 인간의 몸체에는 四肢가 붙어 있고, 안면부는 耳目口鼻로 이루어지고 天道와 인간의 본성이 元亨利貞과 仁義禮智로 이루어지며 인체가 탄소(C), 수소(H), 산소(O), 질소(N)로 이루어지는 것도 같은 맥락이다. 피타고라스는 4는 같은 수를 더하거나 (2+2), 곱해서(2×2) 나타나는 최초의 수이고 똑같은 부분으로 나누어지는 수(4=2+2, 두 개의 2는 1+1, 1+1로 나누어지는 것)이므로 근원인 모나드(1)로 돌아갈 수 있는 수라고 하였는데 이는 오행에서 金生水함을 나타낸 말이라 하겠다. 사각형을 뜻하는 영어의 스퀘어 square는 공정, 평등, 정의라는 뜻을 담고 있는데 이는 가을의 정신인 義와 일맥상통한다.

4는 사상에서는 太陰의 位數가 되고 오행에서는 金의 생수가 된다. 생수라는 것은 그 물질을 탄생시키는 잠재적인 힘 또는 가능성만을 가진 것을 말한다. 3과 4는 음양의 최초작용수가 되며 縱三橫四(천지인과 춘하추동)로 주로 작용한다.

5는 양방위인 목의 생수 3, 화의 생수 2를 합한 수이며 또한 음방위인 금의 생수 4와 수의 생수 1을 합한 수로서 음과 양의 성질을 모두 가지고 있는 中性數이며 1, 2, 3, 4의 운행 속에서 저절로 自化된 數이다. 또 5는 하도와 낙서의 중심에 자리잡고 있는 수로, 하도에서는 생수를 성수로 전환시키는(5+1=6, 5+2=7, 5+3=8, 5+4=9, 5+5=10) 조화와 중매작용을 하는 수이며, 낙서에서는 八方位의 수를 주재하여 운행하고 변화시키는 皇極數(洪範의 5황극)가 된다.

피타고라스는 5가 음양의 기본수인 2와 3의 습이므로 남녀의 결혼, 조화, 화합을 나타낸다고 하였고 우주는 모나드(1)에서 시작되고 디아드(2)를 통하여 움직임을 얻고 펜타드(5)로부터 삶을 얻어 데카드(10)로 마무리된다고 하였다. 5는 오행의 수이며 土의 생수로 작용의 중심수(1에서 9사이의 中數)가 된다.

6은 천지의 부모수인 1과 2 그리고 이 사이에서 태어난 최초의 자식인 3을 모두 곱하거나(1×2×3), 합하여(1+2+3) 나온 수로서 완전한 구조를(예를 들어 벌집의 모양과 같은 것이다.) 이루고 있는 수이며 또한 天地人이 습一된 것을 상징하는 수이다. 이를 천부경에서는 大三合六이라고 하였다. 또 6은 주역에서 兼三才而兩之하여 나온다고 하여 대성괘가 6爻로 이루어진 것을 나타내며 하늘의 五運이 지구에서 六氣로 통일되는 과정을 나타내기도 한다. 6은 사상에서는 太陰의 작용수가 되고 오행에서는 水의 성수가 되어 물의 결정이 6각형 구조를 이루고 雪片이 6角으로 이루어진 것들이 이를 설명한다. 5와 6은 음양의 중심 작용수가 되어 천지에서는 5운6기 작용을 하고 인간에서는 5장6부 작용을 하게 된다.

7은 생명의 근원인 水의 생수 1과 성수 6의 합수이며 일월과 五星의 합수이며 또한 양의 최초 작용수 3과 음의 최초 작용수 4를 합한 수이다. 마이클 슈나이더는 보르메오 고리에 의해 형성되는 일곱 부분을 언급하고 있는데 이는 천지인을 합한 중심이 7이 되어 천지인을 主宰한다는 의미가 있다고 사료된다. 이것은 빛의 3원색을 합하였을 때 중심이 백색이 되는 것과 동일한 원리이다. 동양에서는 북두칠성이 하늘에 있는 모든 별들을 주재하고 또 인간의 생사화복을 주관한다고 하여 신성하게 여기고 있다.

7은 육면체의 중심이라는 의미도 가지고 있다. 이는 2차원인 4각형의 중심 5가 황극이 되어 사방을 주재하듯이 3차원적인 6면체의 중심은 7이 되고 역시 황극이 되어 입체적인 공간을 주재한다는 의미가 있다.

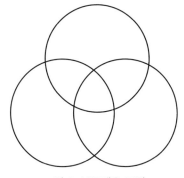

그림 3. 보르메오 고리

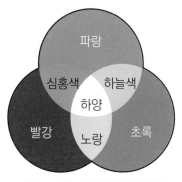

그림 4. 빛의 삼원색을 합한 모습

피타고라스는 7은 10까지의 어떤 다른 수를 이용하여도 만들어 낼 수 없는 수이고 어떤 다른 수에 의하여 나누어지지 않기 때문에 '처녀수'라고 불렀다. 하늘의 七星기운을 받아 인간에게는 七竅가 있고 달력에서 1주일이 7일로 되어 있으며 천부경에서는 大三合六하야 生七八九한다고 하였는데 6+1(하늘)=7이 되어 하늘의 완성수가 된다고 말할 수 있다. 7은 사상에서는 소양의 작용수가 되고 오행에서는 火의 成數가 된다.

8은 2³=8이 되어 陰의 완성수가 된다. 음은 사람에게서 육신이 되고 육신의 완성은 仙人이 됨으로 8은 신선의 수가 된다. 중국의 8仙은 이와 관련이 있다. 또 8은 낙서에서 中心을 제외하고 주위에 8수가 배치되어 있듯이 대우주가 8방위로 펼쳐져 있고 자연의 변화가 8風운동을 하며 복희팔괘도, 문왕팔괘도, 정역팔괘도가 모두 8로써 작용함을 표시하고 있다. 이는 구조와 작용이 모두 8에서 완성됨을 상징하고 있다. 피타고라스는 '8은 최초의 세제곱 수(2×2×2)로 안정되고 확고한 균형과 조화가 이루어진 수'라 하였고 10까지의 수 중에서 다른 어떤 수보다 나누어 떨어지는 수가 많은데(1, 2, 4로 나누어 떨어진다.) 이는 8의 뿌리가 1, 2, 4에 있다는 것을 알려준다고 하였다. 천부경의 원리에서 6+2(땅)=8이 되어 땅의 완성수라고 말할 수 있고 사상에서는 소음의 작용수가 되며 오행에서는 木의 成數가 된다.

9는 낙서수로서 최대의 분열을 상징하는 九宮數가 된다. 그래서 하늘을 九天, 땅을 九州로 나누었다. 10은 하도수로서 통일과 성숙을 상징함으로 10까지의 수에서 陽의 발전과 분열의 極數는 9가 된다. 1은 태양의 位數이고 9는 태양의 작용수가 되는데 蔡沈은 『洪範皇極內篇』에서 다음과 같이 기술하고 있다.

1은 9의 근원이고 9는 81의 뿌리이다.(一者는 九之祖也오 九者는 八十一之宗也라)

一은 수의 시작이고 9는 수의 끝이니 1은 변하지 않지만 9는 모두 변한다.(一者는 數之始也오 九者는 數之終也니 一者는 不變而九者는 盡變也라)

위의 내용은 태양의 位數이며 태극수인 1이 분열하여 9까지 이르고 있다는 내용이다. 한동석은 "九字의 뜻에는 丿이라는 양이 발전하려고 하지만 乙의 屈하는 성질 때문에 발전이 정지되고 있는 象이 있어 九 자의 뜻을 合也, 聚也라고 한다."라고 하였다. 즉 九에는 糾合의 뜻이 있다는 것이다. 피타고라스학파 사람들은 9를 '종착역' 또는 '완성에 이르는 곳'이라 불렀다. 9는 모나드의 한 형태이자 수 자체의 영역을 벗어나는 데카드에 이르기 전에 존재하는 마지막 단계이다. 세 개의 3으로 이루어진 9는 최상의 완전, 균형, 질서를 표현하며, 세 배로 신성하고 가장 거룩한 것으로 간주되었다.

천부경의 원리에서 6+3(인간)=9가 되어 인간의 완성수가 되어 사람에게 九竅가 있다. 9는 사상에서는 태양의 작용수가 되고 오행에서는 金의 成數가 된다.

10은 분열의 極數인 9를 지나서 이르는 수로 성숙과 통일을 준비하는 하도의 수가 된다. 10은 漢字로 十으로 표시하는데 이는 음(一)과 양(丨)이 等質等量으로 결합하여 작용을 정지하고 있으면서 1로 돌아가려고 하는(十의 중심교차점을 상징) 모습을 나타내고, 아라비아 숫자의 10은 1이 최대로 분열하여 정지(○)해 있는 상태를 나타내며 또한 9를 지나 10자리에서는 출발했던 본래 자리인 1로 돌아가려고 하면서 아직 수축작용을 시작하지 않고 정지(○)해 있는 상태를 상징하기도 한다. 10은 1+2+3+4=10의 합으로 이루어져 水火木金의 기운을 모두 가지고 있는 中性數가 됨으로 無極을 상징한다. 따라서 10은 다른 수와는 달리 가장 위대한 완전수가 되어 동서남북과 춘하추동을 주재하며 시간과 공간, 인간과 만물을 조화시키고 성숙케하는 수가 된다.

피타고라스는 10(decad)을 '그릇'이라는 뜻의 '데카다dechada'라고 불렀는데 이는 만물을 담고 있기 때문이며, 또 10을 '우주를 하나로 묶는, 혹은 자연의 법칙을 정리하는 신적인 작용들의 종합'이라고 했다. 또 피타고라스학파는 10을 우주, 하늘 심지어 유일자의 섭리라고 생각했는데 이러한 섭리들이 만물을 조정하기 때문이다.

10은 태양의 位數 1과 태양의 작용수 9, 소음의 位數 2와 소음의 작용수 8, 소양의 位數 3과 소양의 작용수 7, 태음의 位數 4와 태음의 작용수 6의 合數가 되고 土의 生數 5가 自化하여 생성된 土의 成數가 된다.

3. 天干과 數의 배합

1) 天干의 순서에 따른 숫자의 배합

　甲, 乙, 丙, 丁, 戊, 己, 庚, 辛, 壬, 癸를 순서에 따라 1, 2, 3, 4, 5, 6, 7, 8, 9, 10을 배합하는 것으로 표로 나타내면 다음과 같다.

天干	甲	乙	丙	丁	戊	己	庚	辛	壬	癸
順序	1	2	3	4	5	6	7	8	9	10

표 1. 천간순서

　甲은 1로 천간 전체의 시작이 되어 으뜸이 되고 또한 陽의 시작이 되며 乙은 2로 陰의 시작이 된다. 戊己는 중앙의 5, 6번째 위치하고 壬은 9로 陽干을 매듭짓는 천간이 되고 癸는 천간 전체를 매듭지으며 또한 陰干을 끝내는 자리가 된다. 1, 3, 5, 7, 9번째 위치하는 甲, 丙, 戊, 庚, 壬은 양수번째 위치하여 陽干이 되고 2, 4, 6, 8, 10번째 위치하는 乙, 丁, 己, 辛, 癸는 음수번째 위치하여 陰干이 된다.

2) 天干의 방위오행에 따른 숫자의 배합

　방위오행은 형제오행이라고도 부른다.

甲乙은 木이 되고 丙丁은 火가 되고 戊己는 土가 되고 庚辛은 金이 되고 壬癸는 水가 된다. 오행의 수는 1, 6水, 2, 7火, 3, 8木, 4, 9金, 5, 10土가 되며 陽干에는 陽數를 배합하고 陰干에는 陰數를 배합한다. 甲은 양목이므로 3이 배합되고 乙은 음목이므로 8이 배합된다. 丙은 양화이므로 7이 배합되고 丁은 음화이므로 2가 배합된다. 戊는 양토이므로 5가 배합되고 己는 음토이므로 10이 배합된다. 庚은 양금이므로 9가 배합되고 辛은 음금이므로 4가 배합된다. 壬은 양수이므로 1이 배합되고 癸는 음수이므로 6이 배합된다. 이를 도표로 나타내면 다음과 같다.

天干	甲	乙	丙	丁	戊	己	庚	辛	壬	癸
五行	양목	음목	양화	음화	양토	음토	양금	음금	양수	음수
배합수	3	8	7	2	5	10	9	4	1	6

표 2. 천간의 방위오행에 따른 숫자 배합

3) 천간의 변화오행에 따른 숫자의 배합

변화오행은 化氣五行, 부부오행이라고도 부른다.

甲己는 土가 되고 乙庚은 金이 되고 丙辛은 水가 되고 丁壬은 木이 되고 戊癸는 火가 된다. 각각의 오행은 하나의 양과 하나의 음이 배합되어 부부의 관계를 이룬다. 오행에 숫자를 배합할 때 역시 陽干에는 양수를 붙이고 陰干에는 음수를 붙인다. 甲土는 양토이므로 5를 배합하고 己土는 음토이므로 10을 배합한다. 乙金은 음금이므로 4를 배합하고 庚金은 양금이므로 9를 배합한다. 丙水는 양수이므로 1을 배합하고 辛水는 음수이므로 6을 배합한다. 丁木은 음목이므로 8을 배합하고 壬木은 양목이므로 3을 배합한다. 戊火는 양화이므로 7을 배합하고 癸火는 음화이므로 2를 배합한다. 이를 도표로 나타내면 다음과 같다.

천간	甲	乙	丙	丁	戊	己	庚	辛	壬	癸
변화오행	양토	음금	양수	음목	양화	음토	양금	음수	양목	음화
배합수	5	4	1	8	7	10	9	6	3	2

표 3. 천간의 변화오행에 따른 숫자배합

순환하는 天干에 그러한 숫자가 붙어야 하는 이유를 『우주변화의 원리』를 중심으로 부연 설명하면 다음과 같다.

甲5土는 양토로 土克水를 하여 坎水를 확장시키고 一陽을 둘러싸고 있는 외부의 堅質을 軟化시켜 一陽의 脫出을 도와 甲3木으로 용출시켜 戊까지 만물을 성장시키게 하는 주체가 된다. 따라서 전반기를 여는 주인공이므로 5土가 되어야 한다.

乙4金은 음금으로 金克木에 의해 木氣를 뻗어 올라가게 할 뿐만 아니라 木形을 창조하는 주체가 되는데 金火交易이 여기에서부터 준비를 하고 있다.

丙1水는 양수로 動하면서도 수렴을 한다. 丙火는 양화로 散布作用을 하는 곳이다. 양의 지나친 散失은 질서의 붕괴를 가져오므로 丙水는 신축성과 탄력성을 가지고 뻗어나가게 하는 작용이 있고 또한 陽을 보호하면서 陽을 분산시켜 火의 中道的작용인 升明作用을 하게 하는 적격자가 된다.

丁8木은 음목이 되어 양의 발산을 억제하는 작용을 한다. 丁2火는 丙火보다 진일보하여 火의 분열이 세분화되는 자리이다. 이때는 陽을 분산하면서도 양을 보호해야 하며 後天의 己土를 또한 준비해야 하므로 丁火를 一步 후퇴시켜 丁이 陰木으로 바뀌게 되면(이 작용은 壬의 대화작용으로 이루어진다.) 이 두 가지를 준비하는데 만전을 기하게 된다. 夏至에 一陰生하는 자리이다.

戊7火는 현실적으로 분열이 극에 이른 자리이므로 7火의 모습을 나타낸다. 戊는 본래 土이므로 火土同德의 모습이 있고 癸水의 대화를 받아 水土同德의 모습이 있으므로 비록 일보 후퇴하여(戊土가 戊火가 된 것이 일보 후퇴이고 癸水의 대화작용으로 이루어진다.) 7火의 모습으로 나타나지만 火가 중도적 작용을 하여 陽이 산실될 염려는 적다.

己10土는 10개의 천간의 중심자리이다. 오행과 오운에서 본질이 바뀌지 않는 자리는 己와 庚인데 이 중에서도 己는 甲에서부터 분열 발전해 온 전 과정을 통일하여 정신과 神明을 창조하는 근본자리가 되기 때문에 절대중의 자리이며 후천운동을 시작하는 자리이다.

庚9金도 오행과 오운에서 숫자까지도 바뀌지 않는 순수한 자리이다. 이 것은 분열된 陽氣와 정신을 수렴하는 중추가 되기 때문인데 신명창조의 목적이 너무도 중요하다는 것을 여기서도 확인할 수 있다.

辛6水는 陰水로 辛金을 더욱 수축시켜서 壬1水로 전해주는 金生水하는 자리가 된다. 그리하여 자체적으로도 金生水하여 4금의 수렴작용을 더욱 강하게 하여 6음수로써 수축작용을 한다.

壬3木은 한주기의 과정을 끝내고 다음 주기를 內面에서 준비하는 자리이다. 壬1水는 생명이 완전하게 통일된 모습이고 壬3木은 水中之木으로 물속에서 새로운 생명이 꿈틀거리고 있는 모습이다. 冬至에 一陽生하는 자리이다.

癸2火는 壬3木이 발전한 자리이다. 癸는 본래 6水였다. 6水는 1水가 확장된 것이다. 癸水는 맞은 편에 있는 戊土와 相合하는데 土克水를 당하여 水가 동하게 되어 癸火의 모습을 띄게 되니 水中之火의 모습이 된다.

이상의 내용을 다시 정리해보면 甲5土는 甲3木을 만들면서 전반기의 문을 열기 위함이요, 乙4金은 乙8木을 만들기 위함이요, 丙1水는 丙7火를 만들기 위함이요, 丁8木은 丁2火를 만들기 위함이요, 戊7火는 전반기의 분열이 극도에 이른 것을 상징하고, 己10土와 庚9金은 분열된 양기와 정신을 수렴하는 중추가 되므로 기운의 순수성을 유지하기 위해 오행과 오운이 동일하고, 辛6水는 辛4金의 작용을 도와주기 위함이고, 壬3木은 생명이 통일된 후 다음의 주기를 준비하고 있는 모습이고, 癸2火는 물 속에서 작용하는 불의 모습이니 元陰 元陽이 함께 작용하는 모습을 상징하고 있다.

4) 天干의 對化作用을 통해서 본 數理

천지간의 모든 만물은 음과 양이 각각 독립적으로 생활을 하면서도 음양이 결합하여 일체의 관계를 이루고 있다. 이는 하늘과 땅, 해와 달, 남과 여의 관계에서도 동일하다. 부부는 남편이 아내에게 영향을 미치고 아내가 남편에게 영향을 미쳐 상대에게서 기운을 받는데 이를 대화작용이라 하며 수리를 통해 살펴볼 수 있다.

天干의 부부관계는 맞은 편에 있는 것과 相合하는데 甲己合, 乙庚合, 丙辛合, 丁壬合, 戊癸合으로 陰陽合 관계를 이룬다.

甲3과 己10을 더하면 13이 된다. 이때 甲의 13을 10+3으로 나누어 보면 10은 氣化作用이 形化作用으로 바뀌는 마디가 되므로 형체를 쓰고 용출해야 함을 암시하고 있다. 己의 10+3은 10土로써 만물을 수렴하고 통일작용을 하는데 그 목적은 봄에 씨뿌렸던 木기운을 다시 추수한다는 의미가 있다. 金의 4와 9를 더하면 13이 되는데 이 13속에도 이러한 의미가 내재되어 있다.

乙8과 庚9를 더하면 17이 된다. 17은 10과 7로 나뉘어지는데 乙의 17은 甲木을 이어 乙에서 木形을 이루어 丙7火로 나아가려고 하는 의도가 숨어 있다. 庚의 17은 10土의 통일을 거쳐 수렴하고 보니 그 속에서 7火가 작용하고 있는 모습이니 이는 가을의 體는 金이나 用은 火로 하고 있음을 상징한다. 이러한 모습은 낙서의 정서방에 7이 자리잡고 있는 것에서 잘 나타난다.

丙7과 辛4를 합하면 11이 된다. 11은 10+1로 10을 제외하면 1水가 되는데 丙辛이 合하면 水가 된다는 의미도 들어있다. 7은 火이고 4는 金이므로 金火交易이 이루어지면 그 궁극의 목적이 10무극이 1태극으로 통일되어 十一成道를 이루는 것이라는 것이 암시되어 있다. 11은 10+1로 나눌 수 있는데 10무극은 體가 되고 1태극은 用이 되는데 11자리는 우주가 본체로 환원되는 곳이다. 정역에서는 '十一歸體'라고 하였고 또 '無極而太極이니 十一이니라(무극이 태극으로 통일되니 11이 된다.)'라고 하였으며 생명이 통일된 자리를 '十十一一之空'이라고 하였다. 丙의 11은 火의 분열의 목적이 十一成道를 이루는 것이라는 뜻이 숨어 있으면서 이 자리에서부터 통일을 준비하는 모습이 들어있다. 辛의 11은 금화교역의 결론은 水土가 합덕한 空자리를 창조하는 것이 목적이라는 것이 제시되어 있다. 辛은 壬의 직전자리로 壬의 1태극수를 창조하는 뿌리가 된다.

丁2와 壬1을 더하면 3이 된다. 3은 木의 數로 丁壬이 合하면 木이 된다는 뜻도 들어있다. 이것은 丁火와 壬水 즉 水火가 만나면 생명이 처음으로 싹터 나와 木이 된다는 것을 암시하고 있다. 丁의 3은 2火 속에 1水가 내재하여 火의 분열을 억제하는 모습이고 壬의 3은 水中之木으로 물 속에서 새로운 생명이 꿈틀거리고 있는 모습이다.

戊5土와 癸6水을 더하면 11이 된다. 위의 丙辛合은 金火交易의 목적이 十一成道를 이루는 것이라는 뜻이 들어 있는데 반해 이곳에서는 水土가 合

德한 그 자리가 바로 十一成道가 이루어진 자리라는 것이 암시되어 있다. 미리 이야기하지만 4개의 土가 있어 완전한 변화를 이루는 12지지에서 戌자리는 5土+6水가 되어 十一成道가 이루어지는 자리인데 水土가 合德한 자리가 된다. 戌의 11은 11성도의 실질적인 시작이 土자리인 戌에서부터 시작함을 나타내고 癸의 11은 11성도의 완성은 水자리에서 이루어진다는 것을 상징하고 있다.

이상의 내용의 공통점은 부부相合하는 2개 천간의 합이 모두 陽數로 이루어진다는 것이다. 이는 陰干과 陽干이 만난 당연한 결과이지만 夫婦相合하면 자식을 생하여 다음 세대를 준비한다는 뜻이 숨어있으며 天의 작용은 生生不息한다는 것도 의미하고 있다. 또 木의 합수(3, 13)가 2개이고 火의 합수(17)가 1개인 것은 하늘은 木火의 양기가 끊임없이 동하고 있음을 나타내고 11이 2개 있는 것은 우주운동의 목적은 十一成道에 있다는 것을 암시하고 있다. 이를 도표로 나타내면 다음과 같다.

대화천간	甲	己	乙	庚	丙	辛	丁	壬	戊	癸
배합수	3木	10土	8木	9金	7火	4金	2火	1水	5土	6水
五行	土		金		水		木		火	
合數	13		17		11		3		11	

표4. 天干의 對化作用數와 合數

5) 天干의 自化作用을 통해서 본 수리

自化의 개념은 2가지가 있다. 첫째 자체적으로 土를 가지고 있어 本中末운동을 自律的으로 진행할 수 있다는 의미가 있고, 둘째 자신 속에 있는 이질적인 2개의 기운을 조화시켜 하나의 변화로 드러낸다는 의미가 있다. 天干은 土가 2개 밖에 없으므로 첫 번째의 自化作用을 수행할 수가 없다. 여기서는 두 번째의 내용에 대해서 살펴보고자 한다. 모든 天干은 방위오행과 변화오행의 두 얼굴을 가지고 있는데 이를 수리를 통해 하나의 모습으로 해석해 보는 것이다.

甲은 방위로는 3木이고 변화로는 5土이다. 이 둘을 합하면 8이 되는데 이는 木氣가 木形이므로 발전해나가려고 하는 것을 상징한다.

乙은 방위로는 8木이고 변화로는 4金이다. 이 둘을 합하면 12가 되는데 이는 10+2로 木形을 쓰고 2火로 발전하려는 모습을 상징한다.

丙은 방위로는 7火이고 변화로는 1水이다. 이 둘을 합하면 8이 되는데 이는 8木에 뿌리를 두고 나왔음을 상징한다.

丁은 방위로는 2火이고 변화로는 8木이다. 이 둘을 합하면 10이 되는데 여기서부터 후천운동을 하는 己10土의 준비를 하고 있다.

戊는 방위로는 5土이고 변화로는 7火이다. 이 둘을 합하면 12가 되는데 12는 10土+2火로 이는 己10土를 준비하면서 또한 낙서의 서남쪽에 있는 2火를 준비하고 있는 모습이다.

己는 방위와 변화의 수가 모두 10이므로 10+10=20이 된다. 20은 본체가 되고 19가 작용수가 되는데, 자연수가 360도 1주기 운동을 하는데 있어서 1부터 19까지 발전했다가 다시 19에서 1로 통일운동을 하여 20은 쓰지 않고 19가 최대 분열수가 되므로 20의 用數를 19로 잡는 것이다. 19는 10+9로 10土에 뿌리를 두고 9金으로 통일작용을 하려는 준비를 하고 있는 모습이다.

庚은 방위와 변화의 수가 모두 9이다. 9+9=18이 되는데 이는 10土에 뿌리를 두고 통일을 하고 보니까 봄의 木이었다는 것이다. 봄에 뿌린 씨앗대로 가을에 같은 열매가 열리는 이치이다.

辛은 방위로는 4金이고 변화로는 6水이다. 이 둘을 합하면 10이 되는데 10己土의 모습이다. 辛이라는 글자를 破字해도 立과 十으로 十을 세운다는 의미가 있다. 辛은 壬 직전의 천간으로 壬이 1水로 생명을 통일하지만 그 대상이 10土의 정신이라는 것이다.

壬은 방위로는 1水이고 변화로는 3木이다. 이 둘을 합하면 4가 되는데 자신의 뿌리가 辛4金이라는 것을 나타낸다.

癸는 방위로는 6水이고 변화로는 2火이다. 이 둘을 합하면 8이 되는데 元陰과 元陽이 合하면 생명의 元氣가 木氣로 발현함을 상징한다. 癸는 10干에 장부를 배합할 때 腎에 배속되는데 腎에는 腎中精氣가 있어 인체 생명활동의 근본이 된다. 腎中精氣는 腎陰과 腎陽으로 나뉘어지는데 癸에 있는 6水와 2火의 모습이라고 말할 수 있다.

자화작용의 합수는 대화작용과 달리 8(甲, 丙, 癸), 12(乙, 戊), 10(丁, 辛), 20(己), 18(庚), 4(壬)의 짝수가 나온다. 이는 陽+陽 또는 陰+陰의 결과인데 방위오행과 변화오행에서 모두 陽干에는 양수를 배합하고 陰干에는 음수를 배합하기 때문이다. 이를 도표로 나타내면 다음과 같다.

천간	甲		乙		丙		丁		戊	
배합수	3木	5土	8木	4金	7火	1水	2火	8木	5土	7火
합수	8		12		8		10		12	

천간	己		庚		辛		壬		癸	
배합수	10土	10土	9金	9金	4金	6水	1水	3木	6水	2火
합수	20		18		10		4		8	

표5. 天干의 自化作用數와 合數

위의 내용을 통해 무극, 태극, 황극의 자리를 살펴보면 다음과 같다. 金一夫는 正易에서 "손을 들면 무극의 象이니 10이니라. 10은 바로 태극이 되니 1이니라. 1이 10이 없으면 체가 없고 10이 1이 없으면 用이 없으니 합하면 土라. 가운데 있는 것이 5니 황극이니라(擧便無極이니 十이니라 十便是太極이니 一이니라. 一이 無十이면 無體오 十이 無一이면 無用이니 合하면 土라 居中이 五니 皇極이니라)"라고 하였다. 그는 여기에서 무극의 수는 10이고 태극의 수는 1이고 황극의 수는 5라고 하였다. 김일부는 정역의 이치를 손가락을 가지고 파악하였는데 이를 手指度數라고 한다. 왼손의 엄지부터 屈하여 1, 2, 3, 4, 5까지 이르면 小指가 屈하게 되고 小指를 伸하면서 6, 7, 8, 9, 10을 붙이면 모지를 伸하면서 10이 된다. 10은 1에서 9까지의 모든 수를 거쳐서 이르게 되므로 10속에는 1에서 9까지의 모든 기운이 함축되어 있고 분열의 극에서 無化되므로 무극이 되니 이것이 손을 들면, 즉 손을 펴면 10이 되면서 무극이 된다는 것이다. 그리고 엄지를 다시 屈하면 1이 되는데 엄지는 펴면 10이 되어 무극이 되고 屈하면 1이 되어 태극이 되니 엄지는 무극이면서 태극이 된다. 태극은 우주의 정신이 하나로 응축된 것으로 현실세계를 창조하는 주체이다. 그리하여 무극은 體가 되고 태극은 用이 되며 무극은 조화의 本源이 되고 태극은 창조의 본체가 된다. 그리고 황극은 1과 10의 중간에서 1태극을 분열시켜 10무극에까지 이르게 하는 생장 운동의 본체가 된다. 황극이라는 말이 처음 쓰인 곳은 『서경』의 「홍범」인데 이곳에서도 5皇極이라 하였다. 이곳에서는 천하의 중심자리에서 人極을 세워 만백성을 통치하는 君王의 자리로서 설명하고 있는데, 황극은 중심자리에서 四方, 八方을 主宰하는 능력이 있다. 四方 또는 평면에서 중심 5를 더하면 황극이 되는데 이때 5를 황극의 體라 하고 6면체에서 중심 7을 더하면 立體의 中心이 되는데 이때 7을 황극의 用이라고 한다. 통일되었던 水를 5土(甲5土 또는 丑5土)로서 분열을 시키기 시작하여 戊의 7火 또는 午의 7火까지 이르게 되므로 황극은 5土를 體로 하고 7火를 用으로 한다. 이것은 하늘에는 북두칠성이 있어 모든 별들을 主宰하고 인체에서는 5臟의 기운이 상승하여 안면에서 7竅를 만들어 작용하는 것과 동일한 이치이다.

위의 내용을 바탕으로 天干에서 三極의 위치를 찾아보면 甲5土는 황극의 출발점이고 戊7火는 황극의 종착점이며 甲에서 戊까지의 전 과정도 생장의 과정이므로 황극의 과정이라고 말할 수 있다. 己10土는 무극의 자리이고 壬1水와 癸6水는 태극의 자리가 된다.

6. 地支와 數의 배합

1) 地支의 순서에 따른 숫자의 배합

子, 丑, 寅, 卯, 辰, 巳, 午, 未, 申, 酉, 戌, 亥를 순서에 따라 1, 2, 3, 4, 5, 6, 7, 8, 9, 10, 11, 12를 배합하는 것으로 도표로 나타내면 다음과 같다.

地支	子	丑	寅	卯	辰	巳	午	未	申	酉	戌	亥
順序	1	2	3	4	5	6	7	8	9	10	11	12

표 6. 지지 순서

다음에 나오는 내용이지만 미리 설명을 해보면 12지지에 이러한 숫자를 붙인 것은 순서에 따른 자연스러운 배합이지만 여기서도 철학적 의미를 발견할 수 있다. 천지인의 생성순서는 1, 2, 3이고 이후에 4번째로 만물이 生한다. 그런데 天開於子하고 地闢於丑하고 人起於寅하고 物生於卯하니 子가 1이 되고 丑이 2가 되고 寅이 3이 되고 卯가 4가 되는 것도 중요 의미가 있다. 辰은 방위오행에서 5土가 되는데 순서에서도 5가 되고 午는 방위오행, 변화오행에서 모두 7을 배합하는데 순서에서도 7이 되고 申은 방위오행에서 陽金이 되어 9를 배합하는데 순서에서도 9가 되고 戌은 방위오행에서 5土, 변화오행에서 6水가 되어 합하면 11이 되는데 11번째에 위치한다.

1, 3, 5, 7, 9, 11번째에 위치하는 子, 寅, 辰, 午, 申, 戌은 陽의 순서에 위

치하여 陽支가 되고 2, 4, 6, 8, 10, 12번째에 위치하는 丑, 卯, 巳, 未, 酉, 亥는 陰의 순서에 위치하여 陰支가 된다.

2) 地支의 방위오행에 따른 숫자의 배합

亥子는 水가 되고 寅卯는 木이 되고 巳午는 火가 되고 申酉는 金이 되고 辰戌丑未는 土가 된다. 숫자를 배합하는 방법은 陽支에는 양수를 붙이고 陰支에는 음수를 붙인다. 亥는 음수이므로 6을 배합하고 子는 양수이므로 1을 배합한다. 寅은 양목이므로 3을 배합하고 卯는 음목이므로 8을 배합한다. 巳는 음화이므로 2를 배합하고 午는 양화이므로 7을 배합한다. 申은 양금이므로 9를 배합하고 酉는 음금이므로 4를 배합한다. 辰戌丑未의 4개의 土는 辰戌은 陽支라서 당연히 모두 5를 배합하고 丑未에서 전반기를 열어 생장으로 이끄는 丑土는 비록 음자리에 있지만 5土가 되고 未는 전반기를 매듭짓고 후반기를 여는 주인공이 되므로 10을 배합한다. 이를 도표로 나타내면 다음과 같다.

地支	子	丑	寅	卯	辰	巳	午	未	申	酉	戌	亥
오행	양수	음토	양목	음목	양토	음화	양화	음토	양금	음금	양토	음수
배합수	1	5	3	8	5	2	7	10	9	4	5	6

표 7. 지지의 방위오행에 따른 숫자배합

3) 地支의 변화오행에 따른 숫자의 배합

子午는 少陰君火가 되고 丑未는 太陰濕土가 되고 寅申은 少陽相火가 되고

卯酉는 陽明燥金이 되고 辰戌은 太陽寒水가 되고 巳亥는 厥陰風木이 된다. 여기에 대해서 처음으로 숫자를 붙인 서적은 『玄珠密語』이다. 『현주밀어』는 六氣와 배합되는 12地支를, 政令의 實을 관장하는 正化와 政令의 虛를 관장하는 對化로 나누고 만물은 "從其本而生하고 從其標而成하여 正化가 本이 되고 對化가 標가 되며 正化에는 生數를 붙이고 對化에는 成數를 붙인다고 하였으며 萬物이 모두 土에서 생겨남으로 土는 10을 쓰지 않고 5만을 쓴다고 하였다. 그리고 正化와 對化의 구별은 君火의 午, 濕土의 未, 燥金의 酉, 寒水의 戌은 각각 火, 土, 金, 水가 왕성하게 작용하는 본래자리이기 때문에 正化가 되고 風木의 巳亥는 亥가 水生木하고 相火의 寅申은 寅이 木生火하여 亥와 寅이 正化가 된다고 하였다. 이를 그림으로 니타내면 다음과 같다.

그림 5. 正化對化圖

위의 正化 對化에 따라 숫자를 배합하여 도표를 만들면 다음과 같다.

地支	子	丑	寅	卯	辰	巳	午	未	申	酉	戌	亥
六氣	君火	濕土	相火	燥金	寒水	風木	君火	濕土	相火	燥金	寒水	風木
正化·對化	對化	對化	正化	對化	對化	對化	正化	正化	對化	正化	正化	正化
配合數	7	5	2	9	6	8	2	5	7	4	1	3

표 8. 正化 對化에 따른 숫자 배합

筆者의 입장에서 볼 때 위의 이론은 수긍하기 어려운 점이 몇 가지가 있다.

첫째 巳亥와 寅申의 정화, 대화를 받아들이기 어렵고, 둘째 正化가 생겨나는 本이 된다고 하여 생수를 배합하고 對化가 완성되는 標가 된다고 하여 성수를 배합하는 것이며, 셋째 濕土에서 10을 쓰지 않는 것 등이다.

筆者는 6氣의 기운이 시작하는 것에는 생수를 붙이고 6氣의 기운이 왕성한 곳에는 성수를 붙이는 것이 합리적이라고 사료된다. 그렇다면 오히려 완성이 되는 正化에 성수를 붙이고 생겨나는 對化에 생수를 붙이는 것이 옳다. 이러한 기준으로 보면 午, 未, 酉, 戌은 기운이 왕성하니 당연히 성수를 붙여야 하고 巳亥風木에서도 亥는 水中之木이므로 기운이 생겨나 약하니 생수를 붙이고 巳는 기운이 강하니 성수를 붙여야 한다. 또 寅申相火도 寅에서 상화기운이 태동하니 생수를 붙이고 申에서 상화기운이 가장 왕성하니 성수를 붙여야 한다. 이것은 亥子丑寅卯辰을 風木, 君火, 濕土, 相火, 燥金, 寒水의 기운이 생겨나는 本으로 보고 巳午未申酉戌을 風木, 君火, 濕土, 相火, 燥金, 寒水의 기운이 왕성한 末로 보아 本에는 기운이 약하니 생수를 붙이고 末에는 기운이 왕성하니 성수를 붙이는 것이다.

天干에서는 변화오행에 숫자를 붙일 때 陽干에 양수를 붙이고 陰干에 음수를 붙여 이러한 고민을 할 필요가 없었는데 地支는 모두 陽陽(예를 들어 子

1, 午7 같은 것) 또는 陰陰(예를 들어 丑2, 未8 같은 것)의 결합이므로 本末로 나누어 生數, 成數의 숫자를 붙이는 것이다. 한동석은 『우주변화의 원리』에서 필자가 설명한 관점에 의하여 숫자를 배합하였다. 이를 구체적으로 설명하면 다음과 같다.

巳亥厥陰風木에서 亥는 水中之木으로 풍목의 기운이 시작되는 生位가 되어 생수 3을 붙이고 巳는 왕성했던 木의 단계를 지나 火로 진입한 것이므로 末이 되어 성수 8을 붙인다.

子午少陰君火에서 子는 水中之火로 군화의 기운이 시작되는 生位가 되어 생수 2를 붙이고 午는 君火의 末位 즉 本位가 되어 군화 기운이 왕성하므로 성수 7을 붙인다.

丑未太陰濕土에서 丑은 地中之濕으로 습토의 기운이 시작되는 生位가 되어 생수 5를 붙이고 未는 습토의 本位가 되어 습토 기운이 가장 왕성하므로 성수 10을 붙인다.

寅申少陽相火에서 寅은 木의 자리에서 火를 생하려고 준비하는 相火之生位가 되어 생수 2를 붙이고 申은 상화의 本位가 되어 상화 기운이 왕성하므로 성수 7을 붙인다.

卯酉陽明燥金에서 卯는 金기운이 처음 태동하는 자리라서 생수 4를 붙이고 酉는 조금의 本位가 되어 조금 기운이 왕성함으로 성수 9를 붙인다.

辰戌太陽寒水에서 辰은 水를 생하려고 준비하는 寒水之生位가 되어 생수 1을 붙이고 戌은 水가 통일되는 서북방으로 寒水의 기운이 왕성하므로 성수 6을 붙인다.

이상의 내용을 도표로 만들면 다음과 같다.

地支	子	丑	寅	卯	辰	巳	午	未	申	酉	戌	亥
六氣	군화	습토	상화	조금	한수	풍목	군화	습토	상화	조금	한수	풍목
本末	本	本	本	本	本	末	末	末	末	末	末	本
배합수	2	5	2	4	1	8	7	10	7	9	6	3

표 9. 地支의 變化五行에 따른 숫자배합

4) 地支의 對化作用을 통해서 본 數理

천간에서의 대화작용은 陰陽合의 관계가 분명하였지만 지지에서는 陽陽 또는 陰陰으로 대화하여 천간과 달리 夫婦相合의 의미는 약하지만 本末간 에서 기운을 주고 받는 對化作用은 성립한다.

子1水와 午7火를 더하면 8木이 되는데 水火가 결합하면 木氣를 탄생시키 는 모습이 들어있다. 子1水는 午의 대화를 받아 木을 生하려는 준비를 하고 있고 午7火는 木에 뿌리를 두고 나왔음을 나타낸다.

丑5土와 未10土를 더하면 15가 된다. 이것은 우주를 잡아돌리는 근본 동 력이 15에 매여 있음을 상징한다. 이는 甲5土와 己10土의 合이 15이고 하 도의 中宮數 5와 10의 合이 15이고 낙서의 가로, 세로, 대각선의 合이 15이 고, 8괘의 배합괘의 合이 모두 15이고(양효를 3이라 하고 음효를 2로 놓고 계산해 보면 乾(☰)9, 坤(☷)6의 합이 15요, 震(☳)7, 巽(☴)8의 합이 15요, 坎(☵)7, 離(☲)8의 합이 15요, 艮(☶)7, 兌(☱)8의 합이 15가 된다.) 천간의 戊己土의 合이 15이고 생수 1, 2, 3, 4, 5의 合이 15가 되는 데서도 확인할 수 있다. 丑의 15는 분열을 시 작하는 목적이 10土로 통일하기 위함이고 未의 15는 10未土로 통일하는 것은 5土에 뿌리를 박고 있고 다시 통일이 완성된 뒤 5土로 분열을 준비하 고 있다는 의미가 내포되어 있다.

寅3木과 申9金을 더하면 12가 된다. 12는 10+2인데 10은 物化하는 자리이므로 木氣가 木形을 만들어 2火로 발전하려는 모습이고 申金은 낙서의 西南에 2火가 있는 것을 상징한다. 寅申은 변화오행에서 相火가 되는데 3+9=12가 되어 둘이 결합하여 火가 되는 모습이 잘 드러나고 있다.

卯8木과 酉4金의 합도 12가 된다. 卯는 木이 형체를 이루어 火로 발전하고 酉는 서방은 体는 金이나 火로 用事하고 있음을 나타낸다.

辰5土와 戌5土의 합은 10이 된다. 이는 辰土와 戌土는 10未土의 영원한 보필자라는 것을 상징한다.

巳2火와 亥6水의 합은 8이 된다. 巳亥는 風木이 되는데 2+6=8이 되어 巳亥가 만나면 木이 되는 모습이 이 속에 들어 있다. 巳火는 자신의 뿌리가 8木이었음을 나타내고 있고 또한 자신이 8木으로 작용하고 있음을 나타내며(巳의 변화오행수가 8이다.) 亥水는 水生木하여 장차 木氣로 발전해 나가려는 의지를 드러내고 있다.

대화작용의 합수는 8이 2개, 10이 1개, 12가 2개, 15가 1개가 나와 우주는 木火의 陽氣에 의해 끊임없이 動하고 있고 여기에 보이지 않는 土가 항상 조화하여 질서가 붕괴되지 않고 순환하고 있음을 보여주고 있다. 이를 도표로 나타내면 다음과 같다.

대화지지	子	午	丑	未	寅	申	卯	酉	辰	戌	巳	亥
배합수	1水	7火	5土	10土	3木	9金	8木	4金	5土	5土	2火	6水
육기	君火		濕土		相火		燥金		寒水		風木	
합수	8		15		12		12		10		8	

표 10. 地支의 對化作用數와 合數

5) 地支의 自化作用을 통해서 본 數理

지지는 四元質마다 모두 자신의 土를 가지고 있어 本中末운동이 완전하여 自化作用을 할 수가 있다. 다시 말해 물질을 化生할 수 있는 것이다. 여기서는 地支자체의 自化作用을 중심으로 四宮으로 나누어 설명하고자 한다. 기본적인 내용은 『우주변화의 원리』를 위주로 하였고 필자의 견해를 추가 하였다.

亥子丑은 水宮을 이룬다. 水宮은 만유생명의 근본 자리이다.

해자축은 방위로는 亥6, 子1, 丑5가 되어 合이 12가 되나 子의 1은 본체로써 운동에 참여하지 않기 때문에 11이 되고 변화로는 亥3, 子2, 丑5가 되어 합이 10이 된다. 11은 시작할 때부터 운동의 목적이 11成道에 있음을 나타내고 10은 완전함을 가지고 시작함을 상징한다. 이것은 정역팔괘도에서 정북방에 乾10이 위치하고 있는 것과 동일한 이치이다.

亥는 방위로는 6水이고 변화로는 3木이다. 이것은 亥水의 입장에서는 木을 생하려는 水라는 의미이고 木의 입장에서는 水中之木이 된다. 水中之木은 厥陰이라고 하는데 이는 物이 생하려고 하지만 力不及하여서 生하지 못하는 모습이다. 6과 3을 합하면 9가 되는데 9는 뿌리가 金이라는 것을 나타내고 다시 더 수축해야 自動性이 생길 것이니 그 자리는 바로 子가 될 것이다. 천간과 지지에서 水에 배합되는 干支의 숫자 순서가 다르다. 천간은 壬1水, 癸6水의 순서였고 지지는 亥6水, 子1水의 순서이다. 천간은 天一生水, 地六成之의 의미가 강하고 지지는 戌5空에서 11성도를 이루고 6水가 化生되어 이 水가 동하여 만물을 化生하는 의미를 가지고 있다.

子는 방위로는 1水이고 변화로는 2火이다. 子水의 입장에서 동하려는 水이고 火의 입장에서는 水中之火이다. 이것은 癸6水가 癸2火로 변화하는 것과 동일한 이치인데 元陰속에 元陽이 작용하고 있는 모습이다. 한의학에서는 元陰 속에서 동하는 火를 命門이라고 하는데 이것이 인체 생명력의 근원이 된다. 四神圖에서 北玄武는 한 마리의 거북을 뱀이 감고 있는 모습으로 나타내는데 거북은 水요, 뱀은 火로 북방수에는 水火가 共棲하고 있는 모습을 나타내고 있는 것이다. 1+2=3이 되어 외형은 水이지만 내용에서는 木이 되어 생명의 元氣가 발동하고 있는 모습이 된다.

丑은 방위와 변화가 모두 5土이다. 이 자리는 地中之濕이 되어 太陰이라고 부른다. 丑土는 전반기의 생장운동을 실질적으로 시작하는 자리이지만 5+5=10이 되어 그 목적은 未10土를 만들고자 하는 것이다. 이처럼 우주운동은 주도면밀하여 머리에서 꼬리를 준비하고 꼬리에서는 다시 머리를 준비하여 변화에 만전을 기하고 있다. 다시 말해 10이라는 개념 속에는 1水가 5土의 도움을 받아 분열을 시작하지만 10土 자리에 이르게 되면 성장운동을 정지한다는 뜻이 들어 있다.

寅卯辰은 木宮이 된다. 木宮은 만유생명이 탄생하는 출발점이다. 인묘진은 방위로는 寅3, 卯8, 辰5가 되어 본중말 운동을 하는데 그 合이 16이 되고 변화로는 寅2, 卯4, 辰1이 되어 그 合이 7이 된다. 방위의 합수는 水宮11에서 16이 되었으니 1水가 6水로 발전해 나왔다는 의미가 있고 변화의 합수 7은 木生火하여 7火로 발전해 나가려는 의도를 드러낸다.

寅은 방위로는 3木이고 변화로는 2火이다. 寅3木은 아직 形化하지 않은 地中之木인데 이처럼 만물이 생겨날 때는 반드시 相火의 도움을 필요로 한다는 의미를 가지고 있다. 3과 2를 더하면 5가 되는데 地中之木이 생겨날 때는 丑土의 土化作用이 반드시 선행되어야 하므로 寅木은 여기서 母體의 象을 띄게 되는 것이다.

卯는 방위로는 8木이고 변화로는 4金이다. 여기서 木金이 함께 있는 것은

金火交易을 준비하고 있는 모습인데 천간에서의 乙木이 乙金으로 바뀌고 肝木이 肝金의 모습을 함께 가지고 있어 體陰而用陽(体陰은 肝의 실체가 신축성이 없는 것이고 또 硬化되어 가며 藏血하는 것 등이며 用陽은 主疏泄, 喜條達하는 기능이다)하는 것과 동일한 이치이다. 자연계에 있는 만물은 오행의 기운을 兼有하고 있는 것이 많은데 木과 金의 성질을 모두 가지고 있는 동물로는 닭이 있다.『소문·금궤진언론』에서는 닭을 木에 배속하였고『소문·오상정대론』에서는 닭을 金에 배속하였다. 닭은 새벽을 알리므로 木의 동물이며『주역』에서 巽에 배속하여 風木의 성질이 있고 12지지에서는 酉에 배합되어 金의 속성도 동시에 가지고 있다. 卯木과 寅木의 차이점은 寅木은 木氣의 단계이고 卯木은 木形을 가지고 있는 것이다. 氣가 形으로 바뀌는 마디가 10인데 卯는 8+4=12가 되어 木形을 쓰고서 木生火하여 2火로 발전해 나가려는 모습을 나타내고 있다. 즉 卯에는 木中之火의 모습이 있는 것이다. 또 木氣는 金克木을 당해야만 木形을 이루게 된다.

辰은 방위로는 5土이고 변화로는 1水이다. 丑土는 水生木의 다리를 놓아주는 자리이고 辰土는 木生火의 다리를 놓아주는 자리이다. 丑土는 자신의 속성이 변하지 않고서 一陽의 脫出을 도왔지만 辰土는 자신이 水로 바뀌면서 그 역할을 수행하고 있다. 그 이유는 辰土는 生에서 長으로 매개해주는 자리가 되어 散陽과 護陽을 동시에 수행해야 하므로 신축성을 가지면서도 陽이 너무 과도하게 발산하는 것을 억제해야 한다. 신축성과 탄력성을 가지고 유연하게 뻗어나가게 하는 역할은 1水가 하게 되고 응고작용을 통해 과도한 양의 분산을 억제하는 것은 5+1=6이 되어 6水가 그 역할을 담당한다. 그리고 이 6 속에는 장차 戌의 6水자리에서 생명을 통일하여 十一成道를 이루고자 하는 뜻이 잠재하여 있다.

巳午未는 火宮을 이룬다. 巳午未는 전반기의 발전의 과정을 매듭짓고 후반기의 통일의 과정으로 전환시키는 큰 마디가 된다. 사오미는 방위로는 巳2, 午7, 未10이 되어 습이 19가 되고 변화로는 巳8, 午7, 未10이 되어 습이 25가 된다. 방위의 합수 19는 10未土를 건너 9金으로 나아가려는 금화교역의 모습이 있고 변화의 합수 25는 10+10+5로 전반기의 분열과정이 5土에 뿌리를 박고 여기까지 발전해 왔음을 나타내고 다시 이 자리는 맞은편의 5土를 준비하는 모습도 들어 있다.

巳는 방위로는 2火이고 변화로는 8木이다. 巳는 분열을 시작하는 자리임으로 陰火인 2火가 배속되어 있고 亥水의 대화작용에 의해 火가 一步後退하여 木이 되어 과도한 분열을 억제하고 있다. 2+8=10이 되는데 이는 巳가 土에 뿌리를 두고 나왔다는 것도 나타내고 장차 오게 될 10未土를 준비하는 의미도 가지고 있는데 火中之土는 火生土함을 나타낸다. 이처럼 자연의 변화는 주도면밀하여 후천을 준비하는 土化作用이 여기서부터 시작하고 있는 것이다.

午火는 방위와 변화의 숫자가 모두 7이다. 이처럼 숫자가 바뀌지 않는다는 것은 기운이 순수한 것을 의미하며 자체적으로 모순과 갈등이 없다는 것을 나타낸다. 12지지에서 이처럼 오행과 숫자가 동일한 것으로는 丑土, 午火, 未土가 있으며 酉金은 오행은 동일하나 숫자는 4에서 9로 바뀐다. 이것은 그 자리에서 역할이 너무도 중요하기 때문에 바뀔 수 없다는 의미도 가지고 있다. 그러나 이러한 午의 종합적인 모습은 7+7=14가 되어 10未土를 지나 4金으로 통일작용을 하려는 목적이 있음을 은연중에 드러내고 있다. 火金의 성질을 동시에 가지고 있는 동물로 말이 있다. 『소문·금궤진언론』에서는 말을 金에 배속하였고 『소문·오상정대론』에서는 火에 배속하였다. 말은 午에 속하여 火의 성질이 있고 『주역』에서는 乾金에 배속하여 金의 속성도 가지고 있다. 午가 火와 金의 象을 동시에 가지고 있으니 午에 말을 배속하는 것은 당연한 이치이다. 巳에서는 10未土의 土化作用을 준비하였고 다음 단계인 午에서는 土化作用과 金火交易의 모습을 동시에 보여주고 있으니 자연의 준비성이 치밀함을 여기서도 확인 할 수 있다.

未土도 방위와 변화의 숫자가 모두 10이다. 이 자리는 우주운동에 있어서 양운동을 음운동으로 전환시키는 가장 중요한 자리이다. 10+10=20으로 나타나는데 1이 분열하여 19까지 발전했다가 다시 1로 통일되는 360수 생성도의 그림을 보더라도 현실에서 20은 작용하지 않고 19로 작용한다. 한동석은 20은 虛하고 無한 자리로써 体가 되고 用은 19로 한다고 하였다. 19는 10+9로 10土의 기반위에서 9金으로 통일작용을 시작하는 수이다. 巳午未의 火宮은 巳에 10土의 象이 있었고 午에 10土와 4金의 象이 있었고 未에 10土와 9金의 象이 있었으며 巳午未의 방위의 合이 19였으니 火宮에는 모두 金火交易의 象이 있다. 이것이 낙서의 남방에 4와 9가 배치된 이유인 것이다.

申酉戌은 金宮이 된다. 金宮은 金火交易이 완성되어 우주의 목적이 실현되는 곳이다. 방위오행은 申9, 酉4, 戌5가 되어 合이 18이 되고 변화오행은 申7, 酉9, 戌6이 되어 合이 22가 된다. 18은 10+8로 가을에 추수한 열매가 봄에 씨 뿌렸던 종자와 같다는 것을 상징하고 22는 10+10+2로 가을은 体는 金이나 用은 火로 하고 있음을 나타낸다.

申은 방위로는 9金이고 변화는 7火이며 합은 9+7=16이 된다. 申은 서남방에 있으니 금화교역하여 9金이 7火를 포위하여 생명을 통일하려는 모습이 있고 16은 10+6으로 10土와 6水로써 역시 陽을 포위하여 수렴작용을 하고 있는 모습이 있으며 우주의 목적이 실현되는 水土合德의 11成道가 여기서부터 실현되고 있음을 나타내기도 한다.

酉는 방위로는 4金이고 변화로는 9金이 된다. 이 자리는 음금, 양금이 동시에 작용하여 금화교역이 완성되는 자리이다. 4+9=13이 되고 10+3의 象이 되는데 10무극을 거쳐 통일을 완성하고 보니까 그 내용이 봄에 출발했던 그 陽(3)의 모습이라는 것이다. 물론 이 3을 다음 주기의 봄을 준비하고 있다고 해석하는 것도 가능하다.

戌은 방위로는 5土이고 변화로는 6水이다. 그리고 5+6=11이 된다. 이 자리는 10무극의 생명이 1태극으로 완전하게 통일된 十一成道가 이루어진 궁극의 자리이다. 우리는 여기서 전반기의 과정은 1水가 분열하여 3木을 만들고 7火로 발전하는 분열의 과정이었고 후반기의 과정은 申에서 9金이 7火를 포위하여 통일을 시작하고 이것이 酉에서 3木으로 후퇴했다가 다시 戌 자리에서 1水로 통일되는 모습을 살펴볼 수가 있다. 이것은 未의 위에 있던 一陽이 申에서는 중간으로 들어가고 酉에서는 아래로 잠겼다가 戌에서 완전통일되는 모습으로도 확인할 수 있다. 김일부 선생은 이 자리를 十十一一之空이라고 하였다. 戌은 水土가 合德하여 11성도가 이루어진 空 자리라는 것이다. 그리하여 이 자리를 또한 戌5空이라고도 하였다. 空 자리는 우주의 본체자리이다. 우주의 본체를 태극이라고 하는데 한동석은 空을 1水를 창조하는 창조의 본체라고 하였고 水는 운동하고 변화는 운동의 본체라고 하였다. 복희팔괘도에서 1은 乾과 배합된다. 생명이 통일된 戌 자리가 만유생명의 근원이듯이 하늘이 만유생명의 근원이 된다. 문왕팔괘도에서는 乾을 서북에 배치하였으니 이도 또한 戌5空 자리가 생명의 근원이 됨을 나타내는 것이다. 空은 未의 虛하고 無했던 생명이 압축되고 통일되어 새로운 생명을 창조하기 위하여 고동치고 있는 살아있는 허(living emptiness)인 것이다. 自化作用의 수를 도표로 그리면 다음과 같다.

지지	子		丑		寅		卯		辰		巳	
배합수	1水	2火	5土	5土	3木	2火	8木	4金	5土	1水	2火	8木
합수	3		10		5		12		6		10	
지지	午		未		申		酉		戌		亥	
배합수	7火	7火	10土	10土	9金	7火	4金	9金	5土	6水	6水	3木
합수	14		20		16		13		11		9	

표 11. 地支의 自化作用數와 合數

　피타고라스학파 사람들은 모나드(1)가 진공 속에서 숨을 쉬면서 그 다음에 이어지는 모든 수들을 만들어 낸다고 생각하였는데 이는 空 속에서 1水가 창조되는 것을 말하니 동서양의 사고가 일치함을 확인할 수 있다. 12지지에서 三極의 자리를 살펴보면 丑5土는 황극의 体가 되고 午7火는 황극의 用이 되어 丑에서 午까지의 생장운동을 황극의 과정이라 말할 수 있고, 10未土는 무극의 자리가 되고 戌5空은 창조의 본체인 태극이 되고 亥子의 水는 태극이 운동하는 본체가 된다고 말할 수 있다.

5. 干支의 合數 60

천간은 10개로 이루어져 있고 지지는 12개로 이루어져 있다. 이것이 결합하면 60甲子가 나온다. 60이라는 수는 64괘에서 體가 되는 乾坤坎離를 제외한 숫자이고 老陽策數 36과 老陰策數 24를 合한 수이며 또한 少陽策數 28과 少陰策數 32를 合한 수이기도 하다. 또 乾(☰), 兌(☱), 離(☲), 震(☳), 巽(☴), 坎(☵), 艮(☶), 坤(☷)의 팔괘는 양효 12개와 음효 12개로 구성되는데 양효 12개에 양의 작용수 3을 곱하면 36이 되고 음효 12개에 음의 작용수 2를 곱하면 24가 되어 이 둘을 합하면 역시 60이라는 숫자가 나오게 된다. 60개의 수를 단위로 하여 자리수가 올라가는 60진법은 수메르문명에서 기원되어 바빌로니아와 메소포타미아에서 널리 사용되었으며 지금까지도 1시간은 60분, 1분은 60초 등에 활용되고 있다.

正易에서는 60을 無無位數라고 하는데 하도의 자리가 없는 中數 15와 낙서의 자리가 없는 中數 5를 합하면 20인 無位數가 되고 이것이 生長成의 三變을 하면 無無位數인 60이 된다. 정역에서 60수를 만드는 또다른 說로는 1태극과 5황극의 合數 6을 後天의 母數 10을 곱하여 6×10=60으로 산출하기도 한다.

6. 나오는 말

동양에서 眞理는 象으로 드러나고 象은 數를 결정하기 때문에 數의 정직성, 명확성, 객관성을 통해 象을 파악할 수 있고 더 나아가 만물의 이치를 파악할 수 있으므로 數는 사물의 이치와 법칙을 파악하는 근본이 된다고 하였다.

피타고라스는 만물은 수로 구성되어 있고 우주만물의 본질은 수라고 하였으며 현대의 문명이 수와 수학에 기반하고 있기 때문에 자연을 수학이라는 언어로 저술된 책이라 하여 수학이 자연의 이치를 파악하고 문명을 발전시킨 중요한 도구라고 인식하고 있다.

1에서 10까지의 자연수는 동서양에서 대단히 중시하였다. 1은 태극수로 첫 출발을 의미하면서도, 분열되었던 생명이 통일됨을 나타내고 2는 음양운동을 시작하는 음양수이다. 3은 천지인 三才의 수이면서 생장성의 변화를 나타내고 4는 사상수로 만물구조의 기본을 나타낸다. 5는 오행수, 황극수이고 6은 천지인이 합일된 것을 상징하며 六氣의 수가 된다. 7은 천지인의 주재수이고 8은 8괘수로 陰의 완성을 상징한다. 9는 九宮數이고 10은 완전함을 상징하는 무극수가 된다.

천간의 방위오행에 따른 숫자배합은 甲이 양목이라 3, 乙이 음목이라 8, 丙이 양화라 7, 丁이 음화라 2, 戊가 양토라 5, 己가 음토라 10, 庚이 양금이라 9, 辛이 음금이라 4, 壬이 양수라 1, 癸가 음수라 6이 배합된다.

천간의 변화오행에 따른 숫자배합은 甲이 양토라 5, 己가 음토라 10, 乙

이 음금이라 4, 庚이 양금이라 9, 丙이 양수라 1, 辛이 음수라 6, 丁이 음목이라 8, 壬이 양목이라 3, 戊가 양화라 7, 癸가 음화라 2가 배합된다.

천간의 대화작용을 통해서 수리를 살펴보면 甲己는 3+10=13이 되고 乙庚은 8+9=17이 되고 丙辛은 7+4=11이 되고 丁壬은 2+1=3이 되고 戊癸는 5+6=11이 되는데 11은 우주의 궁극의 목표점이 十一成道(10무극이 1태극으로 통일되는 것)를 지향하는 있다는 것을 나타내며 丁壬의 合이 3이 되는 것에서 丁壬合木의 의미도 관찰할 수 있다.

천간의 방위오행과 변화오행이 결합하여 자화작용하는 수리를 살펴보면 甲은 3+5=8, 乙은 8+4=12, 丙은 7+1=8, 丁은 2+8=10, 戊는 5+7=12, 己는 10+10=20, 庚은 9+9=18, 辛은 4+6=10, 壬은 1+3=4, 癸는 6+2=8이 되는데 이를 통해 천간의 각각의 정신과 지향점 등을 입체적으로 파악할 수 있다.

지지의 방위오행에 따른 숫자배합은 子는 양수라 1, 丑은 음토이나 전반기 생장의 문을 열므로 5, 寅은 양목이라 3, 卯는 음목이라 8, 辰은 양토라 5, 巳는 음화라 2, 午는 양화라 7, 未는 음토이면서 후반기 통일을 시작하는 곳이므로 10, 申은 양금이라 9, 酉는 음금이라 4, 戌은 양토라 5, 亥는 음수라 6이 된다.

지지의 변화오행에 따른 숫자배합은 『玄珠密語』의 正化, 對化에 따른 배합법이 있으나 타당성이 결여되어 취하기 어렵다. 6氣의 기운이 시작하는 곳에 생수를 붙이고 기운이 왕성한 곳에 성수를 붙이는 것이 합리적인데 이에 의거하여 숫자를 배합하면 子군화는 2, 午군화는 7, 丑습토는 5, 未습토는 10, 寅상화는 2, 申상화는 7, 卯조금은 4, 酉조금은 9, 辰한수는 1, 戌한수는 6, 亥풍목은 3, 巳풍목은 8이 배합된다.

지지의 대화작용을 통해서 수리를 살펴보면 子午는 1+7=8이 되고 丑未

는 5+10=15가 되고 寅申은 3+9=12가 되고 卯酉는 8+4=12가 되고 辰戌은 5+5=10이 되고 巳亥는 2+6=8이 된다. 대화의 합수가 8과 12인 것은 우주에는 木火의 陽氣가 끊임없이 動하고 있음을 상징하고 10과 15인 것은 이러한 변화를 土가 주재하여 질서있게 순환하도록 도와주고 있음을 나타낸다.

지지의 자화작용을 통해서 수리를 살펴보면 子는 1+2=3, 丑은 5+5=10, 寅은 3+2=5, 卯는 8+4=12, 辰은 5+1=6, 巳는 2+8=10, 午는 7+7=14, 未는 10+10=20, 申은 9+7=16, 酉는 4+9=13, 戌은 5+6=11, 亥는 6+3=9가 된다. 이 숫자는 하늘의 변화가 완성되어 완전한 변화를 하고 있는 땅의 변화질서의 종합적인 모습으로 이 속에서 土化作用, 相火作用, 金火交易作用, 十一成道 등의 모습을 구체적으로 파악할 수 있다.

천간과 지지에서 우주변화의 본체인 무극, 태극, 황극의 모습을 파악할 수 있다. 조화의 본원인 무극은 10으로 드러나니 천간에서 己, 지지에서 未가 된다. 우주의 본체인 태극은 空과 水로 드러나니 천간에서 壬과 癸, 지지에서 창조의 본체인 戌, 운동의 본체인 亥, 子로 나타난다. 생장운동의 본체인 황극은 5와 7로 드러나니 천간에서는 甲, 戊로 나타나고 지지에서는 황극의 체인 丑과 황극의 用인 午자리가 된다.

/ 참고문헌 /

- 김석진 강해. 대산주역강해(하경). 서울. 대유학당. 1994.
- 김용규. 생각의 시대. 파주. 살림출판사. 2015.
- 김주성 편저. 正易集註補解. 부천. 태훈출판사. 1999.
- 마이클 슈나이더저. 이충호 옮김. 자연 예술 과학의 수학적 원형. 서울. 경문사. 2007.
- 백유상, 김도훈. 소문입식운기론오와 오행대의의 오행 및 간지에 대한 해석 비교 연구. 대한한의학원전학회지. 2016. 29(3)
- 안경전. 개벽실제상황. 서울. 대원출판. 2006.
- 黎靖德 類編. 朱子語類(三). 濟南. 山東友誼書社. 1993.
- 유영준, 윤창열. 십간의 음양, 오행, 相沖, 장부배합에 관한 연구. 대한한의학원전학회지. 2019. 32(2)
- 劉溫舒 原著. 張立平 校注. 素問運氣論奧. 北京. 鶴苑出版社. 2008.
- 윤창열. 간지의 의의 및 설문해자의 十干에 관한 연구. 대한한의학원전학회지. 2017.30(4)
- 이광연 지음. 피타고라스가 보여주는 조화로운 세계. 서울. 웅진씽크빅. 2006.
- 존 스트로마이어, 피터 웨스트브룩 지음. 류영훈 옮김. 피타고라스를 말한다. 서울. 도서출판 통크. 2005.
- 周易(元). 대전. 학민문화사. 1990.
- 周易(貞). 대전. 학민문화사. 1990.
- 한동석. 우주변화의 원리. 서울. 대원출판. 2001.
- 胡廣等 纂修. 性理大全(1). 濟南. 山東友誼書社. 1989.
- 胡廣等 纂修. 性理大全(3). 濟南. 山東友誼書社. 1989.
- 홍원식 編纂. 정교황제내경. 서울. 동양의학연구원. 1981.